Maria Montessori

La mente del bambino
Mente assorbente

2023 Tutti i diritti riservati.
Finito di stampare nel marzo 2023
presso Rotomail Italia Spa – Vignate (MI)
per conto di Primiceri Editore
Via Savonarola 217, 35137 Padova
ISBN 978-88-3300-323-8
Prima Edizione PE
www.primicerieditore.com

Copertina: illustrazione di Moondance da Pixabay

PREFAZIONE

Questo volume è nato dalle conferenze tenute dalla dottoressa Maria Montessori durante il primo corso di preparazione che ella svolse ad Ahmedabab dopo il suo internamento in India, che durò sino alla fine della guerra mondiale.

In questo libro ella tratta delle energie mentali del bambino, le quali lo rendono capace di costruire e consolidare nello spazio di pochi anni, solo, senza maestri, senza alcuno dei consueti sussidi educativi, anche se lasciato quasi a sé stesso e spesso ostacolato, tutte le caratteristiche della personalità umana. Questa conquista di un essere, fisicamente debole, nato con grandi possibilità, ma praticamente senza che in lui sia ancora sviluppato neppur uno dei fattori della vita mentale, di un essere che può esser detto «zero», ma che, nel volgere di sei anni, già supera tutti gli altri esseri viventi, è davvero uno dei più grandi misteri della vita.

In questo volume la dottoressa Montessori non solo proietta la luce della sua penetrante intuizione, la quale muove da un'osservazione approfondita e da una giusta valutazione dei fenomeni di questo primo e massimamente decisivo periodo della vita umana, ma anche indica le responsabilità dell'umanità adulta verso il bambino. L'Autrice espone realisticamente la necessità, ora universalmente accettata, dell'«educazione dalla nascita». È chiaro che a una tale educazione non si può giungere se non quando l'educazione stessa divenga un «aiuto alla vita» e trascenda i ristretti limiti dell'insegnamento e della trasmissione diretta di conoscenze o idee da una mente a un'altra. Uno dei più noti principi del Metodo Montessori è la «preparazione dell'ambiente»; in quel periodo della vita, molto prima che il bambino vada a scuola, la preparazione dell'ambiente offre la chiave per una «educazione dalla nascita» e per una vera «coltivazione» dell'individuo umano sin dal suo primo entrare nella vita.

Si tratta di una tesi fondata su basi scientifiche ma convalidata anche dalle esperienze di chi ha aiutato il manifestarsi della natura infantile in tutto il mondo e può far testimonianza della grandezza mentale e spirituale di queste manifestazioni, in singolare contrasto con la visione offerta dall'umanità, la quale abbandonata durante il periodo formativo, diviene la più grave minaccia al suo stesso sopravvivere.

Mario M. Montessori

Karachi, maggio 1949

I – IL BAMBINO NELLA RICOSTRUZIONE DEL MONDO

Questo libro è un anello nello sviluppo del nostro pensiero e della nostra opera a difesa delle grandi forze dell'infanzia.

Oggi, mentre il mondo è diviso, e si pensa a formulare dei piani per una futura ricostruzione, l'educazione viene universalmente considerata uno dei mezzi più efficaci a questa ricostruzione poiché è indubbio che dal punto di vista psichico il genere umano è al disotto del livello che la civiltà predica di aver raggiunto.

Anch'io penso che l'umanità sia lontana dal grado di preparazione necessaria per quell'evoluzione a cui essa tanto ardentemente aspira: la costruzione cioè di una società pacifica e concorde, e l'eliminazione delle guerre. Gli uomini non sono ancora in grado di controllare e dirigere gli eventi di cui essi diventano piuttosto le vittime.

Sebbene l'educazione sia riconosciuta come uno dei mezzi atti a elevare l'umanità, la si considera ancora e soltanto come educazione della mente basata su vecchi concetti, senza pensare di trarne una forza rinnovatrice e costruttrice.

Che la filosofia e la religione debbano portare un immenso contributo al rinnovamento non dubito. Ma quanti filosofi vi sono nel mondo ultra civile d'oggi, e quanti ve ne sono stati prima e ve ne saranno in avvenire? Nobili idee e alti sentimenti sono sempre esistiti e sono stati sempre trasmessi con l'insegnamento, ma le guerre non sono mai cessate. E se l'educazione dovesse venir sempre concepita secondo gli antichi schemi di trasmissione del sapere non vi sarebbe più nulla da sperare per l'avvenire del mondo. Che conta la trasmissione del sapere se la formazione generale stessa dell'uomo è trascurata? Esiste, ignorata, un'entità psichica, una personalità sociale, immensa per moltitudine di individui, una potenza del mondo che deve essere presa in considerazione; se aiuto e salvezza possono venire, ci verranno soltanto dal bambino; poiché il bambino è il costruttore dell'uomo.

Il bambino è dotato di poteri sconosciuti, che possono guidare a un avvenire luminoso. Se veramente si vuole mirare a una ricostruzione, lo sviluppo delle potenzialità umane deve essere lo scopo dell'educazione.

Nei tempi moderni la vita psichica del neonato ha suscitato grande interesse, e alcuni psicologi hanno fatto oggetto della loro osservazione lo sviluppo infantile dalle prime tre ore dopo la nascita. Altri, dopo aver studiato accuratamente, sono venuti alla conclusione che i primi due anni di vita sono i più importanti nello sviluppo dell'uomo.

La grandezza della personalità umana incomincia con la nascita dell'uomo. Questa affermazione singolarmente mistica porta a una conclusione che potrebbe sembrare strana: l'educazione dovrebbe cominciare dalla nascita. Ma, praticamente parlando, come si può educare un bambino appena nato o nel primo o secondo anno di vita? Come impartire lezioni a una creaturina che non capisce la nostra parola e neppure sa muoversi? Forse soltanto all'igiene noi ci riferiamo, quando parliamo di educazione dei bimbi piccini? Certamente no.

Durante questo periodo l'educazione deve essere intesa come aiuto allo sviluppo dei poteri psichici innati nell'individuo umano; vale a dire che la comune e nota forma di insegnamento che ha per mezzo la parola non potrebbe essere usata.

Ricchezza non utilizzata

Osservazioni recenti hanno largamente dimostrato che i piccoli sono dotati di una particolare loro natura psichica, e questo addita a noi una via nuova per l'educazione; una forma diversa, che riguarda l'umanità stessa e che non è stata ancora mai presa in considerazione. La vera energia costruttiva, vitale e dinamica dei bambini rimase ignorata per millenni; proprio come gli uomini dapprima calcarono la terra e in seguito ne coltivarono la superficie, senza conoscere né curarsi delle immense ricchezze che giacciono nascoste nelle sue profondità, così l'uomo moderno progredisce nella civiltà senza conoscere i tesori che giacciono nascosti nel mondo psichico del bambino.

Dal primo inizio dell'umanità, l'uomo ha continuato a reprimere e ad annientare queste energie di cui soltanto oggi qualcuno ha cominciato a intuire l'esistenza. Così per esempio, Carrel scrive: «Il tempo della prima infanzia è indubbiamente il più ricco. Esso deve essere utilizzato in tutti i modi possibili e immaginabili per mezzo dell'educazione. La perdita di questo periodo è irreparabile. anziché trascurare i primi anni della vita è nostro dovere coltivarli con la massima attenzione».1

---

[1] DR. ALEXIS CARREL, *L'homme cet inconnu*, Parigi 1947, pag. 222 (1ª ed., 1935), trad. ital. *L'uomo questo sconosciuto* (ed. Bompiani).

L'umanità comincia a prender coscienza dell'importanza di questa ricchezza non ancora sfruttata; qualcosa di ben più prezioso dell'oro: lo spirito stesso dell'uomo.

I primi due anni di vita aprono un nuovo orizzonte, rivelano leggi di costruzione psichica, sino a oggi rimaste ignote. Il bambino stesso ci ha fatto il dono di questa rivelazione; ci ha fatto conoscere un suo tipo di psicologia completamente diverso da quello dell'adulto. Ecco la nuova via! Non è il professore ad applicare la psicologia ai bambini, ma sono i bambini stessi che rivelano la loro psicologia allo studioso.

Tutto questo può apparire oscuro, ma diverrà immediatamente chiaro se ne approfondiremo i particolari: il bambino ha una mente capace di assorbire cognizioni e il potere di istruire sé stesso; basta un'osservazione superficiale a dimostrarlo. Il figlio parla la lingua dei genitori; ora, l'apprendimento di una lingua è una grande conquista intellettuale; nessuno ha insegnato al bambino, eppure egli saprà usare a perfezione il nome delle cose, i verbi, gli aggettivi.

Seguire nel bambino lo sviluppo del linguaggio è studio di un immenso interesse e tutti coloro che vi si sono dedicati concordano nel riconoscere che l'uso di parole e nomi, dei primi elementi del linguaggio, cade in un determinato periodo della vita come se una precisa regola di tempo sovrintendesse a questa manifestazione dell'attività infantile. Il bambino sembra seguire fedelmente un severo programma imposto dalla natura, e con tale puntuale esattezza che nessuna scuola, per quanto sapientemente diretta, reggerebbe al confronto. Sempre seguendo questo programma, il bambino impara le irregolarità e le costruzioni sintattiche del linguaggio con impeccabile diligenza.

Gli anni vitali

Nell'intimo di ogni bambino vi è, per così dire, un maestro vigile che sa ottenere gli stessi risultati da ogni bambino, in qualunque paese si trovi. L'unico linguaggio che l'uomo impara perfettamente è senza dubbio quello acquisito nel primo periodo dell'infanzia, quando nessuno può impartire un insegnamento al bambino; non solo, ma se in seguito il bambino, cresciuto, dovrà imparare una nuova lingua, nessun aiuto di maestro varrà ad ottenere che egli giunga a parlare la nuova lingua con la stessa esattezza con cui parla la lingua acquisita nella prima infanzia. Esiste dunque una forza psichica che aiuta lo sviluppo del bambino. E ciò non soltanto per quanto riguarda il linguaggio; a due anni egli sarà capace di riconoscere tutte le persone e le cose del suo ambiente. Se si riflette su questo fatto, diviene sempre più evidente che l'opera di costruzione compiuta dal bambino è imponente e che tutto ciò che noi possediamo è stato costruito dal bambino, da quel bambino che noi stessi eravamo nei primi due anni di vita. Non si tratta soltanto, per il bambino, di riconoscere ciò che è intorno a noi o di comprendere e adattarsi al nostro ambiente, ma altresì, in un periodo in cui nessuno può essergli maestro, di formare il complesso di quello che saranno la nostra intelligenza e l'abbozzo del nostro sentimento religioso, dei nostri particolari sentimenti nazionali e sociali. È come se la natura avesse salvaguardato ogni bambino dall'influenza della intelligenza umana per dare la precedenza al maestro interiore che lo ispira; la possibilità di edificare una completa costruzione psichica, prima che l'intelligenza umana possa venire in contatto con lo spirito e influenzarlo.

A tre anni il bambino ha già posto le fondamenta della personalità umana e ha bisogno dell'aiuto particolare dell'educazione scolastica. Le conquiste da lui fatte sono tali, che si può dire che il bambino, il quale entra in scuola a tre anni, è già uomo per le conquiste che ha raggiunto. Gli psicologi affermano che, se paragoniamo la nostra abilità di adulti a quella del bambino, ci occorrerebbero sessanta anni di duro lavoro per raggiungere ciò che il bambino ha raggiunto nei suoi primi tre anni; ed essi si esprimono appunto con le stesse parole che io ho usato: «a tre anni il bambino è già un uomo», anche se questa singolare facoltà del bambino di assorbire dall'ambiente non si è ancora del tutto esaurita in questo periodo iniziale.

Nelle nostre prime scuole i bambini venivano a tre anni; nessuno poteva insegnare loro, perché non erano ricettivi; ma essi ci offrirono strabilianti rivelazioni della grandezza della mente umana. La nostra è una «Casa dei bambini» piuttosto che una vera e propria scuola; cioè un ambiente specialmente preparato per il bambino, dove esso assimila qualsiasi cultura diffusa dall'ambiente senza bisogno di insegnamento. I bambini delle nostre prime scuole appartenevano alle più umili classi del popolo e i loro genitori erano analfabeti. Eppure quei bambini a cinque anni sapevano leggere e scrivere, e nessuno aveva loro direttamente insegnato. Se i visitatori della scuola chiedevano: «Chi ti ha insegnato a scrivere?», i bambini stupiti spesso rispondevano: «Insegnato? Nessuno mi ha insegnato».

Sembrò allora un miracolo che bambini di quattro anni e mezzo sapessero scrivere, e che fossero giunti a tanto senza aver avuto l'impressione di ricevere un insegnamento.

La stampa cominciò a parlare di «spontanea conquista di cultura»; gli psicologi si chiedevano se questi bambini non fossero diversi dagli altri e noi stessi rimanemmo per lungo tempo perplessi. Soltanto dopo esperimenti ripetuti raggiungemmo la certezza che tutti i bambini indistintamente hanno questa capacità di «assorbire» la cultura. Se le cose stanno così, – ci siamo detti allora – se la cultura può essere acquisita senza fatica, mettiamo in grado il bambino di «assorbire» altri elementi di cultura. Vedemmo allora il bambino «assorbire» assai più che la lettura e la scrittura: la botanica, la zoologia, la matematica, la geografia, e con uguale facilità, spontaneamente, senza fatica.

Scoprimmo così che l'educazione non è ciò che il maestro dà, ma è un processo naturale che si svolge spontaneamente nell'individuo umano; che essa non si acquisisce ascoltando delle parole, ma per virtù di esperienze effettuate nell'ambiente. Il compito del maestro non è quello di parlare, ma di preparare e disporre una serie di motivi di attività culturale in un ambiente appositamente preparato.

Le mie esperienze svolte in paesi diversi sono durate più di quarant'anni e a mano a mano che i bambini crescevano mi veniva chiesto dai genitori di continuare l'educazione dei bimbi fattisi più grandicelli. Scoprimmo così che l'attività individuale è la facoltà che sola stimola e produce lo sviluppo, e che ciò vale sia per i piccoli in età prescolastica come per i bambini delle scuole primarie e delle scuole più avanzate.

Sorge l'Uomo Nuovo

Dinanzi ai nostri occhi apparve una nuova immagine; non era quella di una scuola o di un'educazione. Era l'Uomo che sorgeva, l'Uomo che rivelava il suo vero carattere nel suo libero sviluppo; che dimostrava la sua grandezza quando nessuna oppressione mentale veniva a limitare il suo interno lavoro e a pesare sulla sua anima.

Io sostengo quindi che qualsiasi riforma dell'educazione deve basarsi sullo sviluppo della personalità umana. L'uomo stesso dovrebbe diventare il centro dell'educazione, e occorre tener presente che l'uomo non si sviluppa all'università, ma incomincia il suo sviluppo mentale dalla nascita e lo effettua con la maggiore intensità nei primi tre anni di vita; a questo periodo più che a ogni altro è necessario sia data una vigile cura. Se si agirà secondo questo imperativo, il bambino, anziché imporci una fatica, ci si rivelerà come la più grande e confortante meraviglia della natura. Ci troveremo allora di fronte al bambino non più considerato un essere senza forza, quasi un recipiente vuoto da riempire della nostra saggezza; ma la sua dignità sorgerà dinanzi ai nostri occhi a misura che noi lo vedremo quale costruttore della nostra intelligenza, come l'essere che, guidato da un maestro interiore, lavora infaticabilmente in gioia e felicità, secondo un preciso programma, alla costruzione di quella meraviglia della natura che è l'Uomo. Noi, insegnanti, possiamo soltanto aiutare l'opera già compiuta come i servitori aiutano il padrone. Diverremo allora testimoni dello sviluppo dell'animo umano; del sorgere dell'Uomo Nuovo, il quale non sarà vittima degli eventi, ma, grazie alla sua chiarezza di visione, potrà divenire capace di dirigere e plasmare l'avvenire della società umana.

II – L'EDUCAZIONE PER LA VITA

La scuola e la vita sociale

È necessario avere fin dal principio un'idea di ciò che intendiamo come educazione per la vita a partire dalla nascita, ed è necessario entrare nei particolari del problema. Recentemente il capo di un popolo, Gandhi, enunciava la necessità non solo di estendere l'educazione all'intero corso della vita, ma anche di fare della «difesa della vita» il centro dell'educazione. Ed è la prima volta che una tale affermazione è stata fatta da un «leader» politico e spirituale. La scienza, invece, non solo ha già espresso questa necessità, ma dall'inizio del nostro secolo ha dimostrato che l'idea di estendere l'educazione a tutta la vita ha possibilità di essere attuata con certezza di successo. Questo concetto di educazione non è tuttavia ancora entrato nel campo d'azione di nessun ministero della pubblica istruzione.

L'educazione oggi è ricca di metodi, di scopi e finalità sociali, ma non di meno si può dire che essa non prende in considerazione la vita in sé stessa. Tra i molti metodi ufficiali d'educazione di paesi diversi, nessuno si propone di dare assistenza all'individuo fin dalla nascita e di proteggerne lo sviluppo. Oggi l'educazione, come è concepita, prescinde insieme dalla vita biologica e da quella sociale. Tutti coloro che entrano nel mondo dell'educazione vengono a essere isolati dalla società. Gli studenti sono tenuti a seguire le regole prestabilite dall'istituto di cui sono alunni e a uniformarsi ai programmi raccomandati dai ministeri della pubblica istruzione. Si può dire che anche nel più recente passato, le condizioni sociali e fisiche degli studenti non erano prese in considerazione come fatto che potesse minimamente interessare la scuola in sé. Così, se lo studente era denutrito, o se aveva difetti di vista o di udito che diminuivano le sue possibilità di apprendimento, esso veniva senz'altro classificato con votazioni inferiori. I difetti fisici furono presi in considerazione, in tempi successivi, ma soltanto dal punto di vista dell'igiene fisica, mentre nessuno considera, ancora oggi, che la mente dello studente può essere minacciata e soffrire danno da metodi educativi difettosi e inadatti. L'indirizzo della Nuova Educazione a cui Claparède si interessò, considera piuttosto la *quantità* delle discipline incluse nei programmi, mirando a ridurle per evitare la fatica mentale. Ma non tocca il problema del modo con cui gli allievi potrebbero arricchirsi di coltura senza affaticarsi. Nella maggior parte delle scuole ufficiali dirette dallo Stato, ciò che importa è che il programma sia svolto. Se lo spirito dei giovani universitari è colpito dalle deficienze sociali e dalle questioni politiche che agitano appassionanti verità, la parola d'ordine è che il giovane non si deve occupare di politica, ma che deve attendere agli studi sino a che non li abbia portati a termine. Accade così che il giovane, uscito dall'università, avrà un'intelligenza tanto limitata e sacrificata da non essere capace di individuare e valutare i problemi dell'epoca in cui vive.

I meccanismi scolastici sono estranei alla vita sociale contemporanea così come questa sembra essere esclusa, con i suoi problemi, dal campo educativo. Il mondo dell'educazione è una specie di isola dove gli individui, avulsi dal mondo, si preparano alla vita rimanendone estranei. Può accadere, ad esempio, che uno studente universitario sia affetto da tubercolosi e ne muoia; non è cosa triste che l'università, la scuola dove egli vive lo ignori malato, mentre apparirà poi improvvisamente, con una rappresentanza ufficiale, al suo funerale?[2] Vi sono individui estremamente nervosi, che quando entreranno nel mondo saranno inutili a sé stessi e causa di pene per la famiglia e gli amici. Tuttavia l'autorità scolastica non è tenuta a interessarsi a casi particolari di psicologia, e tale assenteismo ha una piena giustificazione nei regolamenti che assegnano alla scuola il compito di occuparsi soltanto di studi e di esami. Chi li supera riceverà un diploma o una laurea. Ecco, per i nostri tempi, il punto d'arrivo della scuola. Gli studiosi di problemi sociali rilevano che i licenziati da scuole e università non sono preparati per la vita, non soltanto, ma nella maggior parte dei casi sono persino diminuiti nelle loro possibilità. Le statistiche rivelano un impressionante aumento di pazzi, di criminali, di individui considerati «strani». I sociologi invocano dalle scuole un rimedio a tanto male; ma la scuola è un mondo a sé, un mondo chiuso ai problemi sociali; essa non è tenuta a considerarli e a conoscerli. È un'istituzione sociale di troppo antica tradizione perché i suoi regolamenti possano venir modificati per via d'ufficio; solo una forza che agisca dall'esterno potrà modificare e rinnovare e porre rimedio alle deficienze che accompagnano la educazione in tutti i gradi, così come purtroppo accompagnano la vita di coloro che vanno a scuola.

---

[2]Soltanto in pochi paesi dopo la guerra si sono fatti tentativi per migliorare queste condizioni. In Olanda, per esempio, si sono creati gli *Students-Sanatorium*.

L'età prescolastica

Che ne è del bambino dalla nascita fino al sesto o settimo anno d'età? La scuola propriamente detta non se ne interessa, così che questa età viene detta prescolastica, come a dire estranea al campo dell'insegnamento ufficiale. E per i neonati che cosa potrebbe fare la scuola? Là dove sono sorte istituzioni per i bambini di età prescolastica, raramente queste dipendono dall'autorità centrale scolastica o dal ministero dell'educazione. Sono abitualmente controllate dai comuni o da istituzioni private, le quali perseguono sovente finalità benefiche. L'interesse per la protezione della vita psichica dei piccoli, come problema sociale, non esiste; la società afferma d'altronde che i piccoli appartengono alla famiglia e non allo Stato.

L'importanza nuova che si dà ai primi anni della vita non ha suggerito particolari provvedimenti; si pensa solo a modificare la vita della famiglia, nel senso che si ritiene ora necessaria l'educazione della madre. Ma la famiglia non fa parte della scuola, bensì della società. Ne risulta che la personalità umana, o la cura della personalità umana, è spezzata: da un lato la famiglia che è parte della società, ma che dalla società vive isolata e trascurata o ignorata: dall'altro lato la scuola, anch'essa appartata dalla società e poi l'università. Non esiste una concezione unitaria, una sollecitudine sociale per la vita, ma frammenti che si ignorano a vicenda e che si riferiscono successivamente o alternativamente alla scuola, alla famiglia e all'università concepita come scuola, che interessa l'ultima parte del periodo educativo. Anche le scienze nuove, che rivelano il male di questo isolamento, come la psicologia sociale e la sociologia, sono isolate dalla scuola. Non esiste quindi un vero sistema che aiuti lo sviluppo della vita. Il concetto dell'educazione inteso in questo senso non è nuovo, come già dissi, per la scienza, ma nel campo sociale esso non si è ancora realizzato. Ed è questo il passo che ben presto la civiltà dovrà compiere: la via è segnata, la critica ha rivelato gli errori delle attuali condizioni, altri hanno chiarito il rimedio da apportarsi alle diverse fasi della vita, oggi tutto è pronto perché si passi alla costruzione. I contributi della scienza possono essere paragonati alle pietre già squadrate, destinate a questa costruzione; occorre trovare chi prenda le pietre e le sovrapponga per erigere il nuovo edificio necessario alla civiltà.

Il compito dell'educazione e la società

Il concetto di un'educazione che assuma la vita come centro della propria funzione altera tutte le idee educative precedenti. L'educazione non deve essere più basata su un programma prestabilito, ma sulla conoscenza della vita umana. Alla luce di questa convinzione, l'educazione del neonato acquista a un tratto una grande importanza. È vero che il neonato non può far nulla, che non gli si può insegnar nulla nel senso comune della parola, e che può essere soltanto oggetto di un'osservazione e di uno studio intesi a metterne in luce le necessità vitali; abbiamo condotto appunto tali osservazioni, allo scopo di scoprire quali siano le leggi della vita, giacché, se desideriamo aiutarla, la prima condizione è la conoscenza delle leggi che la governano: e non solo la conoscenza, poiché se avessimo per fine soltanto questa, rimarremmo nel campo della psicologia e non ci inoltreremmo nel campo della educazione.

Ma questa conoscenza dello sviluppo psichico del bambino deve essere largamente diffusa: allora soltanto l'educazione potrà acquistare nuova autorità e dire alla società: «Queste sono le leggi della vita; non potete ignorarle e dovete agire in conformità a esse; perché additano dei *diritti dell'uomo* che sono estesi e comuni all'umanità intiera.»

Se la società ritiene necessario impartire un'educazione obbligatoria, ciò significa che l'educazione deve essere data in modo pratico, e quando sia ammesso che l'educazione deve iniziarsi dalla nascita, è necessario che la società conosca le leggi dello sviluppo infantile. L'educazione anziché rimanere ignorata dalla società deve acquistare autorità su di essa, e il meccanismo sociale dovrà adattarsi alle necessità inerenti alla nuova concezione: che la vita deve essere protetta. Tutti sono chiamati a collaborare, padri e madri debbono assumere la loro responsabilità; ma quando la famiglia non abbia possibilità sufficienti, la società è tenuta non solo a impartire l'istruzione, ma anche a dare i mezzi necessari per allevare i bambini. Se l'educazione significa cura dell'individuo, se la società riconosce necessari allo sviluppo del bambino mezzi di cui la famiglia non è in grado di disporre, spetta alla società stessa provvedere, spetta allo Stato di non abbandonare il bambino.

L'educazione si impegnerà dunque a imporsi con autorità alla società dalla quale era rimasta appartata. Se è evidente che la società deve esercitare un benefico controllo sull'individuo umano, e se è pur vero che l'educazione va considerata come aiuto alla vita, questo controllo non dovrà mai essere costrizione e oppressione, ma dovrà porgere un aiuto fisico e psichico. Vale a dire che il primo passo che la società dovrà compiere sarà quello di consacrare più larghi mezzi all'educazione.

I bisogni del bambino durante gli anni della crescenza sono stati studiati, e i risultati di questi studi sono stati resi noti alla società; essa deve ormai assumersi con coscienza la responsabilità dell'educazione, mentre l'educazione da parte sua largirà alla società stessa i beni acquisiti nel suo progredire. L'educazione così concepita non interessa più soltanto il bambino e i genitori, ma lo Stato e la finanza internazionale, diviene stimolo a ogni membro del corpo sociale, stimolo al più grande dei rinnovamenti della società. Vi è qualcosa di più immobile, stagnante e indifferente dell'educazione d'oggi? Quando un paese deve fare economia, senza dubbio l'educazione è la prima vittima. Se si chiede a un uomo di stato quali sono le sue opinioni sull'educazione, egli risponderà che l'educazione non è affar suo, che egli ha affidato l'educazione dei suoi figli alla moglie perché questa a sua volta l'affidasse alla scuola. Ebbene: in avvenire diverrà assolutamente impossibile, per un uomo di stato, formulare una simile risposta e far mostra di tale indifferenza.

Il bambino costruttore dell'uomo

Consideriamo le relazioni di diversi psicologi che hanno studiato il bambino dal primo anno di vita. Che cosa se ne deduce? Che la crescenza dell'individuo, in luogo di essere affidata al caso, deve essere diretta scientificamente con migliore cura; il che consentirà di raggiungere un migliore sviluppo dell'individuo. L'idea in cui tutti concordano è che l'individuo più curato e assistito è destinato a crescere più forte, più equilibrato mentalmente e con un carattere più energico. In altre parole, il concetto conclusivo è che oltre che dall'igiene fisica il bambino dovrà essere protetto da un'igiene mentale. La scienza ha fatto altre scoperte intorno al primo periodo della vita: nel bambino si sono rese manifeste energie assai maggiori di quanto generalmente non s'immagini. Al suo nascere, psichicamente parlando, il bimbo è nulla; e non solo psichicamente, giacché al suo nascere egli è incapace di movimenti coordinati e la quasi immobilità degli arti non gli consente di far nulla; né può parlare, anche se vede quello che accade intorno a lui. Dopo un dato periodo di tempo, il bambino parla, cammina, e passa da una conquista a un'altra fino a costruire l'uomo in tutta la sua grandezza e intelligenza. Ed ecco che una verità si fa strada; il bambino non è un essere vuoto, che deve a noi tutto ciò che sa e di cui l'abbiamo riempito. No, il bambino è costruttore dell'uomo, e non esiste uomo che non sia stato formato dal bambino che egli era una volta. Le grandi energie costruttive del bambino, di cui abbiamo già più volte detto, e che hanno attratto l'attenzione degli scienziati, sono rimaste sinora celate sotto un complesso di idee formatesi intorno alla maternità; si diceva: la mamma ha formato il bambino, essa gli insegna a parlare, a camminare, ecc. Ora tutto questo non è affatto opera della madre, ma conquista del bambino. Ciò che la madre crea è il neonato, ma è il neonato che produce l'uomo. Se la madre muore, il bambino cresce ugualmente e compie la costruzione dell'uomo. Un bambino indiano condotto in America e affidato alle cure di americani imparerà la lingua inglese e non l'indiana. Non dalla madre, quindi, viene la conoscenza del linguaggio, ma è il bambino che si appropria del linguaggio come si appropria delle abitudini e dei costumi della gente fra cui si trova a vivere. Non vi è dunque in queste acquisizioni alcunché di ereditario, e il bambino, assorbendo dall'ambiente che gli è intorno, plasma da sé stesso l'uomo futuro.

Riconoscere questa grande opera del bambino non significa diminuire l'autorità dei genitori; quando essi si persuaderanno di non essere i costruttori, ma semplicemente i collaboratori della costruzione, tanto meglio potranno compiere il proprio dovere e aiuteranno il bambino con una più vasta visione. Soltanto se questo aiuto è dato convenientemente il bambino realizzerà una buona costruzione; così l'autorità dei genitori non si fonda su una dignità a sé stante, ma sull'aiuto che essi danno ai loro figli, ed è questa la vera e grande autorità e dignità dei genitori.

Ma consideriamo anche da un altro punto di vista il bambino nella società umana.

L'idea marxista ha disegnato la figura dell'operaio, quale è modernamente acquisita dalla nostra coscienza: l'operaio produttore di benessere e ricchezza, collaboratore essenziale nella grande opera del vivere civile, riconosciuto tale dalla società agli effetti dei suoi valori morali ed economici, avente diritto moralmente ed economicamente a essere provveduto dei mezzi e materiali necessari a compiere il suo lavoro.

Ora portiamo quest'idea nel nostro campo. Rendiamoci conto che il bambino è un operaio e che il fine del suo lavoro è di produrre l'uomo. I genitori provvedono, è vero, a questo lavoratore i mezzi essenziali di vita e di lavoro costruttivo, ma il problema sociale nei riguardi dell'infanzia va considerato di ben maggiore importanza, perché il lavoro dei bambini non produce un oggetto materiale, ma crea l'umanità stessa: non una razza, una casta, un gruppo sociale, ma l'intera umanità. Se si considera questo fatto, risulta chiaro che la società deve prendere in considerazione il bambino, riconoscendone i diritti e provvedendo ai suoi bisogni. Quando noi prenderemo la vita stessa a oggetto della nostra attenzione e del nostro studio, potremo giungere a toccare il segreto dell'umanità e avremo nelle nostre mani il potere di governare e aiutare l'umanità. Anche noi, quando parliamo di educazione, predichiamo una rivoluzione, in quanto grazie a essa ogni cosa che noi oggi conosciamo verrà trasformata. Io considero questa l'ultima rivoluzione: una rivoluzione non violenta, e tanto meno cruenta, che esclude anzi ogni benché minima violenza, perché quando vi fosse ombra di violenza la costruzione psichica del bambino sarebbe ferita a morte.

La costruzione della normalità umana va difesa. Tutti i nostri sforzi non hanno forse mirato a rimuovere gli ostacoli sulla via dello sviluppo del bambino e ad allontanarne i pericoli e le incomprensioni che lo circondavano?

Questa è l'educazione intesa come aiuto alla vita; un'educazione dalla nascita, che alimenti una rivoluzione scevra di ogni violenza e che unisca tutti per un fine comune e li attragga verso un solo centro. Madri, padri, uomini di stato, tutti converranno nel rispettare e nell'aiutare questa delicata costruzione, elaborata in condizioni psichicamente misteriose, sotto la guida di un maestro ulteriore. È questa la nuova luminosa speranza dell'umanità. Non ricostruzione, ma aiuto alla costruzione che l'anima umana è chiamata a condurre a termine, costruzione intesa come sviluppo di tutte le immense potenzialità di cui il bambino, figlio dell'uomo, è dotato.

III – I PERIODI DELLA CRESCENZA

Secondo alcuni psicologi, che hanno seguito il fanciullo e il giovane dalla nascita all'età universitaria, esistono nel corso dello sviluppo diversi e distinti periodi. Questa concezione, derivata da W. Stern, fu adottata subito da altri, in particolare da Ch. Bühler e dai suoi seguaci, mentre si può dire che da un altro punto di vista la scuola freudiana l'aveva sviluppata in modo notevole. È un concetto diverso da quello che era stato precedentemente seguito, secondo cui l'individuo umano ha nei primi anni un contenuto assai povero, che si arricchisce con la sua crescenza; secondo cui cioè l'individuo è qualcosa di piccolo in via di sviluppo, qualcosa di piccolo che aumenta, ma conservando sempre la stessa forma. Abbandonando questo vecchio concetto la psicologia è venuta oggi a riconoscere che esistono diversi tipi di psiche e di mente nei diversi periodi della vita.[3] Questi periodi sono nettamente distinti fra loro ed è curioso constatare che coincidono con le diverse fasi dello sviluppo fisico. I mutamenti sono di tale rilievo, psichicamente parlando, che certi psicologi, tentando di chiarirli, hanno esagerato così da esprimersi in questo modo: «Lo sviluppo è una successione di nascite». In un certo periodo della vita, un'individualità psichica cessa e ne nasce un'altra. Il primo di questi periodi va dalla nascita ai sei anni. In questo periodo, che pure ha manifestazioni notevolmente diverse, il tipo mentale rimane lo stesso. Da zero a sei anni il periodo ha due distinte sotto-fasi: la prima, da zero a tre anni, rivela un tipo di mentalità a cui l'adulto non può avvicinarsi, sul quale cioè egli non può esercitare una diretta influenza, e, infatti, non esiste scuola per questi bambini. Segue un'altra sotto-fase: dai tre ai sei anni, in cui il tipo mentale è lo stesso, ma il bambino comincia a essere influenzabile in un modo particolare. Questo periodo è caratterizzato dalle grandi trasformazioni che avvengono nell'individuo. Per convincersene basta pensare alla differenza che corre fra il neonato e il bambino di sei anni. Per il momento non ci interessa come questa trasformazione ha luogo, ma il fatto è che a sei anni l'individuo, secondo l'espressione comune, diviene abbastanza intelligente per essere ammesso alla scuola.

---

[3] Per ulteriori informazioni su questo soggetto e sui sopra menzionati punti di vista, vedere: W. STERN, *Psychology of early childhood: up to the 6.th year of age*, II ed., 1930 (prima ed. tedesca 1914). CH. BÜHLER, *Kindheit und jungend*, III ed., 1931. E. JONES, *Some problems of adolescence*, Brit. Journ. of Psych., luglio 1922. Per un più approfondito punto di vista biologico consultare le opere di Arnold Gesell, M. D.

Il periodo successivo va dai sei ai dodici anni ed è un periodo di crescenza, ma senza trasformazioni. È un periodo di calma e serenità e, psichicamente parlando, è un periodo di salute, di forza e sicura stabilità. «Questa stabilità, fisica e mentale», dice Ross scrivendo dei bambini di questa età, «è la caratteristica più spiccata della fanciullezza più avanzata. Un essere di un altro pianeta, che non conoscesse la razza umana, potrebbe facilmente prendere per adulti della specie questi piccoli esseri di dieci anni, se non avesse occasione di vedere i veri adulti.»[4]

Quanto poi al fisico, esistono segni che sembrano fissare i limiti fra questi due periodi psichici. La trasformazione che ha luogo nel corpo è visibilissima; citerò soltanto il fatto che il bambino perde la sua prima dentatura, e inizia la seconda.

Il terzo periodo va dai dodici ai diciotto anni ed è un periodo di tali trasformazioni da ricordare il primo. Quest'ultimo periodo può essere suddiviso in due sotto-fasi: una che va dai dodici ai quindici anni e l'altra dai quindici ai diciotto. Questo periodo è anch'esso caratterizzato da trasformazioni del corpo il quale raggiunge la maturità dello sviluppo. Dopo i diciotto anni l'uomo può considerarsi completamente sviluppato, e non si produce più in lui alcuna trasformazione notevole. Egli cresce soltanto in età.

Il curioso è che l'educazione ufficiale ha riconosciuto questi differenti tipi psichici. Sembra che essa ne abbia avuto una oscura intuizione. Il primo periodo, dalla nascita ai sei anni, è stato chiaramente riconosciuto, essendo stato escluso dalla educazione obbligatoria, mentre si è notato che a sei anni avviene una trasformazione in virtù della quale il bambino risulta abbastanza maturo per essere ammesso alla scuola. Si è quindi riconosciuto che il bambino sa già gran numero di cose, il che gli può consentire di frequentare la scuola. Infatti, se i bambini a sei anni non potessero orientarsi, né camminare, né comprendere quando il maestro parla, non sarebbero in grado di prender parte alla vita collettiva. Vi è stato, potremmo affermare, un riconoscimento pratico. Ma gli educatori non hanno mai pensato che, se il bambino può andare a scuola, orientarsi, comprendere le idee a lui trasmesse, deve essersi sviluppato mentalmente, dato che al suo nascere era incapace di tutto.

Un inconscio riconoscimento ha avuto anche il secondo periodo, perché in molti paesi i bambini a dodici anni lasciano generalmente la scuola elementare per entrare nelle superiori. Perché il periodo dai sei ai dodici anni

---

[4]Vedere J. S. Ross, *Groundwork of educational psychology*, Londra 1944 (1ª ed., 1931) pag. 144.

è stato ritenuto adatto per impartire ai bambini le prime e basilari nozioni della cultura? Poiché questo avviene in tutti i paesi del mondo, senza dubbio non si tratta di un'ispirazione casuale: solo una base psichica comune a tutti i fanciulli può aver reso possibile questo tipo di ordinamento scolastico, che è indubbia conclusione di un ragionamento basato sull'esperienza. Si è esperimentato infatti che durante questo periodo il bambino può sottomettersi al lavoro mentale richiesto dalla scuola: può comprendere ciò che il maestro dice e ha abbastanza pazienza per ascoltare e imparare. Durante tutto questo periodo egli è costante nel suo lavoro e forte in salute: perciò questo periodo è considerato il più adatto per ricevere la cultura. Dopo il dodicesimo anno di età, si inizia una scuola di ordine superiore, il che significa che l'educazione ufficiale ha riconosciuto che in quell'anno incomincia un nuovo tipo di psicologia per l'individuo umano. Si è anche riconosciuto che questo tipo si manifesta attraverso due fasi, come è dimostrato dal fatto che le scuole superiori sono divise in due parti. Abbiamo una scuola secondaria inferiore e una superiore; la inferiore dura pressoché tre anni e la superiore qualche volta quattro; non importa comunque il periodo esatto di anni in cui è suddiviso l'insegnamento; interessa solo considerare il succedersi di due periodi anche nella scuola secondaria. Nell'insieme questo periodo è meno facile e calmo del precedente. Gli psicologi, che si sono interessati di educazione nel periodo dell'adolescenza, lo considerano come periodo di tali trasformazioni psichiche da paragonarlo al primo, quello che va dalla nascita ai sei anni; generalmente in questa età il carattere non è stabile e si hanno manifestazioni di indisciplina e di ribellione. La salute fisica non è stabile e sicura come nel secondo periodo. Ma la scuola non se ne preoccupa. Un certo programma è stato elaborato e i ragazzi sono tenuti a seguirlo, volenti o nolenti. Anche in questo periodo i giovanetti devono stare seduti ad ascoltare l'insegnante, debbono obbedire e trascorrere il loro tempo apprendendo a memoria le cognizioni impartite.

A coronamento della vita scolastica è l'università, che pure non differisce essenzialmente dai tipi di scuola che la precedono, eccetto forse per l'intensità dello studio. Anche all'università i professori parlano e gli studenti ascoltano. Quando io ero all'università e gli uomini non usavano radersi, era curioso vedere questi giovani nelle aule, alcuni con barbe più o meno imponenti e facendo tutti egualmente mostra delle più diverse varietà di baffi. Eppure questi uomini maturi erano trattati allo stesso modo dei bambini: dovevano sedere e ascoltare; sottomettersi ai professori; dipendere per le sigarette e i mezzi di trasporto dalla liberalità di padri pronti a rimproverarli quando cadevano agli esami. Ed erano uomini adulti, la cui intelligenza ed esperienza avrebbero un giorno diretto il mondo, il cui strumento di lavoro era la mente e a cui erano destinate le più alte professioni: futuri medici, ingegneri, avvocati. E, aggiungiamo, a che serve oggi una laurea? Assicura forse la vita a chi l'ottiene? Chi ricorre a un medico appena laureato? Chi affida la costruzione di una casa a un giovane ingegnere appena uscito dagli studi? O una causa a un avvocato appena autorizzato a esercitare la sua professione? E come spiegare questa mancanza di fiducia? La ragione è che questi giovani hanno passato anni ad ascoltare la parola dei maestri e l'ascoltare non forma l'uomo; soltanto il lavoro pratico e l'esperienza conducono i giovani alla maturità. Ecco perché troviamo giovani medici che devono esercitarsi a lungo negli ospedali; giovani avvocati che devono far pratica negli uffici di un legale già esperto; ingegneri che debbono fare altrettanto per giungere all'esercizio indipendente della loro professione, e conquistare una propria esperienza. E si aggiunga ancora che, per trovare dove far pratica, è necessario ai laureati cercare appoggi, raccomandazioni e vincere non indifferenti difficoltà. Questo triste fatto avviene si può dire in ogni paese. Un caso tipico si ebbe a New York ove fu organizzato un corteo di intellettuali composto da centinaia di individui che non avevano potuto trovare un'occupazione. Portavano un cartello con la scritta: «Siamo senza lavoro, abbiamo fame. Che cosa dobbiamo fare?». La situazione non è cambiata. L'educazione è senza controllo e non abbandona le sue consuetudini inveterate. Si è solamente riconosciuto l'esistenza, durante la crescenza dell'individuo, di tipi diversi di sviluppo in diversi periodi della vita.

Il periodo creativo

Negli anni della mia giovinezza i bambini dai due ai sei anni non erano presi in considerazione. Ora invece esistono istituzioni prescolastiche di vario genere, che accolgono i piccoli dai tre ai sei anni. Ma anche oggi, come in passato, la parte più importante dell'educazione è considerata quella universitaria, perché dall'università provengono coloro che hanno meglio coltivato la facoltà essenzialmente umana chiamata intelligenza. Ma ora che gli psicologi si sono volti a studiare la vita stessa, si è venuta formando una tendenza che può dirsi del tutto opposta; molti sostengono oggi, come me, che la parte più importante della vita non è quella che corrisponde agli studi universitari, bensì il primo periodo, che si estende dalla nascita ai sei anni, perché proprio in questo periodo si forma l'intelligenza, il grande strumento dell'uomo. E non solo l'intelligenza, ma anche il complesso delle facoltà psichiche. L'idea nuova ha prodotto una grande impressione su coloro che hanno qualche sensibilità per la vita psichica; e molti si sono dati allo studio del neonato, del bambino di un anno, il quale crea la personalità dell'uomo. Intenti a questa misteriosa rivelazione della vita, gli studiosi provano la stessa emozione di coloro che in tempi antichi usavano meditare sulla morte. Che cosa avviene quando giunge la morte? Questo interrogativo stimolava la meditazione e sollecitava la sensibilità in passato, oggi invece è l'uomo, al suo primo apparire nel mondo, che diviene oggetto di intensa riflessione. Nel neonato si scopre l'Uomo. Perché egli deve avere un'infanzia così lunga e penosa? Nessun animale ha un periodo infantile così difficile. Che cosa avviene durante questo periodo?

Indubbiamente il periodo infantile è un periodo di creazione; nulla esiste all'inizio ed ecco che circa un anno dopo la nascita il bambino conosce ogni cosa. Il bambino non nasce con un po' d'intelligenza, un po' di memoria, un po' di volontà, pronte a crescere e a svilupparsi nel periodo successivo. Il gattino può miagolare fin dalla nascita, anche se imperfettamente, l'uccello o il vitello hanno anche essi una loro piccola voce, quella stessa che sarà, più ingrandita, la voce della loro specie. L'uomo ha un unico mezzo d'espressione alla nascita: il pianto. Nel caso dell'essere umano non si tratta dunque di sviluppo, ma di creazione, la quale parte da zero. Il meraviglioso passo compiuto dal bambino è quello che lo conduce dal nulla a qualche cosa, ed è difficile per la nostra mente afferrare questa meraviglia.

A compiere questo passo è necessario un tipo di mentalità diversa dalla nostra di adulti. Il bambino è dotato di altri poteri, e non è piccola cosa la creazione che egli realizza: è la creazione di tutto. Egli crea non solo il linguaggio, ma plasma gli organi che gli permettono di parlare. Ogni movimento fisico egli crea, ogni elemento della nostra intelligenza, tutto ciò di cui è dotato l'individuo umano. Conquista meravigliosa, che non è prodotta da una mente conscia. Gli adulti sono coscienti: se noi adulti abbiamo la volontà e il desiderio di imparare qualche cosa ci accingiamo a farlo, ma nel bambino non esiste né coscienza né volontà, poiché coscienza e volontà debbono essere create.

Se chiamiamo cosciente il nostro tipo di mente adulta, quella del bambino dovrebbe essere chiamata inconscia, ma una mente inconscia non significa mente inferiore. Una mente inconscia può essere ricca d'intelligenza. Tipo d'intelligenza questo, facile a trovarsi in ogni essere, anche negli insetti; intelligenza che non è cosciente anche se talora sembra dotata di ragione. È di tipo inconscio, e il bambino compie le sue meravigliose conquiste, a cominciare dalla conoscenza dell'ambiente, in quanto è dotato di questo tipo di mente. Come ha potuto il bambino assorbire il suo ambiente? Proprio per una delle particolari caratteristiche che abbiamo scoperto in lui: un potere di sensibilità così intenso che le cose che lo circondano risvegliano in lui un interesse e un entusiasmo che sembrano penetrare la sua stessa vita. Il bambino assimila tutte queste impressioni, non con la mente, ma con la propria vita. L'acquisizione del linguaggio ne è l'esempio più evidente. Come avviene che il bambino impari il linguaggio? Si risponde che egli è dotato dell'udito e che ascolta la voce degli esseri umani, imparando così a parlare. Pur ammettendo questo fatto, ci dobbiamo chiedere perché fra i milioni di suoni e rumori diversi che lo circondano, egli oda e afferri soltanto la voce dell'uomo. Se è vero che il bambino ode, e se è vero che egli apprende soltanto il linguaggio degli esseri umani, è segno che il linguaggio umano deve fare su di lui una grande impressione. Queste impressioni debbono essere così forti, e causare una tale intensità di sentimenti e un così profondo entusiasmo, da mettere in moto fibre invisibili nel suo corpo, fibre che incominciano a vibrare per riprodurre quei suoni. Per fare un paragone, pensiamo a quanto avviene a noi stessi quando assistiamo a un concerto; di là a poco un'espressione di rapimento è sui volti degli ascoltatori, le teste e le mani cominciano a muoversi. Che cosa le ha messe in movimento se non le impressioni causate dalla musica? Qualcosa di simile deve accadere nella mente inconscia del bambino. La voce produce in lui tali impressioni, che quelle suscitate in noi dalla musica sono in confronto quasi inesistenti. Nel bambino quasi vediamo i movimenti della lingua che vibra, delle corde minute che tremano e delle guance; ogni cosa vibra e si tende, preparandosi nel silenzio a riprodurre i suoni che hanno causato una così profonda emozione nella mente inconscia. Come avviene che il bambino impari il linguaggio nella sua esattezza, e così esattamente e fermamente che esso viene a far parte della personalità psichica? Questo linguaggio acquisito nell'infanzia viene detto lingua materna, ed è chiaramente distinto da tutte le altre lingue che egli potrà apprendere in seguito, così come una falsa dentiera può essere distinta da una dentatura naturale.

Come avviene che questi suoni, dapprima senza significato, tutt'a un tratto portino alla sua mente comprensione e idee? Il bambino non ha soltanto «assorbito» le parole, egli ha assorbito proprio «la frase, la costruzione della frase». Se non comprendiamo la costruzione della frase non possiamo comprenderne il linguaggio. Quando noi diciamo ad esempio: «Il bicchiere è sulla tavola» il senso che diamo a queste parole risulta dall'ordine in cui le poniamo. Se dicessimo: «Bicchiere il sulla è tavola», sarebbe difficile afferrare un'idea. È la sequenza delle parole che noi comprendiamo. Il bambino assorbe le costruzioni del linguaggio.

La mente assorbente

E come avviene questo? Si dice: «Egli ricorda le cose»; ma, per ricordare, occorre aver memoria, e il bambino non ne ha, la deve anzi costruire. Egli dovrebbe avere la capacità di ragionare per rendersi conto che la costruzione di una frase è necessaria a renderla comprensibile. Ma il bambino non ha la facoltà di ragionare, deve crearsela.

La nostra mente, così com'è, non arriverebbe là dove arriva il bambino; per una conquista come quella del linguaggio è necessaria una forma di mente diversa; e questa forma appunto possiede il bambino: un tipo d'intelligenza diversa dalla nostra.

Potremmo dire che noi acquistiamo le conoscenze con la nostra intelligenza, mentre il bambino le assorbe con la sua vita psichica. Semplicemente continuando a vivere il bambino impara a parlare il linguaggio della sua razza. È una specie di chimica mentale che opera in lui. Noi siamo recipienti; le impressioni si versano in noi, e noi le ricordiamo e le tratteniamo nella nostra mente, ma rimaniamo distinti dalle nostre impressioni, come l'acqua rimane distinta dal bicchiere. Il bambino subisce invece una trasformazione: le impressioni non solo penetrano nella sua mente, ma la formano. Esse s'incarnano in lui. Il bambino crea la propria «carne mentale», usando le cose che sono nel suo ambiente. Abbiamo chiamato il suo tipo di mente *Mente assorbente*. È difficile per noi concepire le facoltà della mente infantile, ma senza dubbio la sua è una forma di mente privilegiata.

Immaginate come sarebbe meraviglioso se noi fossimo capaci di mantenere la prodigiosa abilità del bambino il quale, mentre è intento a vivere gioiosamente, saltando e giocando, è capace di imparare una lingua con tutte le sue complicazioni grammaticali. Che meraviglia sarebbe se tutto il sapere entrasse nella nostra mente semplicemente vivendo, senza richiedere sforzo maggiore di quello che ci costi respirare o nutrirci. Dapprima non avvertiremmo nulla di particolare, poi, improvvisamente, le cognizioni acquisite si rivelerebbero nella nostra mente come lucenti stelle di conoscenza. Cominceremmo ad avvertire che esse sono là presenti e saremmo consapevoli di tutte le nozioni divenute, senza sforzo, patrimonio nostro.

Se io vi dicessi che vi è un pianeta dove non esistono scuole, non maestri, nessuna necessità di studiare, e dove, vivendo e passeggiando, senza altra fatica, gli abitanti giungono a conoscere ogni cosa e a fissare saldamente nel loro cervello l'intero sapere, non vi parrebbe questa una bella fiaba? Ebbene, questo, che suona così fantastico da parere invenzione di una fertile immaginazione, è un fatto, una realtà; perché questo è il modo di imparare del bambino inconscio. Questo è il sentiero che egli segue. Egli apprende tutto inconsapevolmente, passando a poco a poco dall'inconscio alla coscienza, avanzando per un sentiero tutto gioia e amore.

La consapevolezza umana pare a noi una grande conquista. Divenire coscienti, acquistare una mente umana! Ma questa conquista noi la dobbiamo pagare, poiché, non appena diveniamo coscienti, ogni nuova acquisizione di sapere ci è causa di duro lavoro e di fatica.

Il movimento è un'altra delle meravigliose conquiste del bambino. Neonato, egli giace tranquillo per mesi nel suo lettino. Ma ecco che, passato qualche tempo, egli cammina, si muove nell'ambiente, fa qualche cosa, gode, è felice. Vive giorno per giorno, e impara a muoversi ogni giorno di più; il linguaggio, con tutta la sua complessità, entra nella sua mente, e così pure il potere di dirigere i suoi movimenti secondo le necessità della sua vita. Ma non è tutto: molte altre cose egli impara con sorprendente rapidità. Ogni cosa che gli è intorno, egli la fa sua: abitudini, costumi, religione si fissano stabilmente nella sua mente.

I movimenti che il bambino conquista non si formano a caso, ma si determinano nel senso in cui essi vengono acquisiti in un particolare periodo dello sviluppo. Quando il bambino comincia a muoversi, la sua mente, capace di assorbire, ha già fatto suo l'ambiente; prima che egli incominci a muoversi, in lui ha già avuto luogo un inconscio sviluppo psichico, e quando egli inizia i primi movimenti comincia a diventare cosciente. Se osservate un bambino di tre anni, vedrete che egli gioca sempre con qualche cosa. Questo significa che egli va elaborando con le sue mani e immettendo nella sua coscienza quello che la sua mente inconscia ha assorbito in precedenza. Attraverso questa esperienza dell'ambiente, sotto forma di giuoco, egli esamina le cose e le impressioni che ha ricevute nella sua mente inconscia. Per mezzo del lavoro diviene cosciente e costruisce l'Uomo. Il bambino è diretto da una potenza misteriosa, meravigliosamente grande, che a poco a poco egli incarna; diventa così uomo e si fa uomo per mezzo delle sue mani, per mezzo della sua esperienza: prima attraverso il giuoco e poi attraverso il lavoro. Le mani sono lo strumento dell'intelligenza umana. In virtù di queste esperienze il bambino assume una forma definita e pertanto limitata, giacché la consapevolezza è sempre più limitata dell'incoscienza e della sub-coscienza.

Egli entra nella vita e incomincia il suo misterioso lavoro; a poco a poco assume la meravigliosa personalità adatta al suo tempo e al suo ambiente. Edifica la sua mente, finché pezzo per pezzo giunge a costruire la memoria, la facoltà di capire, la facoltà di ragionare. Eccolo infine al suo sesto anno di età. Allora, improvvisamente, noi educatori scopriamo che questo individuo comprende, che ha la pazienza di ascoltare ciò che noi diciamo, mentre prima non avevamo il mezzo di giungere fino a lui. Egli viveva su un altro piano, diverso dal nostro. Di questo primo periodo si occupa il nostro libro. Lo studio della psicologia infantile nei primi anni di vita rivela a noi tali miracoli, che chiunque vi si accosti con comprensione non può non esserne profondamente impressionato.

La nostra opera di adulti non consiste nell'insegnare, ma nell'aiutare la mente infantile nel lavoro del suo sviluppo. Sarebbe meraviglioso se noi potessimo, col nostro aiuto, con un intelligente trattamento del bambino, con la comprensione dei bisogni della sua vita, prolungare il periodo in cui opera in lui la mente capace di assorbire. Quale servizio renderemmo all'umanità se potessimo aiutare l'individuo umano ad assorbire le cognizioni senza fatica, se l'uomo potesse trovarsi ricco di cognizioni senza sapere come le abbia acquisite, quasi per effetto di magia. La natura non è forse piena di magia e di miracoli?

La scoperta che il bambino è dotato di una mente capace di assorbire ha prodotto una rivoluzione nel campo educativo. Si capisce ora facilmente perché il primo periodo dello sviluppo umano, in cui si forma il carattere, è il più importante. In nessuna altra età della vita si ha maggior bisogno di un aiuto intelligente come in questo e ogni ostacolo che si frapponga allora al bambino verrà a diminuire le possibilità di perfezionamento della sua opera creativa. Noi aiuteremo dunque il bambino non più perché lo consideriamo un essere piccolo e debole, ma perché egli è dotato di grandi energie creative, che sono di natura così fragile da richiedere – per non venir menomate e ferite – una difesa amorosa e intelligente. A queste energie vogliamo portare aiuto, non al bambino piccolo, né alla sua debolezza. Quando si comprenda che queste energie appartengono a una mente inconscia, la quale deve farsi cosciente attraverso il lavoro e l'esperienza acquisita nell'ambiente, quando ci rendiamo conto che la mente infantile è diversa dalla nostra, che non possiamo raggiungerla con l'insegnamento verbale, che non possiamo intervenire direttamente nel processo del passaggio dall'inconscio alla coscienza, e in quello della costruzione delle facoltà umane, allora tutto il concetto della educazione cambierà e diverrà quello di un aiuto alla vita del bambino, allo sviluppo psichico dell'uomo, e non imposizione a ritenere idee e fatti e parole nostre.

Questa è la nuova via su cui si è messa l'educazione: aiutare la mente nei suoi diversi processi di sviluppo, secondarne le varie energie e rafforzarne le diverse facoltà.

IV – UN NUOVO ORIENTAMENTO

Ai nostri giorni si nota un orientamento definitivamente nuovo negli studi biologici. Ogni ricerca era condotta un tempo sull'essere adulto, e gli scienziati, quando studiavano animali e piante, prendevano in considerazione soltanto esemplari adulti. Lo stesso avveniva nello studio dell'umanità; solo l'adulto era oggetto di considerazione, sia per lo studio della morale che per quello della sociologia. Così era campo prediletto di attenzione e meditazione da parte degli studiosi la morte, ed era logico, giacché l'essere adulto, procedendo nella vita, si avvia verso la morte. Nello stesso modo lo studio della morale era lo studio delle regole e rapporti sociali fra adulti. Oggi gli scienziati, prendendo una direzione opposta, sembrano procedere all'indietro, tanto nello studio degli esseri umani quanto in quello di altri tipi di vita. Non solo considerano gli esseri giovanissimi, ma risalgono all'origine degli esseri. La biologia si è volta all'embriologia e allo studio della vita della cellula. Da questo orientamento verso le origini è sorta una nuova filosofia che non è di natura idealistica. Potremmo dire che essa è piuttosto scientifica, perché nasce dall'osservazione e non da deduzioni astratte di pensatori. Lo sviluppo di questa filosofia procede di pari passo con il progredire delle scoperte fatte nei laboratori.

Quando si penetra nel campo delle origini dell'individuo, che è il campo dell'embriologia, ci si rivelano cose che non esistono nel campo della vita adulta o, seppure vi esistono, sono di natura assai diversa; l'osservazione scientifica rivela un tipo di vita del tutto dissimile da quello che l'umanità era abituata a considerare, e porta in piena luce la personalità del bambino.

Una banalissima considerazione dimostrerà che il bambino non progredisce verso la morte come l'adulto; esso progredisce verso la vita, giacché il suo scopo è la costruzione dell'uomo nella sua pienezza di forza e di vita. Quando appare l'adulto, il bambino non esiste già più. Tutta la vita del bambino è un processo verso la perfezione, verso un maggior completamento. Basta questa osservazione per dedurre che il bambino può trovar gioia nell'adempimento di un compito di sviluppo e di perfezione. Quello del bambino è un tipo di vita in cui il lavoro, l'adempimento del proprio dovere, recano gioia e felicità, mentre per l'adulto il lavoro generalmente rappresenta una funzione piuttosto penosa.

Questo procedere nella vita è per il bambino un estendere e un ampliare sé stesso: più il bambino cresce in età e più diviene intelligente e forte. Il suo lavoro e la sua attività lo aiutano ad acquistare intelligenza e forza, mentre nel caso degli adulti il passare degli anni determina piuttosto il contrario. E ancora, nel campo del bambino non esistono competizioni, perché nessuno può compiere per lui il lavoro inteso a costruire l'uomo che egli deve costruire. In altre parole, nessuno può crescere per lui.

Risaliamo ancor più indietro nella vita del bambino, al periodo anteriore alla nascita. Già prima di nascere il bambino ha contatto con l'adulto, poiché la sua vita embrionale trascorre nel corpo della madre. Prima dell'embrione esiste la cellula prima, che è il risultato di due cellule provenienti dagli adulti. Sia che ci trasportiamo alle origini della vita degli esseri umani, sia che seguiamo il bambino nel compimento del suo «dovere» di crescenza, troviamo sempre l'adulto.

La vita del bambino è la linea che congiunge due generazioni di vita adulta. La vita del bambino, che crea ed è creata, parte dall'adulto e finisce nell'adulto. Questa è la via, il sentiero della vita, e da questa vita così strettamente vicina all'adulto possono venire interesse di studio e nuova luce.

Le due vite

La natura offre una particolare protezione al bambino. Egli nasce dall'amore, e l'amore è la sua vera origine. Una volta nato, egli è circondato dalla tenerezza del padre e della madre; non è dunque generato nella discordia, ed ecco la sua prima protezione. La natura ispira ai genitori l'amore per i piccoli, e questo amore non è qualcosa di artificiale, di alimentato dalla ragione, come l'idea della fraternità, che nasce dallo sforzo di tutti coloro che aspirano all'unità del genere umano. Nel campo della vita del bambino si può trovare il tipo d'amore che dimostra quale dovrebbe essere l'attitudine morale ideale della comunità adulta, poiché qui soltanto si può trovare l'amore, naturalmente capace di ispirare il sacrificio, la dedizione di un io a un altro, la dedizione di sé stessi al servizio di altri esseri. Nel profondo del loro sentimento tutti i genitori rinunciano alla propria vita per dedicarla ai figli, e questo è per essi un sacrificio naturale, che procura gioia e non appare mai un sacrificio. Nessuno dirà mai: «Pover'uomo, ha due bambini!». Anzi, giudicherà quest'uomo fortunato. Il sacrificio a cui i genitori si sottopongono per i loro figli è un sacrificio che dà gioia, è la vita stessa: il bambino ispira ciò che nel mondo dell'adulto rappresenta un ideale: la rinuncia, l'abnegazione: virtù quasi impossibili a raggiungersi fuori dagli affetti familiari. Quale uomo d'affari che possa impossessarsi di qualche oggetto di cui ha bisogno dirà mai a un rivale in affari: «Prendete voi quella merce, io vi rinuncio»? Ma se i genitori affamati non hanno di che mangiare, sacrificano sino all'ultimo pezzo di pane per soddisfare la fame del bambino. Vi sono dunque due vite diverse, e l'adulto ha il privilegio di partecipare ad ambedue: all'una come genitore e all'altra come membro della società. La migliore delle due è quella che il genitore spende per il bambino, poiché, grazie alla vicinanza del bambino, si sviluppano nell'uomo i più alti sentimenti.

Se prendiamo a oggetto di studio gli animali, invece degli uomini, troviamo egualmente questi due tipi di vita. Gli animali feroci e selvaggi sembrano anch'essi mutare i propri istinti quando hanno la prole; ognuno sa quanta tenerezza dimostrino tigri e leoni per i loro piccoli e quanto coraggio acquisti il timido daino per difenderli. Sembra che vi sia un cambiamento di istinti in tutti gli animali al momento in cui essi hanno i piccoli da proteggere, come se istinti speciali venissero a sovrapporsi a quelli abituali. Gli animali timidi posseggono, in misura anche maggiore degli uomini, un istinto di autoconservazione, ma quando hanno i figli esso si muta in istinto di protezione. Avviene così per gli uccelli: il loro istinto è quello di volar via non appena si avvicini un pericolo, ma quando essi hanno i piccoli da proteggere non s'allontanano dal nido: restano immobili coprendoli con le loro ali per nascondere il troppo visibile candore delle uova. Altri fingono di essere feriti e si tengono appena discosti dalle mascelle del cane per distoglierlo dall'afferrare i piccoli che così restano nascosti. In ogni forma di vita animale vi sono simili esempi e si manifestano due specie di istinti: uno di autoprotezione e un altro di protezione della vita dei piccoli. I libri del biologo J. H. Fabre danno le più mirabili illustrazioni di questi fatti. Fabre conclude la sua grande opera dicendo che la specie deve la sua sopravvivenza a questo forte istinto materno. Ed è vero, perché se la sopravvivenza della specie fosse dovuta soltanto alle cosiddette armi della lotta per l'esistenza, come potrebbero i piccoli difendersi mentre non hanno ancora sviluppato le loro armi difensive? Le piccole tigri non sono forse senza denti e gli uccellini del nido non sono senza penne? Perciò, se la vita dev'essere salvata e la specie sopravvivere, è necessario soprattutto provvedere alla protezione dei piccoli che, inermi, stanno tuttavia preparando le proprie armi.

Se la sopravvivenza della vita fosse affidata soltanto alla lotta del forte, la specie perirebbe. Quindi la ragione vera, il fattore principale della sopravvivenza della specie è l'amore degli adulti per i piccoli.

Nello studio della natura la parte più affascinante è la rivelazione dell'intelligenza, che esiste persino nelle infime creature. Ognuna di esse è dotata di varie specie di istinti protettori; ognuna è pure dotata di una diversa manifestazione di intelligenza, e questa intelligenza è spesa tutta a protezione di piccoli; mentre se si studiano gli istinti di autoconservazione, questi non rivelano tanta intelligenza né hanno altrettanta varietà di manifestazioni. Sono ben lungi da quella finezza di particolari che diede materia a Fabre per dedicare quasi interamente i suoi sedici volumi alla descrizione degli istinti protettori presso gli insetti.

Studiando quindi i diversi generi di vita, si constata la necessità di due specie di istinti e due tipi di vita e se portiamo questa affermazione nel campo della vita umana, non fosse che per ragioni sociali, lo studio della vita del bambino risulta necessario per le conseguenze che esso ha per l'adulto. Questo studio della vita deve rifarsi alle origini.

V – IL MIRACOLO DELLA CREAZIONE

Embriologia

Fra le scienze diverse che prendono oggi in considerazione la vita dell'individuo, dal suo inizio, di particolare interesse è l'embriologia. In tutti i tempi i pensatori furono colpiti dal fatto meraviglioso che un essere, il quale prima non esisteva, diventa poi uomo o donna, destinato ad avere una sua intelligenza e propri pensieri. Come avviene? Come si formano i suoi organi così complicati e meravigliosi? Come si formano gli occhi, e la lingua che ci permette di parlare, e il cervello, e le altre infinite parti dell'organismo umano? All'inizio del XVIII secolo gli scienziati, o meglio, i filosofi, credevano in una preformazione e pensavano che nella cellula-uovo dovesse esistere un minuscolo uomo (o donna) già fatto. Piccolo tanto che non si poteva vedere, ma esistente e destinato a crescere. Lo stesso si pensava che avvenisse per i mammiferi. Due scuole, quella degli Animalculisti e quella degli Ovisti, disputarono se il minuscolo individuo fosse presente nella cellula germinale dell'uomo o della donna, e diedero luogo a erudite discussioni.

Il dottor G. F. Wolff, facendo uso del microscopio, che era appena stato inventato, si propose di vedere ciò che realmente avveniva nel processo creativo, e cominciò a studiare la cellula germinale nelle uova fecondate di pollo. Giunse alla conclusione espressa nella sua *Theoria generationis*: che nulla preesiste, che l'essere si costruisce da sé stesso, e ne descrisse il formarsi. La cellula germinale si divide in due parti, queste si dividono in quattro, e l'essere si forma con il moltiplicarsi delle cellule (vedi fig. 1).

I dotti che si disputavano fra loro sulla localizzazione della preesistenza insorsero, si offesero, gridarono all'ignoranza, alla eresia, e la situazione si fece così difficile per Wolff, il fondatore dell'embriologia, che egli fu scacciato dal suo paese. Rimase in esilio e morì in terra straniera. Sebbene i microscopi si moltiplicassero, nessuno per cinquanta anni osò più investigare il segreto, ma nel frattempo le asserzioni di quel primo studioso si facevano strada. Un altro scienziato, K. E. von Baer, compì le stesse ricerche e trovò che quanto il Wolff aveva asserito era vero. Lo affermò, e tutti questa volta accettarono la nuova verità, e nacque quel nuovo ramo della scienza che ha nome *Embriologia*.

L'Embriologia è indubbiamente una delle scienze più affascinanti, in quanto non studia gli organi di un organismo sviluppato, come l'anatomia,

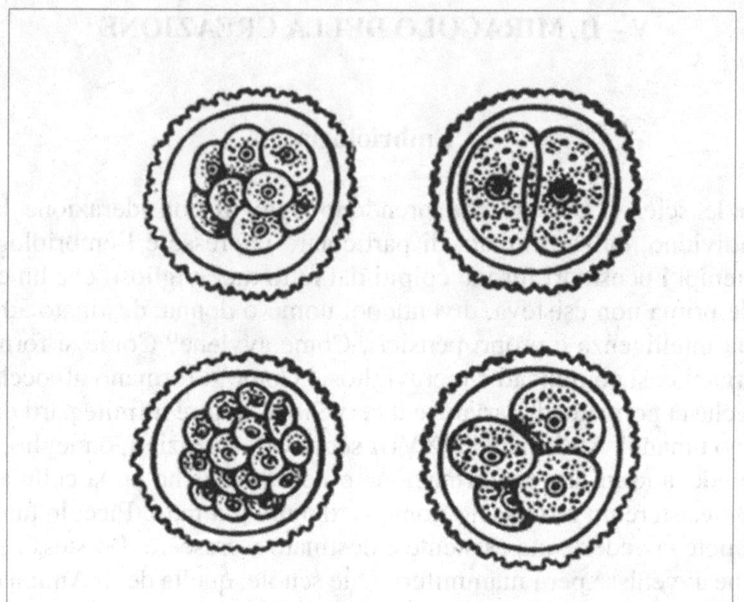

Fig. 1. - La moltiplicazione delle cellule germinali.

né la loro funzione, come la fisiologia, né le loro malattie, come la patologia, ma ha come fine della sua indagine il processo creativo, il modo nel quale un corpo che non esisteva viene a formarsi per entrare infine nel mondo dei viventi.

Ogni animale, ogni mammifero, l'uomo, questo essere meraviglioso, provengono da un'unica e prima cellula, rotonda e non differenziata, con l'aspetto semplicissimo di una cellula primitiva. Le proporzioni di queste cellule germinative sorprendono per la loro estrema piccolezza. Quella dell'uomo corrisponde a un decimo di millimetro. Per averne un'idea, segniamo un punto con una matita bene appuntita e disponiamo dieci di questi punti uno accanto all'altro; per quanto essi siano piccoli, un millimetro non li conterrà. Vediamo dunque quanto è microscopica la cellula da cui proviene l'uomo. Questa cellula si sviluppa separatamente dall'essere che la genera, perché protetta e racchiusa da una specie di involucro che la tiene staccata dall'adulto che la contiene. Questo si verifica per tutti gli animali. La cellula è isolata dalla genitrice per modo che l'essere che ne risulta è in verità il prodotto del lavoro della cellula germinativa. Causa questa inesauribile di meditazione, perché i più grandi uomini, su qualsiasi piano si siano

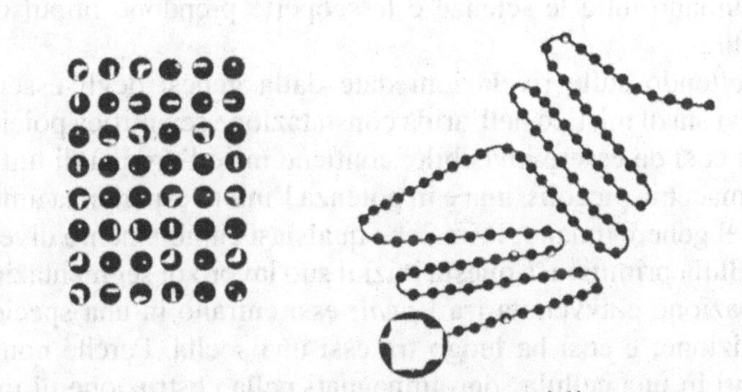

Fig. 2. - Catena di 100 geni presentati linearmente
e contenuti in ognuno dei 48 cromosomi della cellula umana rappresentati a sinistra.

manifestati, da Napoleone ad Alessandro, da Shakespeare a Dante, a Gandhi, così come il più umile fra gli esseri umani, ognuno fu costruito da una di queste minuscole cellule.

Osservando la cellula germinativa con un potente microscopio, risulta che essa contiene un certo numero di corpuscoli, i quali, potendo essere molto facilmente colorati con mezzi chimici, furono chiamati «cromosomi». Il loro numero differisce nelle diverse specie. Nella specie umana i cromosomi sono quarantotto. In altre specie quindici, in altre ancora tredici, così che il numero dei cromosomi costituisce un carattere distintivo per la specie. Si pensò che questi cromosomi fossero i depositari dell'eredità. Recentemente nuovi microscopi di maggior potenza, detti ultra-microscopi, hanno permesso di vedere che ogni cromosomo è una specie di scatoletta contenente una catena o collana composta di circa cento minutissimi grani; i cromosomi si aprono, i grani si liberano e la cellula diventa depositarla di circa 4000 corpuscoli detti *geni* (fig. 2). La parola *gene* implica l'idea di generazione. E per consenso si è interpretato intuitivamente che ogni gene possa portare in sé l'eredità di un dettaglio: per es., la forma del naso, il colore dei capelli.

È chiaro che a questa visione scientifica della verità non si è giunti solo per l'aiuto del microscopio ma perché l'intelligenza dell'uomo è creativa e non riceve le impressioni soltanto per fotografarle nella mente, ma come stimoli al suo immaginare. Con l'immaginazione, cioè grazie a un'intelligenza che «vede al di là delle cose», può ricostruire i fatti; grazie a questo potere umano tutte le scienze e le scoperte prendono impulso per il loro progredire.

Riflettendo sulle rivelazioni date dalla genesi degli esseri, sentiamo quanto vi sia di mistico nell'arida constatazione scientifica poiché la cellula, minima così da essere invisibile, contiene in sé l'eredità di tutti i tempi; in questa macchia piccolissima è in potenza l'intera esperienza umana, l'intera storia del genere umano. Prima che qualsiasi cambiamento divenga visibile nella cellula primitiva, e questa inizi il suo lavoro di segmentazione, già una combinazione è avvenuta fra i *geni*; essi entrano in una specie di lotta di competizione; e così ha luogo tra essi una scelta. Perché non tutti i *geni* contenuti in una cellula sono impegnati nella costruzione di un nuovo essere; soltanto alcuni prevalgono nella concorrenza. Questi sono i portatori dei «caratteri dominanti», altri invece non si manifestano e sono portatori dei «caratteri recessivi». Questo fatto misterioso, che avviene come preparazione al lavoro creativo della cellula germinativa, fu illustrato, come ipotesi scientifica, da Mendel. Egli condusse la sua famosa esperienza innovatrice studiando l'incrocio di una pianta dai fiori rossi e una della stessa famiglia dai fiori bianchi e affidò poi alla terra i semi delle nuove piante. Da questi semi si ebbero tre piante con i fiori rossi e una con i fiori bianchi. I geni del colore rosso ebbero la prevalenza in tre piante, dove invece quelli di colore bianco furono recessivi. Si poté dimostrare che questa lotta di selezione tra i caratteri avviene seguendo le leggi matematiche delle combinazioni.

Gli studi ulteriori si sono complicati oggi sulla ipotesi matematica delle combinazioni dei *geni*. Ma la conclusione è che secondo le circostanze in cui la cellula si trova, si può avere un individuo più o meno bello, un individuo più forte o uno più debole; secondo la prevalenza dei suoi «geni».

A queste diverse combinazioni si deve che ogni essere umano è diverso da qualsiasi altro. Così vediamo in una stessa famiglia, fra figli nati dagli stessi genitori, innumeri differenze di bellezza e forza fisica e di sviluppo intellettuale.

Si studiano oggi con particolare interesse le circostanze che possono far prevalere i caratteri migliori e ne è nata una scienza nuova, l'*eugenica*.

Il capitolo sulle combinazioni dei geni, che si riferisce a un insieme di ipotesi, è separato dal diretto studio dei fenomeni che avvengono quando già la loro combinazione fu stabilita.

È allora che si inizia il vero processo embriologico della costruzione del corpo: un processo di segmentazione cellulare così palese che già Wolff, soltanto osservandolo per la prima volta dal microscopio, poté dare una chiara relazione sulle fasi successive per cui passa lo sviluppo embrionale.

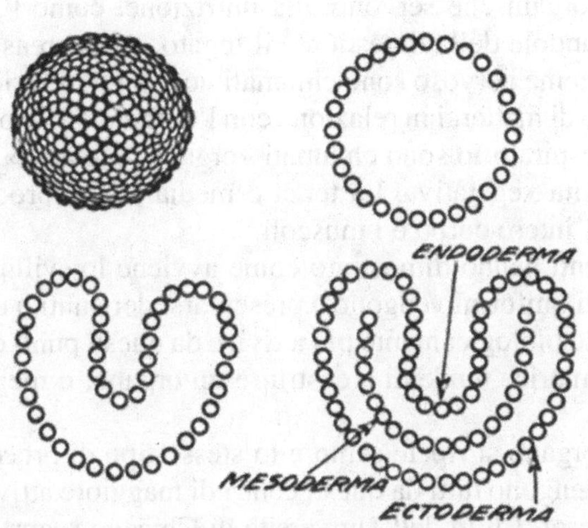

Fig. 3. - In alto, a sinistra, la primitiva sfera di cellule (*morula*) limitata da una sola parete (a destra). Sotto, a sinistra, la *gastrula* con doppia parete introflessa. A destra, si vede la terza parete che si è formata all'interno della *gastrula*.

La cellula comincia col dividersi in due cellule uguali che restano unite, poi le due diventano quattro, le quattro otto, le otto sedici e così via. Questo processo continua finché vengono prodotte centinaia di cellule: è come se la costruzione cominciasse intelligentemente con l'accumulare i mattoni necessari a costruire una casa. In seguito, le cellule si dispongono in tre strati distinti, come se con quei mattoni si cominciasse a costruire dei muri. (Il paragone della casa è di Huxley.) Il procedimento successivo è costante in tutti gli animali. Prima le cellule formano una specie di sfera vuota come la parete di una palla di gomma elastica (la *morula*): quindi la parete si inflette e vengono a formarsi due pareti sovrapposte. Infine un terzo strato si infiltra fra i primi due. Ed ecco le tre mura, da cui procederà tutta la costruzione (figura 3).

Questi strati, o foglietti germinativi, sono dunque, uno esterno o ectoderma, uno medio o mesoderma e uno interno o endoderma; e formano un piccolo corpo allungato dove le cellule sono tutte eguali tra loro benché più piccole della cellula da cui ebbero origine.

Ognuna delle tre pareti produce un complesso di organi. Quella esterna dà luogo alla pelle, agli organi sensori e al sistema nervoso. E questo prova che lo strato esterno è in relazione con l'ambiente perché la pelle protegge, e il sistema nervoso ci mette in relazione con l'ambiente. La parete interna sviluppa gli organi che servono alla nutrizione, come l'intestino, lo stomaco, le ghiandole della digestione, il fegato, il pancreas e i polmoni. Gli organi del sistema nervoso sono chiamati «organi di relazione», perché essi ci permettono di metterci in relazione con l'ambiente. Gli organi del sistema digerente e respiratorio sono chiamati «organi vegetativi», perché rendono possibile la vita vegetativa. La terza o media parete produce lo scheletro che sostiene l'intero corpo e i muscoli.

Studi recenti hanno dimostrato come avviene lo sviluppo degli organi. In questi strati uniformi vengono a presentarsi dei punti o centri, che diventano a un tratto biologicamente più attivi, e da questi punti emergono cellule dalla parete matrice tendenti a costruire un organo, o meglio il disegno di un organo.

Per ogni organo si ripete sempre lo stesso tipo di procedimento: e i diversi organi vengono tutti da questi centri di maggiore attività distanti l'uno dall'altro. Il prof. Child dell'Università di Chicago scoprì questo processo e chiamò questi centri «gradienti».5

Quasi allo stesso tempo un altro studioso di embriologia, il Douglas, in Inghilterra, faceva una scoperta analoga, benché indipendentemente dal Child. Egli, che osservava in particolare lo sviluppo del sistema nervoso, chiamò «sangli»6 i punti di attività costruttiva, attribuendoli a speciale sensitività.

Al momento in cui cominciano a sorgere le costruzioni di organi, le cellule che erano tutte uguali prendono a modificarsi e subiscono profonde differenziazioni secondo le funzioni che gli organi saranno destinati a compiere. Avviene cioè la «specializzazione cellulare» che è adatta a compiere la funzione relativa agli organi che si costruiscono. La delicata specializzazione dunque delle cellule, benché avvenga in vista di una determinata funzione, ha luogo prima che la funzione incominci.

Nella figura 4 sono rappresentate alcune di queste cellule per dare un'idea della loro profonda differenziazione: le cellule del fegato sono esagonali, unite come le mattonelle di un pavimento e senza connettivo; le cellule ossee sono invece ovali, isolate e rare, in rapporto tra loro con sottili filamenti e la parte importante, sostanziale dell'organo, è quella specie di connettivo solido, elaborato dalle cellule stesse. Particolarmente interessante è il rivestimento della trachea: le piccole tazze che essudano di continuo una sostanza glutinosa, destinata a trattenere il pulviscolo dell'aria, sono sparse tra cellule triangolari provviste di una frangia continuamente

---

5Vedi C. M. CHILD, *Physiological foundations of behaviour*, New York, 1924.
6A. C. DOUGLAS, *The physical mechanism of the human mind*, Edimburg, 1952.

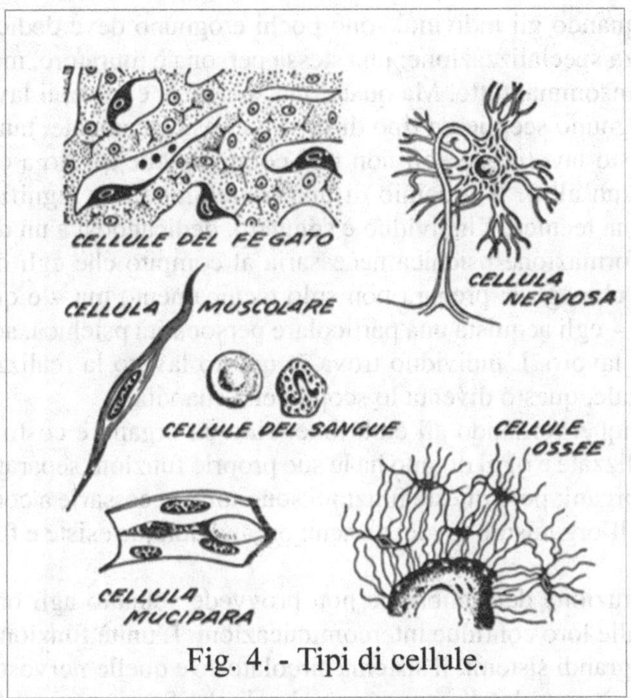

Fig. 4. - Tipi di cellule.

vibratile che trasporta il muco all'esterno. Sono particolari le cellule della pelle, piatte e a strati sovrapposti dei quali l'esterno è costituito di cellule destinate a morire e a distaccarsi per dare luogo alle altre, che, dal disotto, vanno sostituendole. Esse, che difendono la superficie esterna del corpo, sembrano soldati pronti a dare la vita per la patria.

Le cellule nervose sono le più evolute, le più importanti, insostituibili: sempre presenti al posto di comando, con i loro filamenti lunghissimi, che vanno lontano come fili telegrafici che collegano un continente all'altro.

Sono le profonde differenze fra le cellule che interessano, perché esse provengono da cellule tutte eguali: ma preparandosi ai loro diversi uffici, cambiano sé stesse per adattarsi a un lavoro che non hanno mai compiuto. E quando si sono trasformate secondo il fine del particolare organo di cui vengono a far parte, non sono più suscettibili di mutamento. Una cellula del fegato non potrebbe mai trasformarsi in una cellula nervosa. Cioè per compiere quel lavoro hanno dovuto non prepararsi, come diremmo noi, ma trasformarsi.

Non avviene forse lo stesso nella società umana? Esistono, potremmo dire, gruppi particolari di uomini che formano gli organi dell'umanità. Al principio ogni individuo adempie molti compiti, e così accade nella società primitiva quando gli individui sono pochi e ognuno deve dedicarsi a ogni lavoro senza specializzazione: una stessa persona è muratore, medico, falegname, è, insomma, tutto. Ma quando la società si evolve, il lavoro si specializza. Ognuno sceglie un tipo di lavoro e, psichicamente, tanto si impegna in questo lavoro che egli non può compiere che quello a cui egli si è dato e nessun altro. Il tirocinio di una professione non significa soltanto imparare una tecnica; l'individuo è soggetto, dedicandosi a un dato lavoro, a una trasformazione psichica necessaria al compito che egli deve adempiere, così che egli si prepara non solo tecnicamente ma – e questo è più importante – egli acquista una particolare personalità psichica, adatta a quel particolare lavoro. L'individuo trova in questo lavoro la realizzazione del proprio ideale, questo diventa lo scopo della sua vita.

Ora dunque, tornando all'embrione, ciascun organo è costruito da cellule specializzate e ogni organo ha le sue proprie funzioni separate da quelle degli altri organi; però queste funzioni sono tutte necessarie a compiersi per la salute dell'organismo totale: ciascun organo dunque esiste e funziona per il tutto.

La costruzione dell'embrione non provvede soltanto agli organi in sé, ma anche alle loro continue intercomunicazioni. L'unità funzionale è stabilita da due grandi sistemi: il sistema circolatorio e quello nervoso: essi sono gli organi più complessi, eppure sono i soli che funzionano al fine di raggiungere l'unità tra tutti gli altri.

Il primo è come un fiume in cui scorrono sostanze che vengono trasportate a tutte le parti del corpo. Tuttavia questo sistema non serve soltanto come distributore, ma pure come collettore: il sistema circolatorio è infatti il veicolo universale che trasporta l'alimento a tutte le cellule attraverso i vasi capillari e al tempo stesso trasporta tutto l'ossigeno che esso assume passando attraverso i polmoni; ma il sangue trasporta inoltre speciali sostanze elaborate nelle ghiandole endocrine: gli ormoni, che hanno il potere di influire sugli organi, di stimolarli e soprattutto controllarli con lo scopo che le funzioni si compiano in un'armonia necessaria al benessere di tutti.

Gli ormoni sono sostanze necessarie a organi distanti da quelli che li producono. Quale perfezione è dunque raggiunta dal sistema circolatorio nell'adempimento della sua funzione! Ogni organo attinge come a un fiume ciò che gli è necessario per la vita e vi versa ciò che ha prodotto affinché altri organi possano servirsene per i loro bisogni.

L'altro organo che realizza l'unità di funzionamento del tutto è il sistema nervoso. Esso è che dirige, concentrando nel cervello una specie di comando che viene trasmesso, a traverso i filamenti nervosi, a tutti gli elementi dell'intiero organismo.

Anche nella nostra società un sistema circolatorio si è sviluppato. Le sostanze prodotte da diversi individui e popoli vengono messe in circolazione, e ogni individuo vi attinge quanto è utile alla sua vita; il gran fiume del commercio le rende accessibili ad altri individui e popoli. I mercanti, i venditori ambulanti, non sono essi come i corpuscoli rossi del sangue? Anche la società funziona così che le cose prodotte in un paese siano consumate in altri situati a immense distanze da quello.

In questi ultimi anni si nota il determinarsi di funzioni simili alla distribuzione degli ormoni nel campo fisiologico degli organi. Sono i tentativi dei grandi Stati di ordinare l'ambiente, di controllare la circolazione, di stimolare, di incoraggiare, di dirigere i compiti di tutte le nazioni con il solo fine di realizzare l'armonia e il benessere di tutti. Si può dire che i difetti che si fanno palesi in questi tentativi dimostrano che il sistema circolatorio non ha compiuto il suo sviluppo embrionale seppure abbia raggiunto un periodo di organizzazione molto avanzata.

Manca però ancora nella società umana ciò che dovrebbe corrispondere alle cellule specializzate del sistema nervoso. Potremmo quasi concludere dallo stato caotico del mondo d'oggi che ciò che dovrebbe corrispondere a questo organo direttivo del corpo umano non si è ancora sviluppato nella società. Per la mancanza di questa speciale funzione non vi è nulla che agisca insieme su tutto il corpo sociale e guidi armonicamente l'intera società. La democrazia, che è la forma più evoluta d'organizzazione nella nostra civiltà, permette a tutti di scegliere il proprio capo grazie alle elezioni. Se questo avvenisse nel campo dell'embriologia sarebbe un assurdo inconcepibile, perché se ogni cellula deve essere specializzata, tanto più specializzata deve essere la cellula che dirige le funzioni del tutto. Il lavoro direttivo è il compito più difficile ed esige più di qualsiasi altro specializzazione. Non si tratta quindi di elezione ma di essere adatti e idonei al lavoro. Chi deve dirigere gli altri deve aver trasformato sé stesso: non vi può essere capo e guida se questi non si è foggiato il suo compito. Questo principio, che va dalla specializzazione alla funzione, attrae vivamente il nostro pensiero e tanto più quando esso sembra essere il piano adottato dalla natura in tutti i rami della vita: è il piano stesso della natura quando crea.

Ma negli organismi viventi esso si manifesta nelle meraviglie del suo compimento. L'embriologia perciò può indicarci qualche direttiva e offrirci qualche ispirazione. Così l'Huxley riassume i miracoli dell'embrione. «Il passaggio dal nulla al corpo complesso delle individualità è uno dei costanti miracoli dell'esistenza. Se non siamo colpiti dalla grandezza di questo miracolo, una ragione sola può valere: è che esso si ripete di continuo sotto i nostri occhi nell'esperienza della nostra vita di ogni giorno».[7]

Qualunque animale si osservi, uccello o coniglio, o qualsiasi altro vertebrato, esso risulta composto di organi straordinariamente complicati per sé stessi e, più di ogni altra cosa, fa meraviglia vedere come questi organi complicatissimi sono strettamente connessi fra loro. Se veniamo a considerare il sistema circolatorio, scopriamo un sistema di drenaggio così fine, complicato e completo, che nessun sistema inventato dal più progredito tipo di civiltà può essergli paragonato. Anche il servizio dell'intelligenza, la quale raccoglie le impressioni dall'ambiente percepito grazie agli organi dei sensi, è così meraviglioso che nessuno strumento moderno può essergli messo a confronto. Che cosa può paragonarsi alla meraviglia dell'occhio o dell'orecchio? E se si studiano le reazioni chimiche che avvengono nel corpo, ecco che ci avvediamo dell'esistenza di laboratori di estrema perfezione in cui sono trattate sostanze e sviluppate, unendo e tenendo insieme altre sostanze che nei laboratori nostri meglio attrezzati non siamo sovente in grado di unire. A paragone delle reti di comunicazione create nell'uomo dal sistema nervoso, le nostre comunicazioni più evolute e perfette, compreso il telefono, la radio, il telegrafo senza fili, e quante altre, risultano insufficienti e difettose.

E se studiamo l'esercito meglio organizzato non troveremo mai un'obbedienza simile a quella dei muscoli che eseguiscono immediatamente gli ordini di un unico comandante e stratega. Servitori docili, si esercitano con un lavoro speciale e in modo particolare per essere pronti a qualsiasi comando venga loro impartito. Se pensiamo che questi organi complicati, organi di comunicazione, muscoli, nervi che penetrano ogni minima cellula del corpo, provengono tutti da un'unica cellula, la cellula primitiva sferica, sentiamo tutta la meraviglia della natura.

---

[7] J. S. HUXLEY in *The stream of life* (1926).

VI – EMBRIOLOGIA: COMPORTAMENTO

Le successive fasi dello sviluppo embrionale si ripetono in tutti gli animali superiori e nell'uomo. Gli animali inferiori non differiscono nel senso che il loro sviluppo è incompleto, essendosi arrestato alle fasi più primitive.

Per esempio il Volvox si è arrestato alla sferula ed è rimasto come una piccola palla vuota che si rotola nelle acque dell'Oceano, movendo i peli vibratili che si sono sviluppati sulla faccia esterna dell'unico strato di cellule.

I celenterati corrispondono all'embrione che ha una doppia parete per l'invaginazione di quella esterna, e sono costituiti da due soli strati di cellule, l'ectoderma e l'endoderma.

E dove si ha il completo sviluppo a tre strati, i primi stadi della formazione sono tanto simili che è facile confondere l'embrione di uno con quello dell'altro animale, come mostra la figura (fig. 5).

Questo si ritenne come una delle più chiare prove della teoria della discendenza tra i vari gradi dell'«animalità». Così l'uomo proveniva dalle scimmie, i mammiferi e gli uccelli dai rettili; questi dagli anfibi e dai pesci, e così via fino agli animali ancor più semplici e a quelli unicellulari. I rispettivi embrioni passavano a traverso le fasi ereditate di tutti i predecessori: cosicché l'embrione avrebbe rappresentato la sintesi della evoluzione della specie. Cioè l'Ontogenesi ripete la Filogenesi.

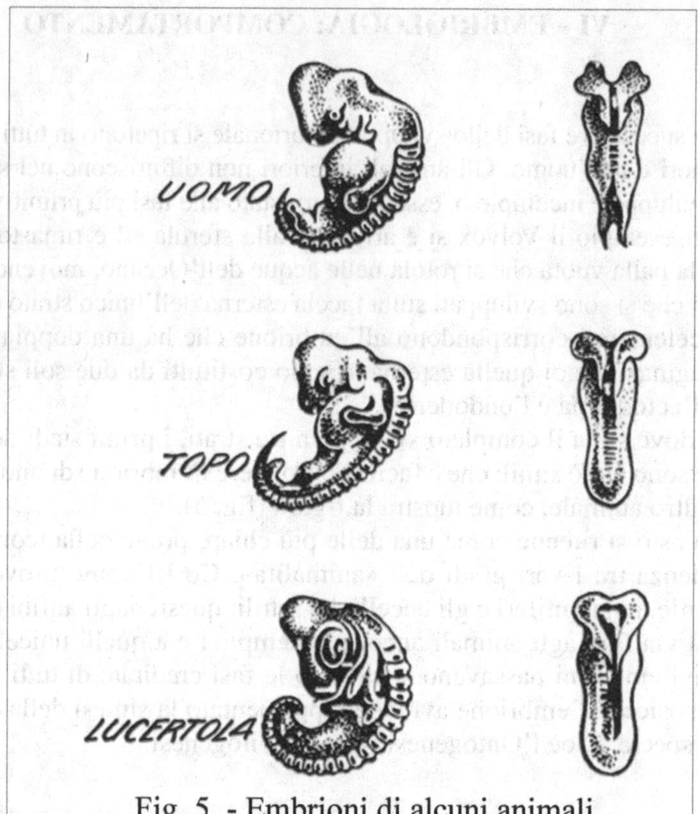

Fig. 5. - Embrioni di alcuni animali.

Questa idea venne così a inquadrarsi nelle teorie darwiniane della evoluzione, rimanendone una delle prove più dimostrative. Ma più tardi, dopo la scoperta di De Vries, l'embriologia si spinse verso più larghi concetti nel tentativo di spiegare la vita.

A cominciare dalla «Teoria delle Mutazioni»[8] De Vries vide provenire dalla stessa pianta forme di varietà diverse, senza alcuna influenza attribuibile all'ambiente, il che fece pensare a variazioni spontanee, la cui causa dovrebbe ricercarsi appunto non nell'ambiente, ma nelle interiori attività dell'embrione. Perché nell'embrione soltanto esiste la possibilità di variare rapidamente.

---

[8]HUGO DE VRIES, fondatore della genetica sperimentale, è conosciuto soprattutto per l'opera qui citata: *Die Mutationstheorie* (Lipsia 2 voll.: 1902-1903). Tutti i suoi scritti sono raccolti nel volume: *Opera e periodicis collata* (Utrecht, 1918-1927).

Ciò permette di includere qualche altra possibilità oltre al lento procedere dell'adattamento sulla incalcolabile lunghezza dei tempi: e il pensiero umano poté muoversi più liberamente verso nuove intuizioni, e rimanere sensibile a nuovi problemi.

Infatti la costruzione embriologica che può essere studiata al microscopio, si riferisce solo a una parte meccanica, mentre gli esseri viventi non sono solo un insieme di organi che vengono a unirsi in una unica funzionalità. Il fatto veramente misterioso è che da procedimenti tanto simili tra loro venga fuori qua un rettile, e là un uccello, o un mammifero, o un uomo.

Le forme definitive degli arti, del corpo, dei denti, ecc., che formano le differenze tra gli animali, non sono legate a quel primitivo fatto embrionale, ma piuttosto al comportamento degli animali nell'ambiente.

E sorse allora l'idea di un «piano costruttivo unico» nella natura: un solo metodo di costruire, come avviene all'uomo che costruisce i più diversi edifizi – semplici o monumentali – ma che comincia però sempre con l'accumulare gli elementi (pietre o mattoni) e sovrapporli in muri, ecc. Ma quello che determina la differenza definitiva, i particolari e gli ornamenti, è l'uso a cui questi edifici devono servire.

La cosa più importante tuttavia è che la embriologia è potuta uscire dalla fase delle astrazioni teoriche. Cioè essa non ha ispirato solo contrasti di teorie – essa, ha aperto anche una via pratica di esperienze ed è progredita su questa via fino alla costruzione di una scienza che può avere applicazioni pratiche.

Infatti l'embrione può subire influenze trasformatrici; e l'uomo, agendo su di esso, può sperimentalmente orientare il cammino della vita. E così fece.

Egli, a mezzo dei geni e delle loro combinazioni, poté interferire sulla eredità vegetale – e poi animale – con risultati di grande importanza. Un interesse immenso e vasto – non accademico, ma di valore pratico è venuto a svilupparsi. L'importanza dell'embrione sta nel fatto che, non avendo ancora costruito gli organi in modo definitivo, può facilmente variare: ecco il segreto della vita di cui l'uomo si è impadronito. Alcuni anni fa fu dato in America il primo brevetto nel campo della embriologia – perché venne prodotta una varietà di api senza pungiglione e capace di dare assai maggiore quantità di miele che le api ordinarie. In egual modo sono state trasformate alcune piante rendendole capaci di produrre frutti in maggiore quantità che per il passato, o di perdere spine se erano spinose. Allo stesso modo sono state prodotte radici ricche di sostanze nutritive, e altre che ne erano ricche, sono state private del veleno che contenevano.

I risultati più conosciuti sono quelli raggiunti ottenendo innumeri e bellissime qualità di fiori. Oggi, benché il fatto sia ancora poco conosciuto, l'attività dell'uomo si estende non solo sulla terra ferma, ma sulle acque, nel regno animale e vegetale – così che si può ben dire che l'uomo con la sua intelligenza ha potuto abbellire e arricchire il mondo. Se, come fanno i biologi, si studia la vita in sé stessa e si considera l'influenza reciproca delle differenti forme che essa assume – e delle conseguenze di questa influenza – si comincia a vedere uno degli scopi della vita umana sulla Terra e a capire che l'uomo è fra le grandi forze cosmiche.

Con l'apporto della sua intelligenza, l'uomo si rivela infatti come il continuatore della creazione, quasi fosse mandato per adoperare questa sua forza ad aiutare la creazione accelerandone il ritmo (come dice Huxley), e a renderla più perfetta esercitando un controllo sulla vita stessa.

Lo studio della embriologia non è più dunque astratto e infruttuoso.

Se, con uno sforzo della immaginazione pensiamo che lo sviluppo psichico segue un procedimento simile, possiamo immaginare che l'uomo – il quale oggi può agire sulla vita per creare nuovi tipi di più alto sviluppo – potrebbe anche aiutare e controllare il formarsi psichico degli uomini.

Poiché anche lo sviluppo psichico del bambino e non solo quello del corpo sembra diretto sullo stesso disegno creativo della natura.

La psiche umana pure comincia dal nulla o, per lo meno da ciò che appare nulla, nello stesso modo in cui il corpo parte da quella cellula primitiva che non appare affatto diversa da altre cellule.

Nel neonato, anche psichicamente parlando, sembra che non vi sia nulla di costruito, proprio come non vi era un uomo già fatto nella cellula primitiva. Si ha al principio l'opera di accumulamento del materiale, analogamente a quanto abbiamo visto a proposito dell'accumularsi di cellule mediante la moltiplicazione. Nel campo psichico questa attività che accumula, opera grazie a ciò che ho chiamato la *mente assorbente*; anche nel campo psichico gli organi si costruiscono attorno a un punto di *sensitività*. I punti di *sensitività* si producono in seguito, e sono così intensi nella loro attività che gli adulti non possono ricreare in sé stessi né immaginare qualche cosa di simile. Vi abbiamo accennato illustrando la conquista del linguaggio. Da questi punti di *sensitività* non si sviluppa la psiche, ma gli organi della psiche. Anche in questo campo ogni organo si sviluppa indipendentemente dall'altro: così vengono a determinarsi il linguaggio, la capacità di calcolare le distanze, di orientarsi nell'ambiente, di tenersi ritto sulle gambe ed altre forme di coordinamento. Ognuna di queste facoltà sviluppa un interesse indipendente l'uno dall'altro: e questo punto di *sensitività* è così acuto, da condurre l'individuo a una certa serie di azioni. Nessuna di queste *sensitività* occupa l'intero periodo di sviluppo; ognuna di esse ha una durata sufficiente ad assicurare la costruzione di un organo psichico. Quando l'organo si è formato, la *sensitività* scompare; ma durante questo periodo agiscono energie così forti quali noi non possiamo nemmeno immaginare, poiché le abbiamo perdute in modo da non poterle più neppure richiamare alla memoria. Quando tutti gli organi sono pronti, si uniscono fra loro per formare ciò che chiamiamo l'unità psichica.

Lo stesso De Vries che enunciò la teoria delle mutazioni, fu colui che scoprì in un insetto la presenza di queste sensitività temporanee che avevano per scopo di guidare l'insetto – subito dopo la nascita – ad attività che assicuravano la sua sopravvivenza e il suo sviluppo. Questa seconda scoperta portò a studi biologici e psicologici su differenti animali. Ne risultò una quantità di teorie sostenute con calore da differenti gruppi di studiosi fino a che, tra il tumulto caotico delle innumerevoli ipotesi, uno psicologo americano, il Watson, cercò di tagliar corto.

«Lasciamo le cose che non possiamo verificare – propose – e atteniamoci ai fatti sicuri: c'è di sicuro il comportamento degli animali, prendiamolo come base di nuove ricerche.»

Egli partì dalle manifestazioni esterne come guida per approfondire con più sicurezza i fenomeni della vita; e cominciò a rivolgersi al comportamento umano e alla psicologia del bambino come a cosa che possiamo comprendere più direttamente: constatando però che nel bambino non vi è traccia di un comportamento stabilito e confermando che non ci sono istinti, né eredità psicologiche, che gli atti dell'uomo sono dovuti a una serie di riflessi sovrapposti in piani sempre più alti. Così sorse e si propagò in America la teoria del *Behaviourism* (comportamento) che tuttavia presto suscitò opposizioni e critiche da chi ritiene la teoria prematura e superficiale.

Ma l'interesse che essa destava spinse due scienziati americani a verificare e studiare il comportamento con nuove ricerche sistematiche sulla base dei soliti laboratori sperimentali.

Essi furono Coghill e Gesell. Il primo fece nuove ricerche di embriologia coll'intento di chiarire la questione del *Behaviour*; e il Gesell si prese il compito di indagare sistematicamente lo sviluppo dei bambini, fondando il famoso laboratorio di psicologia, a cui oggi tutti guardano con interesse.

Nel 1929 venne resa pubblica la scoperta fatta dal biologo di Filadelfia, il Coghill, che aveva studiato durante molti anni lo sviluppo embrionale di un solo tipo di animale: una specie inferiore di anfibio: l'amblyostoma, che era particolarmente adatto a chiare ricerche per la sua semplicità di struttura. Studiò per molti anni, perché i fatti veduti sembravano contrastare troppo con le convinzioni radicate nella biologia. Egli continuava a trovare, pur ripetendo sempre più esattamente le stesse ricerche, il fatto che si sviluppavano i centri nervosi nel cervello *prima* che si sviluppassero gli organi che essi avrebbero dovuto dirigere: i centri della visione prima che i nervi ottici. Come mai i centri, che avrebbero dovuto formarsi dalla funzione eventuale degli organi sull'ambiente – e che perciò avrebbero dovuto, per eredità embrionale, formarsi dopo – si presentavano invece con precedenza non solo sugli organi ma anche sulle vie di comunicazione con essi?

Le ricerche di Coghill hanno portato un grande contributo allo studio di fatti reali del comportamento degli animali, e di più hanno messo in rilievo una idea insospettata; cioè che gli organi se si sviluppano dopo i centri, è appunto per assumere forma in corrispondenza ai servizi che dovranno poi compiere sull'ambiente. Ne viene così come conseguenza, non solo il fatto della eredità del comportamento (analoga alla eredità degli istinti), ma anche l'idea nuova, che la forma degli organi si foggia secondo il disegno del comportamento sull'ambiente.

Infatti si constatano in natura ammirevoli corrispondenze tra la forma di organi e gli uffici che l'animale compie sull'ambiente, anche quando questi non sempre portino un diretto beneficio all'animale. Gli insetti che succhiano il nettare dei fiori sviluppano proboscidi adatte alla lunghezza della corolla dei fiori rispettivi, ma sviluppano anche peluria per raccogliere il polline con cui fertilizzeranno gli altri fiori che essi visiteranno in seguito; il formichiere ha una bocca così piccola, che permette solo l'uscita di una lingua, vermiforme e coperta di una sostanza appiccicosa per raccogliere le formiche, ecc.

Ma perché avviene così negli animali? Perché uno deve strisciare e l'altro saltare o arrampicarsi; e perché uno mangia solo formiche e l'altro si adatta proprio a quel fiore? E così perché alcuni mangiano esseri viventi e altri invece ripugnanti cadaveri? E chi erbe o legno e chi perfino l'humus della terra? A che è dovuta la grande quantità di specie diverse? Perché debbono avere un comportamento fisso e tanto diverso l'una dall'altra? Perché uno ha istinti aggressivi e feroci e un altro è timido e pauroso? Lo scopo dei viventi non è dunque soltanto quello di sopravvivere, di vincere nella lotta per l'esistenza, cercando di conquistare dall'ambiente il meglio che può servire al proprio benessere in una libera scelta, come spiegava l'evoluzionismo darwiniano? L'*Elan vital* non va dunque sempre avanti solo per raggiungere successivi perfezionamenti, in una successione di forme. Neanche il perfezionamento è dunque il vero fine della vita.

Idee di travolgente forza innovatrice! Gli scopi dei viventi sembrano piuttosto, dal nuovo punto di vista, in rapporto con funzioni necessarie per l'ambiente, quasi che i viventi fossero agenti della creazione incaricati di compiere solo dei lavori determinati come sarebbero i servi di una casa o gli impiegati di una grande impresa. L'armonia della natura sulla superficie della terra è raggiunta con lo sforzo dei viventi, che eseguiscono ciascuno il proprio compito. I comportamenti corrispondono anche a questo scopo: essi dunque sono estesi al di là dei puri bisogni vitali delle specie.

Che pensare allora di quelle idee sulla evoluzione che detennero per lungo tempo esclusivamente tanta autorità nel campo della scienza? Devono forse decadere? No; soltanto si estendono a limiti più vasti. L'evoluzione non può certo essere considerata esclusivamente nell'antica forma lineare: cioè di successivi progressi verso un fine indefinito di perfezionamento. Oggi la visione dell'evoluzione si allarga, stendendosi sopra un campo bi-dimensionale e includendovi le corrispondenze funzionali anche dirette e lontane, tra i vari uffici dei viventi.

Tali rapporti non si devono intendere come quelli di un diretto aiuto reciproco, ma come specialmente rivolti verso un fine universale relativo all'ambiente: verso l'insieme della natura. Dall'ordine che ne risulta, tutti ricevono gli elementi necessari per la propria esistenza.

Che la vita potesse avere anche una funzione destinata alla terra, era stato constatato dai geologi fin dal passato secolo. Anzi, al tempo di Darwin, fu proprio un geologo, il Lyell,[9] che illustrò la reale successione delle specie lungo le epoche geologiche, studiando i resti animali nella stratificazione delle rocce e dette così l'idea della antichità della vita sulla terra. Ma ulteriormente altri geologi illustrarono proprio il *Behaviour* in rapporto alle costruzioni terrestri. Il trattato *La terra e la vita* di Federico Ratzel,[10] un geologo tedesco, divenne famoso anche da noi fin dall'inizio del nostro secolo. Altri scritti seguirono, pieni di scoperte e deduzioni. Furono rilevati, in principio con stupore, gli avanzi di animali marini anche nelle rocce dell'Himalaya, delle Alpi e in molti giacimenti delle montagne. Sembrò come la «firma» messa da ignoti costruttori, quelli che preparavano la rico-

---

[9]CHARLES LYELL. Vedi le sue opere: *Principles of geology* (1836); *Elements of geology* (1838); *Travels in America* (1845).
[10]F. RATZEL, *La terra e la vita* (1901-1902).

struzione del mondo crollato. Indubbiamente, furono degli animali che concorsero alla costruzione della terra in un processo che si può seguire anche oggi nelle isole coralline che affiorano sulle acque dei grandi oceani.

In seguito, studi e constatazioni si estesero: la natura sulla terra non fu solo descritta in base ai climi e ai venti, ma pure al contributo essenziale delle piante, degli animali e degli uomini. Il geologo italiano Antonio Stoppani, indicando le funzioni degli esseri viventi in rapporto alle condizioni della terra, finisce con l'esclamare: «Gli animali tutti formano un esercito disciplinato e agguerrito, che combatte per conservare l'armonia della natura.»[11]

Ma oggi non è necessario ricorrere a singole e parziali osservazioni: poiché è sorta una scienza speciale, la Ecologia, che studia la corrispondenza dei viventi fra loro e ha fatto conoscere nei suoi particolari la reciproca funzione dei comportamenti in un modo così minuzioso da farla apparire quasi una scienza economica della natura, tale da formare una guida pratica a cui si possa ricorrere per risolvere problemi locali, come si farebbe per l'agricoltura scientifica. Per esempio: per la difesa di un terreno da piante importate, troppo invadenti, contro le quali l'opera dell'uomo non è sufficiente, si ricorre all'Ecologia, che indica la necessità di importare sul luogo anche gli insetti capaci di distruggerle, capaci cioè di stabilire il necessario equilibrio, come è accaduto per esempio e specialmente in Australia.[12]

L'Ecologia si potrebbe chiamare una biologia pratica, la quale si basa su rapporti tra viventi, anziché sui particolari caratteri delle specie.

Le conoscenze moderne sono più comprensibili e utilizzabili nella vita pratica, perché la visione dell'evoluzione si completa con le funzioni sull'ambiente e avvicinandosi di più alla verità nella sua unità. Sono queste funzioni che appariscono come la parte più illuminante e conclusiva: la vita non è sulla terra solo per conservare sé stessa, ma per compiervi un lavoro essenziale nella creazione e perciò necessario a tutti i viventi.

---

[11]Sovente M. Montessori ricordava con compiacenza il legame di parentela che la legava a Stoppani.

[12]Una piena illustrazione della vita in tutti i suoi aspetti si può trovare nell'opera di H. G. WELLS, JULIAN HUXLEY e G. P. WELLS, *The Science of Life*, Cassel and Company Edit., Londra (1931).

Un piano, un metodo

Né le scoperte, né le teorie che derivano dalle conquiste moderne spiegano il mistero della vita, ma ogni nuovo particolare messo in luce aggiunge però alla nostra comprensione di essa.

I fatti esterni che possono essere pienamente osservati offrono poi delle guide pratiche, le quali devono essere utilizzate.

E chi come noi si occupa di aiutare la vita – nella educazione del bambino non può prescindere dal considerare il bambino come essere vivente, nel periodo della crescenza; e trovare, o cercare di interpretare qual è il suo posto nella biologia, cioè nel campo totale della vita. Perché il concetto lineare della evoluzione che spiega la discendenza a traverso l'adattamento, l'eredità e l'impulso verso il perfezionamento, non è più sufficiente. Esiste un'altra forza, che non è solo un impulso alla sopravvivenza, ma è una forza che armonizza tutti i compiti tra loro.

Così nel bambino, oltre all'impulso vitale di creare e di perfezionarsi, deve esistere anche un altro scopo, cioè quello di un ufficio da compiere in armonia e a servizio di un insieme.

Sentii già esprimere questa domanda: «Quale sarà l'ufficio del bambino?».

Non si potrebbe procedere con sicurezza verso una educazione scientifica, senza soffermarsi a risolvere questo problema.

Perché il bambino ha un doppio ufficio; considerandone uno soltanto, cioè quello di crescere, vi è il pericolo di sopprimere le sue energie migliori.

Si può concludere che il bambino alla nascita porta delle potenzialità costruttive che devono svolgersi a spese dell'ambiente.

Egli viene dal nulla nel senso che non ha qualità psichiche, né abilità già prestabilite, ma ha in sé delle potenzialità che determinano il suo sviluppo, prendendo i caratteri dall'ambiente che lo circonda.

Quel nulla del bambino neonato è paragonabile a quell'altro nulla apparente che è la cellula germinativa.

È certo una idea non facile a essere accolta. Wolff suscitò grande meraviglia a suo tempo appunto perché dimostrò che il corpo vivente si costruisce da sé, e non esiste una sua preformazione come credevano i filosofi del suo tempo.

Nel caso del bambino fa pure meraviglia l'idea che il neonato non porta niente in sé degli acquisti della sua razza, dei suoi parenti, ma che è egli stesso a costruirli. Il che avviene dovunque, in tutte le razze più diverse e primitive, come nei popoli più civili, e in ogni contrada della terra. E ovunque egli è sempre lo stesso essere inerte, vuoto, insignificante.

Ma in lui esiste un potere globale, una «essenza umana creativa» che lo spinge a formare l'uomo del suo tempo, della sua civilizzazione; e nella sua facoltà assorbente procede secondo leggi di crescenza che sono universali per tutta l'umanità.

Il suo ufficio è di realizzare il presente di una vita che è in evoluzione, che si perde in centinaia e migliaia di anni nel passato della sua civiltà e che ha davanti a sé un avvenire di migliaia e forse di milioni di anni. Un presente, cioè, che non ha limiti nel passato, come non ne ha nel futuro e che non è mai uguale a sé stesso.

È difficile realizzare questa divisione di compiti necessaria tra bambino e adulto in un unico fenomeno di progresso a cui è chiusa la trasmissione ereditaria di caratteri.

La «neutralità» del bambino, la indifferenza biologica ad assumere qualunque cosa trovi intorno a sé e farne i caratteri della propria personalità, colpisce come una prova reale di unità nel genere umano.

È la conquista di questa verità che, appunto negli ultimi anni, ha spinto a intraprendere studi sui gruppi umani meno evoluti, per trovare prove del fenomeno sorprendente.

La dott.ssa Ruth Benedict racconta, nella sua recente pubblicazione *Patterns of Culture* (New York, 1948), che una missione francese di questi studi etnologici moderni si era recata in Patagonia dove esistono ancora razze considerate le più primitive sopravviventi, rimaste al livello e alla forma sociale della età della pietra. Ma quelle genti, spaventate dall'uomo bianco, fuggono al suo apparire. Ora nella fuga quel gruppo di patagoni aveva lasciata abbandonata una bambina neonata. Essa fu raccolta dalla missione, oggi è una giovane intelligente, che parla due lingue europee, ha costumi occidentali, è cattolica e studia biologia all'Università. Nel corso di dieci anni essa è passata praticamente dalla età della pietra all'era atomica.

Nell'inizio della vita l'individuo può dunque compiere tali prodigi – senza fatica, rimanendo inconscio.

L'assorbimento dei caratteri è un fatto vitale che ricorda il fatto fisico del mimetismo; il quale è raro, ma non così eccezionale come si è creduto nel passato. Più e più si sono incontrati fenomeni di mimetismo, tanto che un intiero reparto del Museo Zoologico di Berlino fu adibito a presentarne una ricca mostra. Ora, il fenomeno del mimetismo è uno dei caratteri di difesa, consistente nell'assorbire nel proprio corpo le apparenze dell'ambiente. Così è della pelliccia bianca dell'orso polare, della forma di foglia nelle ali di alcune farfalle, dell'apparenza di stecchi o di ramicelli verdi di altri insetti o dell'appiattimento e dell'apparenza sabbiosa di alcuni pesci.

Il fatto di riprodurre in sé i caratteri dell'ambiente è indipendente dalla storia di tali caratteri; né dipende dal «conoscere quei caratteri». Molti animali guardano solamente taluni aspetti e caratteri dell'ambiente, altri li assorbono.

L'esempio vitale può aiutare a comprendere il fenomeno psichico che avviene nel bambino, benché sia di altro genere.

VII – L'EMBRIONE SPIRITUALE

Il neonato, dunque, deve intraprendere un lavoro formativo che, nel campo psichico, ricorda quello avvenuto per il corpo nel periodo embrionale. Egli ha un periodo di vita che non è più quello dell'embrione fisico, e non è simile a quello che presenta l'uomo da lui formato. Questo periodo post-natale, che si può definire il «periodo formativo» è un periodo di vita embriologica costruttiva che rende il bambino un Embrione Spirituale.

Così l'umanità ha due periodi embrionali: uno è prenatale, simile a quello degli animali – e uno è postnatale, esclusivo all'uomo. In questo modo s'interpreta quel fenomeno che distingue l'uomo dagli animali: la lunga infanzia.

È in essa che si riconosce una netta barriera tra gli animali e l'uomo, con essa l'uomo si presenta sulla terra come un essere a parte, le cui funzioni non sono né la continuazione, né la derivazione di quelle che si manifestarono negli animali superiori. Rappresenta un salto nella vita: l'intrapresa di nuovi destini.

Quello che consente di distinguere le specie sono le loro differenze, non le loro somiglianze. Le specie nuove devono avere *qualche cosa di nuovo*: non possono essere una semplice derivazione delle antiche: esse si presentano originali e produttive di caratteri che mai esistettero prima. L'opera è originale e creativa e denota un nuovo impulso della vita.

Così, quando apparirono i mammiferi e gli uccelli, essi portarono *novità* e non copie o adattamenti o continuazioni di esseri precedenti. Le novità che si manifestarono alla scomparsa dei dinosauri, furono, negli uccelli, la difesa appassionata delle uova, la costruzione dei nidi, la protezione dei nati, il coraggio nel difenderli; mentre i rettili insensibili abbandonavano le loro uova. E i mammiferi superarono gli uccelli nella protezione della specie: non fecero nidi, ma lasciarono sviluppare i nuovi esseri dentro al proprio corpo, preparando il loro nutrimento con il proprio sangue.

Erano, questi, nuovi caratteri.

E così un nuovo carattere è quello dell'essere umano: esso ha una doppia vita embrionale, *un nuovo disegno*, e una nuova destinazione rispetto agli altri esseri.

Questo è il punto su cui ci dobbiamo soffermare e dal quale dobbiamo riprendere lo studio di tutto lo sviluppo del bambino e dell'uomo dal lato psichico. Se l'opera dell'uomo sulla terra è collegata col suo spirito, con la sua intelligenza creativa, spirito e intelligenza devono costituire il fulcro dell'esistenza individuale e di tutte le funzioni del corpo. Intorno a questo si organizza il suo comportamento, e anche la fisiologia dei suoi organi. L'uomo intiero si sviluppa entro un alone spirituale.

Oggi anche noi occidentali cominciamo a procedere verso questo concetto particolarmente chiaro nella filosofia indiana: attraverso esperienze pratiche, andiamo scoprendo perturbamenti fisiologici che dipendono da fatti psichici perché lo spirito non si applicò a dominarli.

Se l'uomo è retto e dipende da «un alone spirituale che lo avvolge» e da cui consegue l'organizzazione del suo comportamento individuale, le prime cure, preminenti su ogni altra, dovranno essere rivolte in particolare alla vita psichica del neonato, e non soltanto a quella fisica come ancor oggi avviene.

Il bambino mezzo di adattamento

Il bambino non acquista nel suo sviluppo soltanto le facoltà umane, la forza, l'intelligenza, il linguaggio; ma adatta al tempo stesso l'essere che egli costruisce alle condizioni dell'ambiente. E a questo vale la virtù della sua particolare forma psichica perché la forma psichica del bambino è diversa da quella dell'adulto. Il bambino sta con l'ambiente in una relazione diversa dalla nostra. Gli adulti ammirano l'ambiente, possono ricordarlo, ma il bambino lo assorbe in sé. Egli non ricorda le cose che vede, ma queste cose formano parte della sua psiche; incarna in sé stesso le cose che vede e ode. Mentre in noi adulti nulla muta, nel bambino avvengono trasformazioni; noi ricordiamo soltanto l'ambiente mentre il bambino si adatta a esso; questa forma speciale di memoria vitale che non ricorda coscientemente, ma che assorbe l'immagine nella stessa vita dell'individuo, è stata chiamata da Percy Nunn con un nome speciale: «Mneme».13

Un esempio, come abbiamo visto, ci viene dato dal linguaggio. Il bambino non ne ricorda i suoni, ma li incarna e li pronunzierà poi alla perfezione. Parla la lingua secondo le sue regole complicate e le sue eccezioni, non perché egli l'abbia studiata né per un comune esercizio di memoria; la sua memoria forse non la ritiene mai coscientemente, eppure questa lingua

---

13La parola *Mneme* in questo ordine di idee fu prima introdotta dal biologo tedesco Richard Semon, ma le fu dato un ampio significato da Percy Nunn, che ha sviluppato il suo concetto nell'opera *Hormic theory*. È in questo senso che noi usiamo la parola, come i concetti: *Horme* e *Engrams*. Per ulteriori riferimenti il lettore è consigliato di consultare l'eccellente libro di sir PERCY NUNN: *Education, its data and first principles*, Londra (1ª ed., 1920).

viene a formare parte della sua psiche e di lui stesso. Indubbiamente si tratta di un fenomeno diverso dalla pura attività mnemonica, si tratta di una caratteristica psichica che distingue uno degli aspetti della personalità psichica del bambino. Vi è nel bambino, verso qualsiasi cosa che esista nel suo ambiente, una sensibilità assorbente, e solo con l'osservare e assorbire l'ambiente è possibile l'adattamento: tale forma di attività rivela un potere subcosciente che è proprio soltanto del bambino.

Il primo periodo della vita è quello di adattamento. Dobbiamo ben chiarire ciò che significa adattamento in questo caso e dobbiamo distinguerlo dall'adattamento dell'adulto. L'adattabilità biologica del bambino è quella che fa del luogo in cui si è nati l'unico dove si desideri vivere, proprio come l'unica lingua che si parla bene è la lingua materna. Un adulto che va in un paese non suo non si adatterà mai a esso nello stesso modo e nello stesso grado. Prendiamo esempio da coloro che si trasferiscono volontariamente in paesi lontani come i missionari: vanno di propria volontà ad adempiere il loro compito in terre sconosciute, ma se parlate con loro vi diranno: «Noi sacrifichiamo la nostra vita vivendo in questo paese». Ecco una confessione che denota le limitazioni dell'adattabilità nell'adulto.

Torniamo al bambino. Il bambino viene ad amare qualsiasi località in cui è nato così che, per quanto possa esser dura la vita nel paese natio, non potrà mai essere parimenti felice altrove. L'uomo dunque che ama le pianure gelide della Finlandia, come quello che ama le dune olandesi, ha ricevuto questo adattamento, questo amore alla patria dal bambino che una volta è stato.

Il bambino realizza questo adattamento e l'adulto si trova poi preparato, cioè adattato, così da sentirsi appropriato al suo paese, portato ad amarlo, a sentirne il fascino, tanto da non trovare felicità e pace in altro luogo.

Un tempo in Italia chi nasceva in un villaggio vi viveva e moriva senza mai essersene allontanato. Più tardi, cioè dopo l'unità d'Italia, chi per matrimonio o per lavoro lasciava il paese natio dava sovente, dopo qualche tempo, segni di una strana malattia: pallore, tristezza, debolezza, anemia. Si tentavano molte cure per questa singolare specie di malattia e, quando erano state esperite tutte, il medico consigliava il ritorno del sofferente all'aria nativa. E il consiglio era seguito quasi sempre da un ottimo risultato: il malato riprendeva colorito e salute. Si usava dire che l'aria nativa valesse meglio di ogni cura, anche se il clima del luogo nativo fosse assai peggiore di quello dove l'individuo si era trasferito. Ma ciò di cui questi sofferenti avevano bisogno era la quiete offerta al loro subcosciente dal luogo semplice dove avevano vissuto bambini.

Nulla di più importante di questa forma assorbente di psiche che forma l'uomo e lo fa adatto a qualsiasi condizione sociale e clima e paese. Su questa noi poggiamo il nostro studio. Occorre riflettere che chi dice: «Io amo il mio paese», non dice qualcosa di superficiale o artificioso, ma rivela invece qualcosa che è parte essenziale di lui stesso e della sua vita.

Possiamo comprendere dunque come il bambino, grazie a questa sua particolare psiche, assorba i costumi, le abitudini del paese dove vive, affinché si formi l'individuo tipico della sua razza. Questo comportamento «locale» dell'uomo è una costruzione misteriosa che avviene anch'essa durante l'infanzia. È evidente che i costumi e la mentalità speciali di un ambiente vengono acquisiti dall'uomo poiché nessuna di queste caratteristiche può essere naturale all'umanità.[14] Abbiamo così un quadro più completo dell'attività del bambino; egli costruisce un comportamento non solo adatto al tempo e al luogo, ma anche alla mentalità locale. In India il rispetto per la vita è così grande da indurre anche alla venerazione degli animali e tale venerazione è rimasta come elemento essenziale nella coscienza di questo popolo. Ora, questo sentimento non può essere acquisito da una persona adulta; non vale dire: «La vita deve essere rispettata» per far nostro questo modo di sentire. Io potrò dire che gli Indiani hanno ragione, potrò sentire che io pure devo rispettare la vita degli animali, ma in me questo non sarà mai un sentimento, bensì un ragionamento. Quella specie di adorazione che gli Indiani hanno per la vacca, ad esempio, non la potremo mai sentire noi, come viceversa l'Indiano non potrà mai liberare la propria coscienza da questo sentimento. Questi caratteri sembrano dunque ereditari – e pure vengono acquisiti dal bambino nell'ambiente. Noi vedemmo una volta in un giardino annesso alla scuola Montessori locale un piccolo bambino indù di poco più di due anni, che guardava intensamente per terra – e con la punta di un dito sembrava tracciare una linea. C'era lì una formica che aveva perdute due zampette e avanzava con fatica: il bambino era stato attratto da questa sventura e cercava di facilitare il cammino preparando col dito una strada. Chi non avrebbe detto che il bambino indù «eredita» quei sentimenti di simpatia verso gli animali?

Ecco che si avvicinò un altro bambino, il quale attratto da quelle manovre, vide la formica, vi mise un piede sopra e la schiacciò. Il secondo bambino era musulmano. Un bambino cristiano avrebbe probabilmente fatto lo stesso o sarebbe passato oltre indifferente: si sarebbe potuto pensare che, in

---

[14]Una convincente prova di questa verità può essere data dal libro del Dr. RUTH BENEDICT: *Patterns of culture*, New York, 1948.

lui, era per eredità presente il senso dell'assoluta barriera che separa uomini da animali, e per cui rispetto e carità sono riservati soltanto agli uomini.

Altri popoli hanno altre religioni, ma anche quando lo spirito di un popolo viene a ripudiarle, in cuore si sente inquieto e a disagio. Queste fedi e sentimenti formano parte di noi stessi e come diciamo in Europa: «li abbiamo nel sangue». Tutti gli abiti sociali e morali che formano l'insieme della personalità, i sentimenti di casta e ogni specie di altri sentimenti che caratterizzano un tipico italiano, un tipico inglese, si costruiscono durante l'infanzia per opera di quel misterioso potere psichico che gli psicologi chiamano «Mneme». Questa verità vale anche per certi tipi di movimenti caratteristici che distinguono le varie razze. Talune popolazioni africane sviluppano e fissano in sé qualità suscitate dalla necessità di difesa contro animali feroci. Talune fanno esercizi appropriati, istintivamente, per render più acuto il loro udito. Ne risulta che l'acutezza dell'udito è una delle caratteristiche degli individui appartenenti a queste particolari tribù. Nello stesso modo tutte le caratteristiche vengono assorbite dal bambino per essere fissate per sempre, così che se anche la ragione le rifiuta, qualche cosa di esse persiste sempre nel subcosciente dell'uomo perché quanto si è formato nel bambino non può andar mai totalmente distrutto. Questa «Mneme», che può esser considerata come una memoria naturale superiore, non solo crea le caratteristiche, ma le mantiene vive nell'individuo: quello che il bambino ha formato rimane acquisito per sempre nella personalità, così come avviene per gli arti e gli organi, per modo che ogni uomo viene ad avere il proprio carattere individuale.

Desiderare di trasformare gli individui adulti è vano. Quando si dice: «Questa persona non sa come comportarsi», oppure si osserva che questa o quella persona ha un contegno scorretto, possiamo sovente far nascere nella persona a cui ci volgiamo un senso di umiliazione, potremo indurla a riconoscere che ha un cattivo carattere, ma il fatto sta che questo carattere non si può cambiare.

Lo stesso fenomeno spiega l'adattamento, diremo così, a diverse epoche della storia; perché mentre un adulto dei tempi antichi non si potrebbe adattare ai tempi moderni, il bambino si adatta al livello di civiltà che trova, quale esso sia e riesce a costruire un uomo adatto ai suoi tempi e ai suoi costumi. Questo ci prova che la funzione dell'infanzia nell'ontogenesi dell'uomo è di adattare l'individuo al suo ambiente, costruendo un modello di comportamento che lo renda capace di agire liberamente in quell'ambiente e di influire su di esso.

Oggi dunque il bambino deve essere considerato punto di collegamento, anello di congiunzione fra le diverse fasi della storia e i diversi livelli di civiltà. L'infanzia è un periodo veramente importante poiché quando si voglia infondere nuove idee, modificare o migliorare abitudini e costumi del paese, accentuare più vigorosamente le caratteristiche di un popolo, dobbiamo prendere come strumento il bambino poiché assai poco si ottiene agendo sugli adulti. Se si aspira realmente a condizioni migliori, a una maggior luce di civiltà nel popolo, bisogna pensare al bambino per ottenere i risultati a cui si mira. Negli ultimi tempi dell'occupazione inglese, una famiglia di diplomatici mandava spesso i suoi due bambini, accompagnati da una nurse indiana, a mangiare in un hôtel di lusso, e lì la nurse seduta per terra insegnava ai bambini a prendere dal piatto il riso con le mani, come è costume in India. Lo scopo era che i bambini non crescessero con il disprezzo e la ripugnanza che generalmente gli europei sentono guardando gli indigeni mangiare in quel modo. Perché sono i costumi e i sentimenti contrastanti che essi suscitano a costituire uno dei motivi prevalenti nella incomprensione tra i popoli. Se taluno crede che i costumi sono degenerati e desideri far rivivere il vecchio costume, soltanto sul bambino si potrà operare; nessun risultato si otterrebbe volgendosi all'adulto. Per esercitare un'influenza sulla società è necessario orientarsi verso l'infanzia. Nasce da questa verità l'importanza di creare scuole per bambini, poiché sono essi che compiono la costruzione dell'umanità, e la compiono con gli elementi che noi offriamo loro.

La grande azione che noi possiamo esercitare sui bambini ha come mezzo l'ambiente; perché il bambino assorbe l'ambiente, prende tutto dall'ambiente e lo incarna in sé stesso. Con le sue infinite possibilità egli può divenire il trasformatore dell'umanità così come ne è il creatore. Ci viene dal bambino una grande speranza e una nuova visione: molto forse si potrà fare con l'educazione per portare l'umanità a una maggior comprensione, a un maggior benessere, a una maggiore spiritualità.

Vita psico-embrionale

Il bambino va dunque curato fin dalla nascita, considerandolo soprattutto come un essere dotato di vita psichica. La vita psichica del bambino fin dalla nascita e dai primi giorni della sua esistenza, richiama oggi infatti largamente l'attenzione degli psicologi È oggetto interessante che sembra dover condurre a una nuova scienza; come già fu fatto per il lato fisico della vita: l'igiene fisica e la pediatria.

Se dunque esiste nel neonato una vita psichica, essa deve essere stata formata previamente, altrimenti non potrebbe esistere. Anche nell'embrione infatti può esserci una vita psichica: e quando viene accolta questa idea ci si chiede in quale periodo della vita embrionale essa comincia. Come sappiamo infatti, può accadere a volte che il bambino nasca a sette mesi invece che a nove – e a sette mesi il bambino è già completo così da poter vivere. Perciò la sua vita psichica è capace di funzionare come quella di un bambino nato a nove mesi. Questo esempio, senza che io insista, basta a illustrare ciò che intendo dire quando sostengo che tutta la vita è vita psichica. In realtà ogni tipo di vita è dotato in diversa misura di energia psichica, di una data specie di psiche individuale, per quanto primitiva sia la forma di vita. Anche se consideriamo gli esseri unicellulari troviamo che esiste in essi una forma di psiche: essi si allontanano dal pericolo, si avvicinano al cibo, ecc.

Ma il bambino fino a qualche tempo fa era stato considerato come privo di vita psichica e solo di recente, nel campo della scienza, si sono cominciati a considerare alcuni particolari della vita psichica umana, prima non osservati.

Dei punti si accesero come nuove luci nella coscienza degli adulti, e come nuovi indizi di responsabilità. Il fatto della nascita ha colpito a un tratto, così nel campo dell'arte letteraria, come in quello della psicologia. Gli psicologi la definirono «la difficile avventura della nascita», riferendosi al bambino, non alla madre; al bambino che ha sofferto senza potersi lamentare e getta il suo grido solo quando il suo sforzo e la sua sofferenza sono finiti.

Il doversi adattare improvvisamente a un ambiente totalmente diverso da quello in cui era vissuto, il dovere immediatamente assumere funzioni non mai prima esercitate, nelle condizioni d'indicibile stanchezza in cui si trova, costituisce la prova più dura e la più drammatica di tutta la vita dell'uomo. Così concludono gli psicologi, i quali per definire questo momento critico e decisivo hanno trovato l'espressione: «il terrore della nascita».15

15Questo termine fu per la prima volta usato nel 1923 da Otto Rank, uno dei primi discepoli di Freud nella sua teoria del «trauma della nascita»; quantunque la teoria nella sua compiutezza non abbia trovato un generale consenso, il concetto del terrore della nascita ha oggi un posto nel campo della psicologia del profondo.

Non si tratta certo di uno sgomento consapevole, ma se le facoltà psichiche coscienti del bambino fossero sviluppate, la paurosa prova del neonato troverebbe la sua espressione in questi interrogativi: «Perché mi avete gettato in questo terribile mondo? Che cosa potrò fare? Come potrò vivere in modo così diverso? Come mi adatterò alla terrificante quantità di suoni, io, che prima non avevo udito il minimo bisbiglio? Come potrò assumere le difficilissime funzioni che tu, madre mia, assumesti per me? Come digerire e respirare? Come resistere ai terribili cambiamenti di clima nel mondo io, che nel tuo corpo ho goduto di una temperatura sempre uguale e tiepida?». Il bambino non è cosciente di quanto è avvenuto. Egli non potrebbe dire che soffre del trauma della nascita. Deve però esistere in lui un sentimento psichico se pur non cosciente, e egli sente nello stato di subcoscienza e avverte approssimativamente quanto sopra abbiamo espresso.

Diviene pertanto naturale a chi studia la vita di considerare che il bambino va aiutato nel primo suo adattamento all'ambiente. Né va mai dimenticato che il neonato può essere sensibile alla paura. Molto spesso si sono visti bambini che, immersi rapidamente nel bagno nelle prime ore di vita, hanno fatto movimenti come di chi si aggrappa sentendo di cadere. Queste reazioni rivelano nel bambino il senso della paura. Come la natura aiuta il neonato? Indubbiamente lo aiuta in questo difficile adattamento, dà per esempio alle madri l'istinto di tenere il piccolo stretto al proprio corpo per proteggerlo dalla luce e la madre stessa è dalla natura resa impotente in quel primo periodo della vita della sua creatura. Mantenendosi tranquilla per il proprio bene, essa comunica la necessaria quiete al bambino. Avviene come se nel subcosciente la madre riconoscesse il trauma del suo bimbo e lo tenesse accosto a sé per riscaldarlo col suo calore e proteggerlo da troppe impressioni.

Nelle madri umane questi gesti di protezione non sono guidati dall'entusiasmo che vediamo nelle madri delle specie animali. Osserviamo per esempio le gatte-mamme che nascondono i loro piccoli in angoli oscuri e sono gelose quando qualcuno si avvicina. L'istinto di protezione nelle madri umane è assai meno vigile e si è naturalmente andato perdendo. Non appena il bambino è nato, vi è chi lo prende fra le braccia, lo lava, lo veste, lo espone alla luce per meglio vedere il colore dei suoi occhi, sempre trattandolo come cosa più che come essere animato. Non è più la natura che guida, ma la ragione umana, e la ragione è fallace perché non illuminata dalla comprensione e abituata a considerare il bambino non dotato di psiche.

È evidente che questo periodo, o piuttosto questo breve momento della nascita, deve essere considerato a parte.

Non riguarda la vita psichica del bambino in generale, ma il primo incontro dell'uomo con l'ambiente esterno. Se studiamo gli animali, vedremo che la natura ha provveduto speciali protezioni per i mammiferi. La natura ha disposto che le madri isolino sé stesse dal resto del gregge, proprio prima che esse diano alla luce i loro piccoli e che rimangano isolate per qualche tempo dopo il parto. Questo è evidentissimo per gli animali che vivono in larghi gruppi o mandrie, come cavalli, vaccini, elefanti, lupi, cervi e cani. Tutti agiscono nello stesso modo. Durante questo periodo di isolamento i piccoli nati degli animali hanno tempo per adattarsi al nuovo ambiente. Vivono isolati con la madre, che li circonda col suo amore, con le sue vigili cure. In questo periodo il neonato animale comincia a poco a poco a manifestare il comportamento della sua specie. Durante questo breve periodo di isolamento vi è una continua reazione psicologica da parte del piccolo agli stimoli dell'ambiente, e questa reazione risponde alle speciali caratteristiche del comportamento della specie; così che, quando la madre ritorna al gregge, il piccolo entra nella comunità preparato a vivere secondo un modo già stabilito. È, non solo fisicamente, ma anche psicologicamente parlando, un piccolo cavallo, un piccolo lupo, un piccolo vitello.

Possiamo notare che anche nello stato domestico i mammiferi conservano questi istinti. Nelle nostre case vediamo il cane, il gatto, coprire col loro corpo i neonati; essi riproducono gli istinti degli animali allo stato libero e praticano quell'intimità che tiene ancora attaccato il neonato alla madre. Si può dire che il piccolo è uscito dal corpo materno ma non se ne è distaccato. La natura non potrebbe aver disposto un aiuto più pratico per rendere graduale il passaggio fra le due vite.

Così interpretiamo oggi questo periodo: nei primissimi giorni della vita si risvegliano negli animali gli istinti della razza.

Non è dunque soltanto un aiuto istintivo suscitato e stimolato dalle circostanze difficili, e proprie a queste, ma è un atto collegato con la creazione.

Se questo avviene per gli animali, qualche cosa di corrispondente deve esserci pure per gli uomini. Non si tratta solo del momento difficile, ma di un momento *decisivo* per tutto l'avvenire. In questo periodo ha luogo una specie di risveglio di potenzialità che dovranno poi dirigere l'enorme lavoro creativo del bambino: dell'embrione spirituale. E poiché la natura mette dei segni fisici evidenti in ogni successivo avvenimento dello sviluppo psichico, ebbene vediamo che il cordone ombelicale, che teneva attaccato il bambino alla madre, si distacca dal suo corpo dopo vari giorni dalla nascita. Questo primo periodo è il più importante perché in esso avvengono misteriose preparazioni.

Così, non solo si deve considerare il trauma della nascita, ma le possibilità o no di mettere in moto quei fattori attivi che debbono indubbiamente esistere. Perché se non esistono nel bambino dei caratteri già stabiliti, come avviene per il comportamento degli animali, devono però esistere determinate potenzialità a crearli. Il bambino non aspetta, è vero, che il ricordo atavico di un comportamento si risvegli, ma aspetta che si orientino delle spinte *nebulose*, senza forma, ma cariche di energie potenziali, che devono dirigere e incarnare la condotta o comportamento umano dell'ambiente e che noi abbiamo chiamato «nebule».16

L'ufficio di adattamento che è compito vitale della prima infanzia si può paragonare ai «disegni» della eredità del comportamento che viene negli embrioni degli animali. Essi nascono avendo tutto pronto: la forma dei movimenti, le abilità, la scelta del nutrimento, i caratteri di difesa propri alla relativa specie.

L'uomo invece ha dovuto tutto preparare nella propria vita sociale: e il bambino deve fissare i caratteri propri del suo gruppo sociale, assorbendoli dall'esterno, dopo la nascita.

Nascita e sviluppo

È perciò interessante studiare lo sviluppo del bambino tenendo presente quelle funzioni che egli compie come un «meccanismo generale» della vita umana.

Quel neonato, incompleto anche fisicamente, deve completare il complicato essere che è l'uomo. Egli non ha «un risveglio di istinti» come hanno gli animali neonati, appena vengono in contatto con l'ambiente esterno. Ma, già nato al mondo, continua una funzione costruttiva embrionale, e costruisce ciò che poi sembrerebbe un «insieme di istinti umani».

E, poiché nulla è fisso nell'uomo, egli deve costruire tutta la vita psichica dell'uomo e tutti i meccanismi motori che ne saranno l'espressione.

È un essere inerte che non può nemmeno sostenere la testa: farà come quel fanciullo risuscitato dal Cristo che si leva a sedere e poi si alza, e Gesù lo restituisce alla madre. Egli sarà restituito al genere umano che agisce

---

16Il risveglio delle «nebule» sarebbe ciò che negli animali è considerato «il risveglio degli istinti del comportamento», e riguarda i primi giorni della vita, quelli che l'igiene psichica dovrà riguardare come i più essenziali. Vedi *Formazione dell'uomo - Nebule e analfabetismo mondiale*, Garzanti, III edizione 1950.

sulla terra. Quella inerzia dei movimenti richiama le scoperte di Coghill – che gli organi si formano dopo i centri, per prepararsi all'azione.

Anche nel bambino devono formarsi dei *disegni psichici* prima del movimento. Così l'inizio della attività infantile è psichica e non motrice.

La parte più importante dello sviluppo dell'uomo sta nella vita psichica, non nei movimenti; perché i movimenti devono essere creati secondo la guida e i dettami della vita psichica. L'intelligenza distingue l'uomo dagli animali: il primo atto dell'uomo in questa vita deve essere perciò la costruzione della intelligenza.

Il resto attende.

Gli organi stessi non sono compiuti: lo scheletro non ha finito di ossificarsi; i nervi del movimento non si sono ancora completati col loro rivestimento di mielina che li isola l'uno dall'altro, permettendo di trasmettere i comandi dei centri. E così il corpo rimane inerte, come se fosse solamente abbozzato.

L'essere umano cresce dunque anzitutto in intelligenza, mentre il resto dello sviluppo avviene in funzione proprio di questa vita psichica di cui sviluppa le caratteristiche.

Nulla meglio di questa osservazione vale a dimostrare l'importanza del primo anno di vita e come lo svolgersi preminente dell'intelligenza sia caratteristico del figlio dell'uomo.

Ora, lo sviluppo del bambino consta di tante parti tutte determinate nel tempo di successione da leggi speciali che sono comuni a tutti. Uno studio particolareggiato dello sviluppo embrionale postnatale indica quando il cranio si va completando e si vanno chiudendo a poco a poco le fontanelle, grazie all'incontro di parti cartilaginee, e quando si compiono alcune suture, come quella frontale, e come poi la forma totale del corpo si modifica cambiando in modo caratteristico le proporzioni relative e quando si raggiunge la ossificazione definitiva negli arti e nelle loro estremità. Ed è anche noto quando si mielinizzano i nervi spinali, e quando il cervelletto, l'organo dell'equilibrio del corpo, che è molto ridotto alla nascita, intraprende una subitanea e rapida crescenza fino a raggiungere le proporzioni normali con gli emisferi cerebrali. Infine come si modificano le ghiandole endocrine e quelle fisiologiche della digestione.

Questi studi son ben noti da molto tempo, e denotano successivi gradi di «maturità» nello sviluppo fisico in rapporto a quello fisiologico del sistema nervoso. Così, per esempio, il corpo non si potrebbe sostenere in equilibrio e perciò il bambino non potrebbe reggersi a sedere o nella stazione eretta, se il cervelletto e i nervi non avessero realizzato quel grado di maturità.

Non sarebbero mai l'educazione o l'esercizio che potrebbero spostare i limiti di quelle possibilità. Gli organi motori si offrono, a poco a poco, con la loro maturazione ai comandi psichici; i quali poi li faranno muovere nell'intrapresa, non determinata, delle esperienze sull'ambiente.

Attraverso queste esperienze e questi esercizi, si svolgono le coordinazioni dei movimenti, e la volontà infine se ne impadronisce per i suoi fini.

L'uomo a differenza degli animali non ha movimenti coordinati fissi; egli tutto deve costruire da sé: e non ha fini, ma deve cercarli. Invece i piccoli dei mammiferi – in gran parte – già alla nascita camminano, corrono e saltano, secondo la specie loro: essi presto eseguiranno esercizi difficili, se dovranno, per eredità, arrampicarsi o saltare ostacoli, o fuggire rapidamente. L'uomo invece non porta nessuna abilità con sé, ma pure è l'essere vivente capace di arrivare a eseguire i movimenti più vari e più difficili, come quelli degli artigiani della mano, o degli acrobati, o ballerini, o corridori, o campioni di sport.

In questi casi però non è la maturità degli organi che agisce come causa; ma le esperienze sull'ambiente; gli esercizi e, cioè, l'educazione. Ogni individuo diventa il creatore delle proprie abilità, pur disponendo di una condizione fisiologica che in sé stessa non cambia. L'uomo è dunque l'autore del proprio perfezionamento.

Ora bisogna distinguere, riguardo al bambino, questi differenti particolari.

Per orientarsi nello studio del bambino, bisogna prima di tutto accettare il fatto che, per quanto esso si muove quando il corpo offre condizioni di maturità, non è che le sue condizioni psichiche siano dipendenti da queste. Ma nell'uomo, come accennammo, la psiche è la prima a svilupparsi, e gli organi attendono per il tempo necessario a prepararsi e a servirsi di loro. E quando gli organi entrano in azione, allora l'ulteriore sviluppo psichico avviene sempre con l'aiuto di movimenti attraverso esperienze attive sull'ambiente. Così il bambino che non possa servirsi dei suoi organi appena sono pronti, trova ostacoli nel suo sviluppo mentale. Poiché lo sviluppo psichico non ha limiti, in gran parte esso dipende dalle possibilità di usare i suoi strumenti di esecuzione, di superare i legami della impotenza: ma è in sé stesso che si svolge.

Lo svolgimento psichico è legato solo a un mistero: al segreto delle sue potenzialità latenti, che sono diverse in ogni individuo e che noi non possiamo ancora investigare quando il bambino si trova nell'epoca psico-embrionale.

In quest'epoca possiamo soltanto notare la uniformità in tutti i bambini del mondo. Si può ben dire: i bambini, fin dalla nascita, sono tutti uguali: essi seguono lo stesso modo di svilupparsi e le stesse leggi. Succede nel campo psichico quello che succede nell'embrione fisico: la segmentazione delle cellule passa attraverso i medesimi stadi, a tal punto da non permettere, quasi, di riconoscere la differenza tra gli embrioni, anche quando le cellule, nella loro moltiplicazione, preparano esseri viventi differentissimi, delle specie più lontane: come una lucertola, un uccello o un coniglio. Ma poi, negli animali che si formarono allo stesso modo avviene e si manifesta una differenziazione profonda.

Parimenti dall'embrione spirituale potrà derivare un genio artistico, un dirigente di popoli, o un santo o un uomo mediocre. E gli uomini mediocri potranno avere tendenze varie che li conducono a scegliere un posto diverso nella società. Perché, appunto, essi non sono destinati a fare «la stessa cosa», ad avere «lo stesso comportamento», come avviene negli esseri limitati dalla eredità della loro specie.

Ma questo sviluppo, questi diversi punti d'arrivo non possiamo prevederli, né possiamo considerarli durante il periodo formativo embrionale, quel periodo postnatale in cui avviene la formazione dell'uomo.

In questo periodo le cure consistono nell'aiutare la vita a svolgersi, e la vita si svolge in tutti allo stesso modo. In tutti vi è prima il periodo di «adattamento», in tutti lo sviluppo psichico inizia le avventure della vita. E se quel periodo è aiutato secondo le finalità umane, a tutti sarà concesso il vantaggio di svolgere meglio le potenzialità proprie a ogni individuo.

Non vi può essere dunque che un unico mezzo di trattare o educare i bambini nella prima età; e se l'educazione deve cominciare dalla nascita, non vi può essere che un solo modo. Non si può dunque parlare di metodi particolari per trattare bambini indiani, cinesi o europei; né bambini appartenenti a differenti classi sociali, – ma di un metodo che segue «la natura umana che si svolge», poiché tutti hanno gli stessi bisogni psichici e seguono lo stesso procedimento per raggiungere la costruzione dell'uomo: ognuno deve passare attraverso le stesse fasi di crescenza.

E poiché questa non è una opinione, non potrà essere un filosofo, né un pensatore, né uno sperimentatore di laboratorio a dettare o suggerire questo o quel metodo di educazione.

Solo la natura, che ha stabilito talune leggi e ha determinato alcuni bisogni nell'uomo in via di sviluppo, può dettare il metodo educativo determinato dal fine, che è quello di soddisfare i bisogni e le leggi della vita.

Queste leggi e questi bisogni il bambino stesso li deve indicare nelle sue manifestazioni spontanee e nel suo progresso: nella manifestazione della sua pace e della sua felicità: nella intensità dei suoi sforzi e nella costanza delle sue libere scelte.

Noi dobbiamo imparare da lui e servirlo come meglio possiamo.

Intanto gli psicologi hanno distinto un periodo breve, ma decisivo: la nascita, dal successivo sviluppo; e benché le loro interpretazioni siano illustrate solo secondo concetti freudiani, essi portano però dei dati reali e distinguono i «caratteri di regressione», che vengono messi in diretta corrispondenza col «trauma della nascita», dai caratteri di repressione che sono collegati alle circostanze della vita le quali possono presentarsi durante lo sviluppo. Le regressioni non sono le repressioni. Esse significano una specie di decisione inconscia dell'essere neonato: andare indietro, cioè regredire, anziché progredire nello sviluppo.

Questo «trauma della nascita», come si è oggi osservato, condurrebbe a qualcosa di assai più terribile che alle proteste e al pianto del bimbo, condurrebbe a errati caratteri che il bambino assume nel suo sviluppo. Ne conseguirebbe una trasformazione psichica, o piuttosto una deviazione. Invece di prendere il cammino che noi diciamo normale, il bambino devierebbe verso un cammino errato.

Invece di progredire, gli individui che soffrono di una reazione negativa al «trauma della nascita», sembra rimangano attaccati a qualcosa che esisteva prima della nascita. Questi caratteri di regressione sono parecchi, ma presentano tutti la stessa manifestazione. Si direbbe che il bambino giudichi questo mondo e dica fra sé: «Io ritorno là donde sono venuto». Le lunghe ore di sonno del neonato sono considerate normali, ma un sonno troppo lungo non è normale, nemmeno nel neonato, ed è considerato dal Freud come una specie di rifugio dove il bambino trova una difesa ed esprime il senso di repulsione psichica che egli ha dinanzi al mondo e alla vita.

Non è forse d'altronde il sonno il regno della subcoscienza? Se vi è qualcosa che turbi dolorosamente la nostra mente cerchiamo nel sonno la pace: poiché nel sonno vi sono sogni e non realtà, nel sonno vi è la vita senza la necessità della lotta. Il sonno è un rifugio, un allontanarsi dal mondo. Un altro fatto da considerare è la posizione del corpo nel sonno. Nel neonato la posizione naturale è quella di tenere le mani vicino al viso e le gambe ripiegate. Questa posizione continua però in alcuni casi anche in persone più adulte e significa, potremmo dire, rifugiarsi in una posizione prenatale. Vi è poi un altro fatto che esprime chiaramente un carattere di regressione: è il pianto del bambino allo svegliarsi, come se fosse spaventato, come se dovesse rivivere il terribile momento della nascita che conduce in un mondo difficile. Spesso i piccoli soffrono di incubi che fanno parte del terrore della vita.

Un'altra espressione di questa tendenza che si manifesta più tardi è di aggrapparsi a qualcuno, quasi per la paura d'esser lasciati soli. Tale attaccamento non è suggerito dall'affetto, ma è piuttosto anch'esso l'espressione della paura. Il bambino è timido e desidera rimaner sempre accanto a qualcuno, preferibilmente alla madre. Non desidera uscire, vorrebbe sempre rimanere a casa, isolato dal mondo. Ogni cosa nel mondo che lo dovrebbe rendere felice lo sgomenta e gli suggerisce un senso di ripugnanza verso nuovi esperimenti. L'ambiente, invece di dimostrarsi attraente come dovrebbe esserlo per una creatura in corso di sviluppo, sembra invece respingerlo e se il bambino, sin dalla prima infanzia, prova repulsione per l'ambiente, che dovrebbe essere mezzo del suo sviluppo, il bambino non si sviluppa normalmente. Non sarà mai quello il bambino che vuole conquistare, che è destinato ad assorbire tutt'intero il suo ambiente e incarnarlo in sé stesso. Questo assorbimento gli diverrà difficile e non sarà mai completo. Si potrebbe dire che egli è l'espressione del pensiero: «vivere è soffrire». Tutto gli sarà faticoso, anche la respirazione gli sembra difficile. Ogni atto è per lui andare contro la propria natura. Individui di questa specie hanno maggior bisogno di sonno e di riposo degli altri. Persino la loro digestione appare difficile. È chiaro immaginare quale specie di vita si prepari nel futuro a questo tipo di bambino, poiché tali caratteri non sono soltanto della sua vita presente. È questo il tipo di bimbo che piange facilmente, che ha sempre bisogno dell'aiuto di qualcuno, che è indolente, triste e depresso. Non sono caratteristiche effimere: sono quelle che l'accompagneranno per tutta la vita. Adulto, egli avrà sempre repulsione per il mondo, paura d'incontrarsi con altre persone e sarà sempre timido. Abbiamo in questi individui esseri inferiori agli altri nella lotta per l'esistenza, nella vita sociale e a cui mancheranno gioia, coraggio e felicità.

Questa è la terribile risposta della psiche subcosciente. Con la nostra memoria cosciente noi dimentichiamo, ma il subcosciente, che pur sembra non sentire e non ricordare, opera qualcosa di peggio che non il ricordare, poiché le impressioni del subcosciente vengono a imprimersi nella *mneme* e si scolpiscono come caratteristiche dell'individuo. Questo è il grande pericolo dell'umanità: il bambino non curato al fine di una formazione normale, si vendicherà poi nei confronti della società per mezzo dell'individuo adulto che egli stesso forma. La nostra trascuranza non fomenta ribelli, come sarebbe fra gli adulti, ma forma individui che sono più deboli di quello che dovrebbero essere; forma caratteri che diverranno un ostacolo alla vita dell'individuo e individui che saranno di ostacolo al progresso della civiltà.

«Nebule»

Vorrei accentuare qui le osservazioni già iniziate che tendono a dare importanza al momento della nascita per la vita psichica dell'uomo. Non ci siamo soffermati sino a ora che sulle prime osservazioni; sui caratteri regressivi. Ora è importante di mettere in relazione questi caratteri con i fatti della natura, che rivelano evidentemente nei mammiferi istinti protettivi verso i nuovi nati. Le conclusioni dei primi naturalisti, che nei primi giorni dopo la nascita le cure materne, così caratteristiche e particolari, sono in relazione con una specie di risveglio degli istinti generali della specie nell'essere neonato, danno un contributo utile ad approfondire la psicologia del bambino neonato.

Questi concetti mettono in rilievo quanto sia necessario dare importanza all'adattarsi del bambino all'ambiente esterno e considerare la scossa riportata nella nascita, che richiede un trattamento, proprio come si richiede una speciale cura per la madre. Madre e piccolo non corrono gli stessi pericoli, ma sostengono insieme gravi difficoltà. Infine, non è tanto in questo rischio l'importanza della vita materiale del bambino, pur così grande, quanto della sua vita psichica. Se la causa dei caratteri regressivi fosse solo il trauma della nascita, tutti i bambini presenterebbero questi caratteri. Ecco perché siamo ricorsi a una ipotesi che porta insieme l'osservazione sull'uomo e sugli animali. È evidente che qualche fatto di somma importanza ha luogo nei primi giorni di vita; allo svegliarsi nei mammiferi di caratteristiche ereditarie della razza, che sono connesse al loro comportamento, qualcosa di simile, come dissi sopra, deve corrispondere pure nel bambino, il quale non ha un modello ereditario di comportamento da seguire, ma che ha «potenzialità» atte a svilupparlo a spese dell'ambiente esterno.

Su questo piano noi abbiamo formulato il concetto di «nebula», confrontando le energie creative che guideranno il bambino ad «assorbire l'ambiente», alle «nebule», dalle quali sono formate attraverso successivi processi, i corpi celesti. Nella nebula astrale le particelle sono così separate l'una dall'altra, che esse non prendono consistenza, ma tuttavia formano insieme qualcosa che, a grande distanza, è visibile come un corpo celeste.

Possiamo ora immaginare un risvegliarsi della «nebula» proprio come potremmo immaginare un risveglio degli istinti ereditari. Per esempio, dalla «nebula» del linguaggio, il bambino riceve stimoli e direttive per creare in sé stesso il linguaggio materno che è peculiare al suo ambiente e che egli assorbe secondo determinate leggi. Grazie alle energie nebulari del linguaggio, il bambino diviene capace di distinguere i suoni del linguaggio parlato dagli altri suoni e rumori che gli giungono mescolati nel suo ambiente, ed è grazie a esse, che egli acquisisce la proprietà di incarnare il linguaggio come una caratteristica razziale. Egual cosa si può dire delle caratteristiche sociali che faranno del bambino un uomo della sua razza.

La nebula del linguaggio non contiene le forme particolari del linguaggio che si svilupperà nel bambino, ma da questa nebula ogni lingua, che il bambino troverà al suo nascere nell'ambiente, potrà essere costrutta e si svilupperà nello stesso tempo e con lo stesso procedimento in tutti i bambini del mondo.

Vediamo qui una differenza essenziale fra l'uomo e l'animale. Laddove l'animale neonato, quasi immediatamente, produce i suoni particolari alla sua razza per i quali egli ha un modello ereditato, il bambino rimane muto per un periodo piuttosto lungo, dopo il quale parla il linguaggio che ha trovato nel suo ambiente. Avviene così che un bimbo olandese cresciuto fra italiani parlerà italiano e non olandese, nonostante la lunga eredità olandese dei suoi progenitori.

Il bambino, è dunque chiaro, non eredita un prestabilito modello di linguaggio, ma la possibilità di costruirne uno attraverso un'inconscia attività di assorbimento. Questa potenzialità che può essere paragonata al *gene* della cellula germinativa, il cui potere è di indirizzare i tessuti in modo che essi formino e creino organi precisi e complicati, è quella che noi abbiamo chiamato «nebula del linguaggio».

Così, le nebule che riguardano le funzioni di adattamento all'ambiente e di riproduzione del comportamento sociale, che il bambino trova intorno a sé al suo nascere, non producono per eredità quei modelli di comportamento che si sono sviluppati nella razza durante la sua particolare evoluzione e per cui è stato raggiunto un particolare livello di civiltà, ma queste nebule danno al bambino, dopo la nascita, la capacità di assorbire quei modelli dall'ambiente. E questo è altrettanto vero per tutte le funzioni mentali, come Carrel giustamente scrive, parlando di attività mentale: «Il figlio di uno scienziato non erediterà nessun elemento del sapere di suo padre. Lasciato solo in un'isola deserta, non sarà superiore ai nostri antenati di Cro-Magnon».[17]

---

[17]Vedi dr. A. CARREL, *L'Homme cet inconnu*, Parigi 1947, pag. 177.

Prima di continuare su questa materia, vorrei fare chiaro un punto. Il lettore può avere l'impressione che, parlando di nebule, noi immaginiamo potenzialità di istinti esistenti per sé stessi, che oscurerebbero l'essenziale unità della mente. Se parliamo di nebule è solo per opportunità di discussione e non perché incliniamo a una concezione atomistica della mente. L'organismo mentale è per noi una dinamica unità, che trasforma la sua struttura attraverso esperienze attive condotte sull'ambiente e guidate da una energia (*horme*)[18] della quale le nebule sono modi o gradi differenziati e specializzati.

Consideriamo la possibilità che per un fatto sconosciuto la nebula del linguaggio non funzionasse o rimanesse per una ignota ragione latente; allora lo sviluppo del linguaggio verrebbe a mancare. Questa anormalità, che non è rara, costituisce una forma di mutismo in bambini che sono perfettamente normali negli organi dell'udito e della parola e di cui anche il cervello è normale. Sono sovente bambini intelligenti e hanno lo stesso comportamento sociale degli altri. Ho incontrato taluni di questi casi di fronte ai quali specialisti dell'orecchio, come del sistema nervoso, confessavano di sentirsi dinanzi a un mistero della natura. Sarebbe interessante esaminare questi casi e investigare che cosa è accaduto nei primi giorni di vita di queste creature.

Quest'idea spiegherà molti fatti che sono ancora oscuri in altri campi, tali per esempio quelli che riguardano l'adattamento all'ambiente sociale: idea che può apparire scientificamente più pratica delle presunte conseguenze del «trauma della nascita». Io ritengo questi fatti di regressione psichica dovuti a mancanza di quello *stimolo vitale* che guida all'adattamento sociale. In questi casi il bambino, per la mancanza di una particolare sensitività non assorbe nulla, o assorbe per via imperfetta dal suo ambiente: invece che richiami e attrattive sente repulsione verso questo ambiente e lo sviluppo allora di quello che si chiama «amore dell'ambiente», grazie al quale l'individuo è portato a realizzare la sua indipendenza attraverso successive acquisizioni, non si produce.

Allora i caratteri della razza, i costumi, la religione e così via non vengono normalmente assorbiti e ne risulta un vero anormale morale, uno spostato, un extra sociale, che presenta molte delle già indicate caratteristiche regressive. Se queste *sensitività* creative esistono nell'uomo invece dei modelli ereditari di comportamento e se, grazie a esse, debbono crearsi le funzioni di adattamento all'ambiente, è evidente che queste *sensitività* formano la base dell'intera vita psichica. Base che si stabilisce nei primi anni di vita. Ma ora possiamo chiederci: vi sono cause alle quali possiamo attribuire un rinviato

---

[18]Diamo alla parola *horme*, dal greco ὁρμάω (eccitare), il senso di forza o stimolo vitale. Vedi anche nota a pag. 124.

o piuttosto mancato risveglio di queste *sensitività* creative? A questa domanda non vi è ancora una risposta e ognuno dovrebbe investigare nella vita di coloro dinanzi a cui la scienza si dichiara ancora incompetente e parla di mistero.

Per ora ho conosciuto un solo caso che può rappresentare un principio di ricerca. Si trattava di un giovane incapace di disciplina e applicazione a qualsiasi studio, un ragazzo difficile, con un carattere cattivo che lo faceva intrattabile e lo condannava all'isolamento. Era bello, di buona costituzione e anche intelligente. Ma aveva sofferto nei primi quindici giorni dopo la nascita di una grave denutrizione, causa di una notevole perdita di peso, così da averlo ridotto a uno scheletrino, specialmente nel volto. La nutrice, che fu chiamata poi per allattarlo lo trovava disgustoso e lo chiamava «lo scarnito». Tutto il resto della sua vita, dalle due prime settimane dalla nascita in poi, si era svolto normalmente. Era d'altronde un bimbo forte, altrimenti sarebbe morto, ma il giovane che sopravvisse era un predestinato alla criminalità.

Non perdiamo tempo intorno a queste ipotesi che devono ancora essere confermate, ma consideriamo un fatto di estrema importanza. Le nebule della sensitività dirigono lo sviluppo psichico del bimbo neonato, come il *gene* condiziona l'uovo fecondato nella formazione del corpo. Diamo dunque al neonato quelle stesse particolari cure di cui gli animali superiori danno esempio durante il breve periodo di risveglio delle caratteristiche psichiche della specie. Non parliamo soltanto di cure ai bambini nei primi anni o nei primi mesi di vita e, tanto meno, riduciamo queste cure solo al campo della salute fisica; stabiliamo invece l'importanza di un principio particolarmente necessario per le madri intelligenti e la famiglia in genere: deve esistere una «norma speciale di trattamento» esatto e geloso per la nascita e i primi giorni dopo la nascita.

VIII – LA CONQUISTA DELL'INDIPENDENZA

Ove non si verifichino i caratteri di regressione, il bambino presenta tendenze che mirano chiaramente ed energicamente all'indipendenza funzionale. Allora lo sviluppo è una spinta verso una sempre maggiore indipendenza, è come la freccia che, lanciata dall'arco, va dritta, sicura e forte. La conquista dell'indipendenza incomincia con il primo inizio della vita; mentre l'essere si sviluppa, perfeziona sé stesso e sorpassa ogni ostacolo che trova sul suo cammino; una forza vitale è attiva nell'individuo e lo guida verso la sua evoluzione. Questa forza è stata chiamata da Percy Nunn: *horme*.[19]

Se si dovesse trovare qualcosa da paragonare a questo *horme* nel campo psichico-cosciente, si potrebbe compararlo alla forza della volontà, quantunque ci sia piccolissima analogia fra i due. La forza della volontà è troppo piccola cosa, è troppo legata alla consapevolezza individuale, mentre l'*horme* è qualcosa che appartiene alla vita in genere, a ciò che potremmo chiamare una forza divina, promotrice di ogni evoluzione.

Questa forza vitale di evoluzione stimola il bambino ad atti diversi e, quando il bambino sia normalmente cresciuto, la sua attività non ostacolata, si manifesta in ciò che noi chiamiamo «gioia di vivere». Il bambino è sempre entusiasta, è sempre felice.

Queste conquiste d'indipendenza sono in principio i passi di quello che viene denominato «sviluppo naturale». In altre parole, se esaminiamo da vicino lo sviluppo naturale, possiamo definirlo come la conquista di successivi gradi di indipendenza, non solo nel campo psichico, ma anche in quello fisico; poiché anche il corpo ha tendenza a crescere e a svilupparsi, impulso e spinta così forti che solo la morte può troncare.

Esaminiamo dunque questo sviluppo. Alla nascita il bambino si libera da una prigione, rappresentata dal seno materno, e si rende indipendente dalle funzioni della madre. Il neonato è dotato dello stimolo, del bisogno di affrontare l'ambiente e di assorbirlo. Potremmo dire che egli è nato con la «psicologia della conquista del mondo». Egli lo assorbe in sé e assorbendolo forma il proprio corpo psichico.

---

[19]Questo termine, che può essere comparato «allo slancio vitale» di Bergson e alla «libido» di Freud, fu prima proposto da Nunn e più tardi adottato da W. Mc Dougall nella sua *Psychology*. Vedi di questo autore: *An outline of psychology*, Londra 1948 (1ª ed., 1923), pagg. 71 e seguenti.

È questa la caratteristica del primo periodo della vita. Se il bambino sente l'impulso di conquista dell'ambiente, è chiaro che l'ambiente deve esercitare un'attrazione su di lui. Diciamo, quindi, usando parole non del tutto appropriate al caso nostro che il bambino sente «amore» per l'ambiente. Possiamo anche dire con Katz che «il mondo si presenta al bambino ricco di aspetti e espressioni e di stimoli emotivi».[20]

I primi organi che cominciano a funzionare nel bambino sono gli organi sensoriali. Ora che cosa sono questi se non organi di presa, strumenti per mezzo dei quali afferriamo le impressioni che, nel caso del bambino, devono essere incarnate?

Quando guardiamo, che cosa vediamo? Vediamo tutto ciò che è nell'ambiente; nello stesso modo quando incominciamo a udire udiamo ogni suono che si produce nell'ambiente. Potremmo dire che il campo di presa è molto ampio, quasi universale ed è questa la via della natura. Non si assorbe suono per suono, rumore per rumore, oggetto per oggetto; incominciamo con l'assorbire ogni cosa, una totalità. Le distinzioni fra oggetto e oggetto, fra suono e rumore, fra suono e suono vengono fatte in seguito come evoluzione di questo primo assorbimento globale, il che è stato chiaramente dimostrato dalla «Gestalt psychology».

Tale è il quadro della psiche del bambino normale; dapprima egli assorbe il mondo e poi lo analizza.

Ora, supponiamo un altro tipo di bambino che non senta questa irresistibile attrazione per l'ambiente; un tipo in cui questa simpatia sia stata offesa e menomata dalla paura, dal terrore.

È evidente che lo sviluppo del primo tipo deve essere diverso da quello del secondo. Nell'esaminare lo sviluppo infantile, considerandolo a sei mesi di età, si presentano fenomeni che vengono considerati indici di crescita normale. All'età di sei mesi il bambino è soggetto a talune trasformazioni fisiche. Alcune invisibili, vennero scoperte soltanto per mezzo di esperimenti: ad esempio, lo stomaco incomincia allora a secernere l'acido cloridrico necessario per la digestione. A sei mesi compare pure il primo dente. Abbiamo dunque un ulteriore perfezionamento del corpo che si sviluppa secondo un certo processo di crescita. Questo sviluppo fa sì che a sei mesi il bambino può vivere senza il latte materno o per lo meno integrando il latte con altri alimenti. Se consideriamo che il bambino fino a quell'età è assolutamente dipendente dal latte della madre perché intollerante di qualsiasi altro alimento e incapace di digerirlo, ci rendiamo conto del notevole grado di indipendenza che egli conquista in quel periodo. Si direbbe che il

---

[20]Prof. D. Katz, *La psicologia della forma*, Ed. Einaudi, 1950, pag. 188.

piccolo di sei mesi si dica: «Non voglio vivere a carico di mia madre, sono un essere vivente e posso ora nutrirmi di tutto». Un fenomeno analogo ha luogo negli adolescenti che incominciano a sentirsi umiliati di dipendere dalla loro famiglia e non vogliono vivere a suo carico.

È all'incirca in questo periodo (che va così considerato come un momento critico della vita infantile) che il bambino incomincia a pronunciare le prime sillabe. È la prima pietra del grande edificio che compirà col linguaggio, altro grande passo e altra grande conquista d'indipendenza. Quando il bambino acquista il linguaggio può esprimere sé stesso e non deve più dipendere da altri che indovini i suoi bisogni; egli si mette allora in comunicazione con l'umanità perché non vi è altro mezzo che il linguaggio per comunicare fra uomini. La conquista del linguaggio e la possibilità d'intelligente comunicazione con gli altri, rappresentano un passo impressionante sulla via dell'indipendenza. Il bambino che può prima essere paragonato a un sordomuto, perché non può esprimersi, né capire ciò che gli altri dicono, con la conquista del linguaggio sembra acquistare insieme l'udito e la possibilità nuova di emettere la parola.

Parecchio tempo dopo, a un anno di età, il bambino incomincia a camminare, e questo equivale a liberarsi da una seconda prigione. Ora il bambino può correre sulle sue gambe e se lo raggiungete può andarsene via e sfuggirvi, sicuro delle sue gambe che lo portano dove vuole. Così per gradi l'uomo si sviluppa e grazie a questi successivi passi verso l'indipendenza diventa libero. Non si tratta di volontà, ma di un fenomeno di indipendenza. In realtà è la natura che offre al bambino l'opportunità di crescere, gli dà l'indipendenza e lo guida alla libertà.

La «conquista del camminare» è importantissima, specialmente se si considera che, nonostante sia particolarmente complessa, essa si compie nel primo anno di età e contemporaneamente alle altre conquiste del linguaggio, dell'orientamento, ecc. Camminare è per il bambino una conquista fisiologica di grande importanza. Gli altri mammiferi non hanno bisogno di compierla; soltanto l'uomo raggiunge la possibilità di camminare grazie a un prolungato e raffinato tipo di sviluppo. Nel suo crescere, egli deve passare per tre diverse conquiste prima di giungere a essere fisicamente capace di camminare o anche di tenersi in piedi sulle due gambe. Infatti, i vitelli e gli altri animali, a differenza dell'uomo, incominciano a camminare non appena nati, pur essendo animali tanto inferiori a noi, anche se di costituzione gigantesca. Noi siamo apparentemente impotenti perché la nostra costruzione è molto più raffinata ed esige perciò un tempo molto maggiore. Il potere di camminare e stare eretti sulle proprie gambe implica un profondo

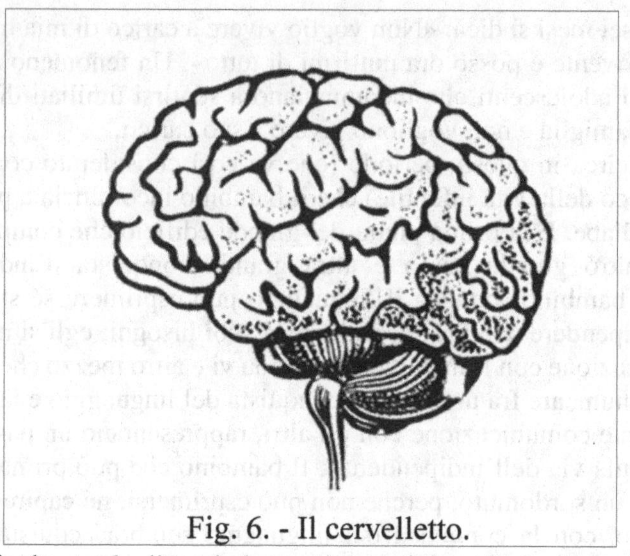

Fig. 6. - Il cervelletto.

sviluppo, risultante da diversi elementi, uno dei quali concerne il cervello, e precisamente una parte del cervello detto cervelletto collocato alla base del cervello stesso (vedi fig. 6).

Proprio all'età di sei mesi il cervelletto si sviluppa rapidamente e continua in questo rapido sviluppo sino a che il bambino abbia 14-15 mesi, poi la crescita del cervelletto si fa più lenta, continua nondimeno sino a che il bambino abbia raggiunto i quattro anni e mezzo. Dallo sviluppo di questa parte dell'encefalo dipende la possibilità di stare eretti sulle gambe e di camminare. Nel bambino tale sviluppo si può facilmente seguire: si tratta di due sviluppi che si seguono l'un l'altro. Il bambino comincia a tenersi seduto a sei mesi, a nove comincia a muoversi sulle mani e sui piedi quasi strisciando, si tiene in posizione eretta sui dieci mesi e cammina sui dodici-tredici mesi, mentre a quindici egli cammina già con sicurezza.

Il secondo elemento di questo complesso sviluppo è il compimento di alcuni nervi. Se non fossero completi i nervi spinali attraverso i quali deve passare il diretto comando ai muscoli, questo comando non potrebbe passare; soltanto il completarsi dei nervi durante questo periodo consente il movimento del muscolo. Debbono così armonicamente coordinarsi molti elementi di un complesso sviluppo perché possa avvenire la «conquista del camminare». Un terzo elemento deve concorrervi: lo sviluppo dello scheletro, altra conquista di questo periodo della vita del bambino. Alla nascita le gambe del bambino, come abbiamo veduto, non sono completamente ossificate. Esse sono in parte cartilaginose e quindi ancora tenere. Come potrebbero portare in queste condizioni il peso del corpo? Lo scheletro, dunque, deve essere compiuto prima che il bambino possa incominciare a camminare. Vi è anche un altro particolare da osservare: le ossa del cranio, che non erano saldate alla nascita, soltanto ora si completano, di modo che se il bambino cade non incorre più nel grave pericolo di far offesa al cervello.

Se con l'educazione volessimo insegnare al bambino a camminare prima di questo periodo non potremmo farlo, perché il fatto di camminare dipende da una serie di sviluppi fisici che hanno luogo simultaneamente, cioè è necessario che sia stabilito uno stato di maturità localizzata. Il tentativo di forzare il naturale sviluppo non porterebbe a nulla senza danneggiare seriamente il bambino. La natura dirige, tutto dipende da essa e deve obbedire ai suoi precisi comandi. Nello stesso modo, se cercassimo di trattenere il bambino quando ha incominciato a camminare non vi riusciremmo, perché in natura quando un organo è sviluppato deve entrare in uso. In natura creare non significa solo fare qualche cosa, ma anche permettere che questo qualcosa funzioni. Non appena l'organo è completo esso deve immediatamente entrare in funzione nell'ambiente. In linguaggio moderno queste funzioni sono state chiamate «esperienze sull'ambiente». Se queste esperienze non hanno luogo l'organo non si sviluppa normalmente, perché l'organo che è dapprima incompleto deve essere usato per raggiungere il suo completamento.

Il bambino può soltanto svilupparsi dunque per mezzo di esperienze sull'ambiente: questo esperimentare noi chiamiamo «lavoro». Non appena il linguaggio appare, il bambino comincia a chiacchierare, e nessuno può costringerlo al silenzio; e una delle cose più difficili è far tacere un bambino. Se il bambino non parlasse né camminasse non potrebbe svilupparsi normalmente e avverrebbe un arresto nel suo sviluppo. Il bambino invece cammina, corre, salta, e così facendo, sviluppa le sue gambe. La natura crea prima gli strumenti e poi li sviluppa per mezzo delle loro funzioni e grazie alle esperienze sull'ambiente. Il bambino, dunque, che ha aumentato la propria indipendenza con l'acquisizione di nuove capacità, può svilupparsi normalmente soltanto se è lasciato libero di operare. Il bambino si svilupperà con l'esercizio dell'indipendenza che egli si è conquistata: lo sviluppo infatti, come si esprimono gli psicologi moderni, non avviene da sé; «il comportamento si afferma in ogni individuo con le esperienze che egli fa nell'ambiente». Se intendiamo dunque l'educazione come aiuto allo sviluppo della vita infantile, non possiamo che rallegrarci quando il bambino dà segno d'aver raggiunto un certo grado di indipendenza e non possiamo non esprimere la nostra gioia quando il bambino ha detto la sua prima parola, tanto più che sappiamo che nulla avremmo potuto fare per provocare questo avvenimento. Quando però riflettiamo che, quantunque lo sviluppo infantile non possa essere distrutto, esso può essere mantenuto incompleto o ritardato quando non sia concesso al bambino di fare le proprie esperienze nell'ambiente, sorge il problema dell'educazione.

Il primo problema dell'educazione è di provvedere al bambino un ambiente che gli permetta di sviluppare le funzioni a lui assegnate dalla natura. Il che non significa soltanto accontentare il bambino e permettergli di fare ciò che gli piace, ma disporci a collaborare con un comando della natura, con una delle sue leggi, la quale decreta che lo sviluppo si effettui per mezzo di esperienze nell'ambiente.

Col suo primo passo il bambino raggiunge un più alto livello di esperienze. Se osserviamo il bambino in questo momento del suo sviluppo vediamo che egli ha la tendenza a conseguire un'ulteriore indipendenza. Desidera agire secondo la propria volontà, cioè vuole trasportare cose, vestirsi, spogliarsi da solo, mangiare da sé, ecc. e non è questo effetto di suggerimenti nostri che lo stimolino. Egli ha in sé un così vitale impulso che i nostri sforzi sono generalmente spesi, al contrario, per trattenerlo dall'agire: ora, opponendo questa resistenza l'adulto non si oppone al bambino, ma alla natura stessa, poiché il bimbo con la sua volontà collabora con la natura e obbedisce passo per passo alle sue leggi; prima su una direttiva poi su un'altra egli acquista una sempre crescente indipendenza da coloro che l'attorniano, finché giunge il momento in cui vorrà anche conquistare la propria indipendenza mentale. Mostrerà allora la tendenza a sviluppare la propria mente attraverso esperienze proprie e non esperienze degli altri; incomincerà a cercare la ragione delle cose. Su questa linea di sviluppo, si costruisce l'individualità umana durante il periodo dell'infanzia. Non si tratta di una teoria o di un'opinione, ma di fatti chiari e naturali vagliati dall'osservazione. Quando diciamo che dobbiamo rendere completa la libertà del bambino, che la sua indipendenza e il suo normale funzionamento devono essere assicurati dalla società, non parliamo di un vago ideale, ma ci riferiamo a osservazioni dirette sulla vita, sulla natura, rivelatrici di questa verità. Soltanto per mezzo della libertà e delle esperienze sull'ambiente l'uomo può svilupparsi.

Parlando di indipendenza e libertà del bambino non trasferiamo in questo campo le idee di indipendenza e di libertà che riteniamo ideali nel mondo degli adulti. Se gli adulti dovessero esaminare sé stessi e dare una definizione della indipendenza e della libertà, non potrebbero farlo con esattezza, poiché essi hanno una idea ben misera di ciò che è la libertà. Essi non hanno l'ampiezza dell'infinito orizzonte della natura. Solo il bambino offre in sé stesso l'immagine della maestà della natura, la quale dà la vita dando libertà e indipendenza: e la dà seguendo determinate leggi riguardo al tempo e al bisogni dell'essere; essa fa della libertà una legge di vita: essere liberi o morire. Credo che la natura ci offra un aiuto e un appoggio per l'interpretazione della vita sociale. È come se il bambino ci offrisse un'immagine dell'intero e noi nella nostra vita sociale ne prendessimo soltanto dei piccoli particolari. Il bambino è nel giusto, in quanto egli ci rivela una guida alla realtà, alla verità. Quando esiste una verità naturale, non vi possono essere dubbi su di essa e pertanto la libertà del bambino la quale viene a essere raggiunta con lo sviluppo e la crescita, si presta a interessanti considerazioni.

Qual è lo scopo di questa sempre crescente conquista dell'indipendenza? Da che cosa ha origine? Essa sorge nell'individualità che si forma e diviene capace di funzionare per sé stessa. Ma in natura tutti gli esseri viventi mirano a questo fine; ognuno funziona da sé ed ecco dunque che, anche in questo, il bambino obbedisce al piano della natura. Egli raggiunge la libertà che è la prima regola di vita in ogni essere. Come il bambino acquista l'indipendenza? La acquista per mezzo di una continua attività. Come realizza il bambino la sua libertà? Con uno sforzo continuo; una sola cosa la vita non può fare: arrestarsi e fermarsi. L'indipendenza non è statica, è una continua conquista, e per mezzo di un continuo lavoro si giunge non solo alla libertà ma alla forza e all'auto-perfezione.

Il primo istinto del bambino è di agire da solo, senza l'aiuto altrui, e il suo primo atto cosciente di indipendenza è di difendersi da coloro che cercano di aiutarlo. Per agire da sé egli cerca sempre di fare uno sforzo maggiore. Se, come molti di noi pensano, l'ideale del benessere è di starsene seduti senza far nulla lasciando che gli altri lavorino per noi, lo stato ideale sarebbe quello del bambino prima della nascita. Sarebbe lo stesso che il bambino ritornasse nel corpo della madre perché la madre provvedesse tutto a lui. Così si potrebbe dire per la difficile conquista del linguaggio destinata a consentire all'essere umano di porsi in comunicazione con i suoi simili; se adottassimo come ideale di vita il riposo, il bambino potrebbe rinunciare allo sforzo di parlare, a quello di iniziare una nutrizione normale, alla fatica di camminare, al lavorìo dell'intelligenza che gli suggerisce un irresistibile interesse per conoscere le cose che sono intorno a lui.

Ma la realtà di cui dà prova il bambino non è questa. Il bambino rivela che gli insegnamenti della natura sono ben diversi dagli ideali che la società va foggiando per sé; il bambino cerca l'indipendenza attraverso il lavoro: l'indipendenza del corpo e della mente. Poco gli importa quello che sanno gli altri: vuol apprendere da sé, vuol avere esperienza del mondo e percepirlo col proprio sforzo personale. Dobbiamo intendere chiaramente che quando diamo libertà e indipendenza al bambino diamo libertà a un lavoratore stimolato ad agire che non può vivere se non del proprio lavoro e della propria attività. Questa è la forma di esistenza degli esseri viventi; l'essere umano ha anch'egli questa tendenza e quando cercassimo di arrestarla saremmo causa di una degenerazione nell'individuo.

Ogni cosa nella creazione è attività, attività somma è la vita ed è soltanto attraverso l'attività che la perfezione della vita può essere cercata e raggiunta. Le aspirazioni sociali che sono giunte a noi attraverso le esperienze di passate generazioni: l'ideale di vita di minor ore di lavoro, di gente che lavori per noi, di ozio sempre maggiore, è ciò che la natura mostra e indica come caratteristiche del bambino degenerato. Queste aspirazioni sono segni di regressione nel bambino che non è stato aiutato nei primi giorni di vita ad adattarsi all'ambiente e ha acquisito un senso di disgusto per l'ambiente e l'attività. E questo tipo di bimbo si mostrerà desideroso di essere servito e aiutato, trasportato a braccia o in carrozzino, sarà schivo della compagnia degli altri e disposto a dormire lungamente: presenterà le caratteristiche che la natura dimostra appartenenti alla degenerazione, e che sono state riconosciute, analizzate e descritte come indici di una tendenza al ritorno alla vita embrionale. Chi è nato e cresce normalmente va verso l'indipendenza; chi la evita è un degenerato.

Un problema educativo affatto diverso ci si presenta per questi bambini degenerati. Come curare la regressione la quale ritarda e devia lo sviluppo normale? Il bambino deviato non ha amore per l'ambiente perché l'ambiente presenta troppe difficoltà e resistenza. Oggi il bambino deviato è al centro del campo scientifico della psicologia la quale potrebbe esser detta più propriamente «psicopatologia». Un sempre crescente numero di dispensari per la guida del bambino (Child Guidance Clinics) sono stati istituiti e nuove tecniche come quella della «terapia del gioco» (*play-therapy*) sono state create per far fronte al crescente numero di fanciulli deviati. La pedagogia insegna che l'ambiente deve offrire minore resistenza e si cerca quindi di diminuire gli ostacoli evitabili presentati dall'ambiente, possibilmente eliminandoli del tutto. Si procura oggi di rendere attraente tutto quanto circonda il bambino e in particolare nel caso del bimbo che prova repulsione per l'ambiente stesso, così da aiutare il sorgere di sentimenti di simpatia e benevolenza per vincere diffidenze e disgusto. Si crea pure al bambino una attività piacevole perché sappiamo che lo sviluppo si opera per mezzo dell'attività. L'ambiente deve esser ricco di motivi che interessino l'attività e invitino il bambino a condurvi le proprie esperienze. Sono principi chiari, dettati dalla vita e dalla natura, che guidano il bambino deviato, il quale ha acquistato caratteristiche regressive, dall'inclinazione all'ozio al desiderio di lavorare, dalla letargia e dall'inerzia all'attività, da quello stato di paura, il quale s'esprime talvolta in un eccessivo attaccamento a persone da cui il bimbo non vuole staccarsi, a una libertà gioiosa, libertà di muovere incontro alla conquista della vita.

Dall'inerzia al lavoro! Questa è la linea di cura, proprio come dall'inerzia al lavoro è la linea di sviluppo del bambino normale. Per una nuova educazione, questa deve essere la base; la natura stessa la indica e stabilisce.

Il concetto di maturazione

Quantunque non sia mia intenzione addentrarmi in una lunga discussione teorica, vorrei, prima di passare a un altro soggetto, chiarire qualcosa intorno al concetto di maturazione, poiché ritengo importante per una giusta comprensione dei capitoli seguenti, non meno che per quella di altre parti di questo libro, che i miei punti di vista in materia siano chiari. Il termine «maturazione» era originalmente applicato nella scienza da genetici ed embriologi per denotare quel periodo di sviluppo precedente la fecondazione che trasforma una cellula germe immatura in una matura.[21]

Ma nel campo della psicologia infantile si è dato a questo termine il più ampio significato, designando con esso una specie di meccanismo regolatore della crescita che garantisce l'equilibrio del modello nel suo insieme e la direzione della spinta della crescita. Arnold Gesell ha in particolare fissato questo concetto, quantunque non ne abbia formulato una molto concisa definizione. Ma, se bene lo comprendiamo, egli intende che la crescita dell'individuo è soggetta a leggi determinate le quali debbono essere rispettate perché un bambino «ha tratti costituzionali e tendenze per gran parte innate, le quali determinano come, che cosa, e in quali limiti di tempo egli imparerà».[22]

---

[21]Per una chiara esposizione di questo processo si veda H. S. JENNINGS, *Genetics*, New York, 1935.
[22]ARNOLD GESELL M. D., *Infant and child in the culture of today*, New York e Londra, 1943,

In altre parole Gesell dice che vi sono funzioni nel bambino le quali non possono essere influenzate dall'insegnamento.23

Questo è vero per quanto riguarda le funzioni fisiologiche. Infatti, come ho già detto sopra,[24] noi non possiamo insegnare a un bambino a camminare prima che si sia stabilito uno stato di maturazione localizzato, né un bambino potrà cominciare a parlare prima di una certa età (così come non si potrà arrestarlo in questa attività, una volta iniziata). Ognuno che abbia seguito il mio lavoro saprà che sono sempre stata fra le prime a difendere le leggi naturali della crescita del bambino, ponendo anzi queste leggi a fondamento dell'educazione. Ma il punto di vista di Gesell ci sembra troppo biologico per essere applicato giustamente alla crescita mentale del bambino. Secondo la sua concezione monistica egli pretende che «il bambino provenga dalla sua *mente* nello stesso modo che egli proviene dal suo corpo, il che si opera attraverso il processo dello sviluppo».[25] Ma non è esatto. Se noi allevassimo un bambino in un luogo isolato, lontano dal contatto umano, dandogli niente più di un nutrimento materiale, il suo sviluppo fisiologico sarebbe normale, ma il suo sviluppo mentale sarebbe seriamente compromesso. Un esempio convincente ci è fornito dal dottor Itard quando descrive i suoi pazienti insegnamenti al selvaggio di Aveyron.[26] È vero, come ho già detto prima, che noi non possiamo formare un genio, e soltanto aiutare l'individuo a realizzare le sue potenzialità, ma se concepiamo una «maturazione biologica» dobbiamo anche prendere in considerazione una maturazione «psichica», la quale, come abbiamo cercato di chiarire nei capitoli precedenti, corre parallela ai fenomeni che abbiamo veduto nell'embriologia.

Nel processo vitale della formazione di organismi non si verifica un intero, una totalità che cresce, né si produce una graduale crescita; lo sviluppo dei singoli organi avviene separatamente intorno a punti d'attività che agiscono soltanto per breve tempo, cioè fino a che gli organi appaiono, e poi si estinguono. L'azione di questi punti, o centri di attività, ha il fine creativo di determinare la formazione di un organo e oltre a questi centri vi sono periodi sensitivi che riguardano importanti attività, utili a guidare l'essere

---

pag. 40.

[23]Vedi di GESELL: *Stair-climbing experiment* in *Studies in child development*, New York e Londra, 1948, pag. 58.

[24]*Ibid*. pag. 129.

[25]Vedi la prefazione di GESELL al suo libro: *The Embryology of Behaviour*, New York e Londra, 1945.

[26]Dr. J. M. ITARD, *Rapports et mémoires sur le sauvage de l'Aveyron, l'idiotie et la surdimutité*, Parigi 1807. Traduzione inglese di Giorgio E. Muriel Humpherey, New York, 1932.

che viene a vivere nell'ambiente esterno, come il biologo olandese Hugo De Vries ha messo in evidenza. Nel campo della psicologia abbiamo trovato un simile processo, che ci persuade come la natura umana è fedele ai suoi metodi. Il concetto di maturazione è pertanto più complesso di quello che Gesell pretende sia.

«Maturazione» è assai più «che la somma esatta degli effetti del *gene* operante in un ciclo di tempo in sé stesso limitato»[27] perché oltre agli effetti del *gene* vi è anche l'ambiente sul quale essi agiscono che ha una parte dominante nel determinare la «maturazione». Per quel che riguarda le funzioni psichiche, la maturazione può soltanto effettuarsi attraverso esperienze sull'ambiente che variano secondo le diverse fasi dello sviluppo, l'*horme* mutando la sua struttura durante il processo di crescita e manifestandosi nell'individuo con un intenso interesse per particolari azioni ripetute a lungo senza apparente utilità, fino a che, da questi atti ripetuti, improvvisamente si rivela una funzione nuova in modo esplosivo. Così il modello peculiare per questa funzione è stato costruito da una maturazione che non è visibile esteriormente, perché quelle azioni ripetute non sembrano avere alcuna diretta relazione con la funzione che nascerà da esse, ma sono abbandonate non appena la funzione si inizia, l'interesse consapevole del bambino passando a qualcosa altro che preparerà un altro meccanismo. Se il bambino è tenuto lontano dalle possibilità di queste esperienze, nel momento che la natura le destina, la speciale sensitività che stimola a esse svanirà, e lo sviluppo, come la maturazione, ne saranno turbati.

Se consideriamo la più larga definizione di maturazione data in un recente testo di psicologia: «La maturazione consiste in cambiamenti strutturali che sono precipuamente ereditari, cioè che hanno la loro origine nei cromosomi dell'uovo fecondato, ma che sono anche in parte un prodotto di una scambievole attività dell'organismo col suo ambiente»[28] e interpretiamo da ciò le nostre personali constatazioni, possiamo dire che siamo nati con uno stimolo vitale (*horme*) già organizzato nella struttura generale della *mente assorbente*, e la sua specializzazione e differenziazione annunciate nelle nebule.

Questa struttura cambia durante l'infanzia secondo la direzione di ciò che abbiamo chiamato, secondo il termine di De Vries, periodi sensitivi.[29] Ora, queste strutture, che guidano la crescita e lo sviluppo psichico, cioè la

---

[27]A. Gesell, *The Embryology of Behaviour*, pag. 23.
[28]E. G. Boring, H. S. Langfeld and H. P. Weld, *Introduction to psychology*, New York, 1939.
[29]M. Montessori, *Il segreto dell'infanzia*, Garzanti, 1992.

mente assorbente, le nebule e i periodi sensitivi con i loro meccanismi sono ereditari e caratteristici della specie umana. Ma il loro attuarsi può solo compiersi attraverso una libera azione sull'ambiente.

IX – CURE DA PRENDERSI ALL'INIZIO
DELLA VITA

Chi si proponga di aiutare lo sviluppo psichico umano deve partire dal fatto che la *mente assorbente* del bambino si orienta sull'ambiente; e, specialmente agli inizi della vita, deve prendere speciali precauzioni affinché l'ambiente offra interesse e attrattive a questa mente che deve nutrirsene per la propria costruzione.

Come si è visto, vi sono differenti periodi di sviluppo psichico e in ciascuno di essi l'ambiente ha un ruolo importante; ma in nessuno esso assume l'importanza che ha immediatamente dopo la nascita. Pochi oggi ancora considerano questa importanza perché fino a non molti anni fa non si sospettava nemmeno che nei primi due anni i bambini avessero bisogni psichici così imperiosi da non potere essere ignorati senza conseguenze dolorose sul resto della vita.

L'attenzione della scienza si è fissata sul lato fisico: specialmente in questo secolo la medicina e l'igiene hanno elaborato un trattamento infantile meticoloso per vincere l'immensa mortalità prima prevalente. Ma appunto perché si trattava di debellare la mortalità, questo trattamento si è limitato alla sola salute fisica. Il campo della salute psichica è ancora quasi inesplorato, e chi se ne preoccupa può trovare direttive solamente nella considerazione che lo scopo principale dell'età infantile è il formarsi di un individuo adatto ai suoi tempi e al suo ambiente e nello studio della natura.

Ora, la natura, come si è visto, indica un periodo di isolamento e di reazione psichica all'ambiente, necessario anche per quei mammiferi che hanno un comportamento prestabilito.

Se si considera che l'uomo non ha una prestabilizzazione e che per il bambino la questione non è di risveglio, ma di creazione psichica, si comprenderà facilmente quanto maggiore sia per il figlio dell'uomo il ruolo dell'ambiente. Il suo valore e la sua importanza sono ingigantiti, così come lo sono anche i pericoli che esso può presentare. Da qui la grande cura che si dovrebbe avere dell'ambiente che circonda il neonato per facilitargliene l'assorbimento, affinché il bambino non sviluppi attitudini di regressione e si senta attratto invece che respinto dal mondo in cui è entrato. Ne dipendono il progresso, la crescenza e lo sviluppo del piccolo che sono in relazione diretta con le attrattive che l'ambiente può offrire.

Durante il primo anno di vita si possono distinguere vari periodi che richiedono cure speciali.[30] Il primo periodo, breve, è l'ingresso nel mondo con le sue drammatiche circostanze. Senza entrare in particolari possiamo enunciare alcuni principi. Il bambino dovrebbe rimanere, nei primi giorni dopo la nascita, quanto è più possibile, a contatto di sua madre e in ambiente che non contrasti per differenze troppo forti, per esempio di temperatura, con quello in cui egli si è formato prima della nascita: non troppa luce, non troppo rumore, poiché il bambino giunge da un luogo di tepore, di perfetto silenzio, di oscurità. Nelle moderne cliniche pediatriche la madre e il bambino sono collocati oggi in una stanza dalle pareti di vetro con una temperatura facilmente controllabile, così da essere gradualmente eguagliata a quella della temperatura esterna normale. Il vetro è azzurro, affinché la luce che entra nella stanza sia attutita. Occorrono anche cure per il modo come il bambino vien maneggiato e spostato. In contrasto con gli usi passati di tuffare il bambino in un bagno posto in basso così da causare una scossa, invece di vestirlo rapidamente senza alcuna preoccupazione della sua sensibilità, quasi fosse un oggetto privo di sensi, la scienza ritiene oggi che il neonato dev'essere toccato il meno possibile e nemmeno dovrebbe essere vestito, ma tenuto in una stanza dalla temperatura sufficiente a mantenere caldo il bambino e libero da correnti di aria fredda. Si è cambiato il modo di trasportare il bambino, usando ora un soffice materassino, simile a un'amaca, su cui viene adagiato; si evita di sollevare e abbassare rapidamente il neonato e si vuole sia maneggiato con le stesse precauzioni con cui vengono rimossi i feriti. Non è soltanto puramente igiene. Le infermiere portano una striscia di tela davanti al naso perché i microbi da esse non passino nell'ambiente del neonato, e madre e figlio vengono considerati, nelle moderne cure, come organi di un sol corpo in comunicazione tra di loro. L'adattamento all'ambiente viene così favorito secondo natura, poiché una particolare connessione esiste tra madre e figlio, quasi un'attrazione magnetica.

Nelle madri vi sono forze alle quali il bambino è abituato e queste forze costituiscono per lui un aiuto necessario nei primi difficili giorni di adattamento.

Possiamo dire che il bambino ha cambiato la sua posizione rispetto alla madre; egli è ora fuori del corpo materno, ma tutto rimane lo stesso e una comunicazione esiste sempre fra loro. Così viene considerato oggi il rapporto madre e figlio, mentre ancora pochi anni fa si usava, anche nelle migliori cliniche pediatriche, separare la madre dal neonato.

---

[30]Per un esauriente studio della cura del bambino vedi: FLORENCE BROWN SHERBON, *The child*, New York and London 1941.

Ho descritto le cure che possono considerarsi «l'ultima parola» nel trattamento scientifico del bambino. La natura ci mostra poi che queste cure particolari non sono necessarie per tutto il periodo dell'infanzia; dopo breve tempo la madre e il bambino possono uscire dal loro isolamento ed entrare nel mondo sociale.

I problemi sociali del bambino non sono gli stessi dell'adulto. Si potrebbe dire che sino a ora la condizione sociale pesa sul bambino in modo inverso che sull'adulto, poiché non è affatto paradossale dire che mentre fra gli adulti è il povero che soffre, fra i bambini è quello ricco che soffre di più. Oltre agli impedimenti del vestiario, delle convenienze sociali, dell'affollarsi di parenti e amici intorno al neonato, accade che nel ceto abbiente la mamma affida sovente il bambino alle cure di una balia, o ricorre ad altri mezzi d'allevamento, mentre la madre povera segue il metodo naturale di tenere il bambino con sé. Molte altre minute considerazioni ci porterebbero a dire che nel mondo dei bambini cose e valori creano rapporti diversi che nel mondo dei grandi.

Una volta passato questo primo periodo, il bambino si adatta serenamente all'ambiente, senza alcuna riluttanza. Egli incomincia ad avviarsi per il cammino dell'indipendenza che abbiamo descritto e potremmo dire che egli apre le braccia all'ambiente che lo riceve, lo assorbe fino a far sue le abitudini del mondo in cui vive. La prima attività in questo sviluppo, che potremmo chiamare una conquista, è l'attività dei sensi. A causa dell'incompletezza dei suoi tessuti ossei, il bambino è inerte, le sue membra sono senza movimento, per modo che la sua attività non può essere quella del movimento. La sua attività è unicamente quella della psiche, che assorbe le impressioni dei sensi. Gli occhi del bambino sono attivissimi, ma dobbiamo tener presente, come la scienza ha di recente precisato, che gli occhi del bambino non sono colpiti soltanto dalla luce. Il bambino non è passivo. Egli subisce indubbiamente delle impressioni, ma è anche un attivo ricercatore nell'ambiente: è il bambino stesso che *cerca queste impressioni*.

Ora, se guardiamo alla specie animale, vediamo che le bestie hanno negli occhi un tipo di apparato visivo simile al nostro: una specie di macchina fotografica. Ma questi animali sono portati dalla loro sensitività a farne un uso speciale: sono attratti da alcune cose più che da altre, così che non sono colpiti dall'insieme dell'ambiente. Hanno in sé una guida che li induce a seguire cene direzioni e seguono per mezzo degli occhi la guida del loro comportamento.

Fin dall'inizio esiste in loro una guida; i sensi poi si perfezionano e si formano così da seguire questa guida. L'occhio del gatto si perfezionerà alla luce attutita della notte (come avviene per altri predatori notturni), ma il gatto, sebbene abbia interesse al buio, è attratto dalle cose che si muovono e non dalle cose ferme. Non appena qualcosa si muove nel buio il gatto vi si precipita sopra, senza fare alcuna attenzione al resto dell'ambiente. Non esiste, nel gatto, un interesse generale per l'ambiente, ma un impulso istintivo verso cose speciali che sono in esso. Allo stesso modo vi sono insetti attratti da fiori di particolari colori, perché nei fiori di quel colore trovano il proprio nutrimento. Ora, un insetto appena uscito dalla crisalide non potrebbe avere alcuna esperienza per secondare questa linea, ma un istinto-guida lo dirige e l'occhio serve a seguirla. Attraverso questa guida si realizza il comportamento della specie. Perciò l'individuo non è vittima dei suoi sensi, ma è trascinato da essi. I sensi esistono e lavorano al servizio del loro padrone secondo una guida.

Il bambino ha una speciale facoltà. I suoi sensi, anch'essi al servizio di una guida, non sono limitati come quelli degli animali. Il gatto si limita alle cose che si muovono nell'ambiente ed è attratto soltanto da esse. Il bambino non ha simili limitazioni; egli osserva ciò che lo circonda e l'esperienza ci ha dimostrato che egli è portato ad assorbire ogni cosa. Per di più egli non assorbe soltanto per mezzo della macchina fotografica dell'occhio, ma si produce in lui una specie di reazione psico-chimica, così che queste impressioni diventano parti integrali della sua psiche. Potremmo fare quest'osservazione – e non vuol essere constatazione scientifica – che la persona che è soltanto trascinata dai suoi sensi, che ne è vittima, ha in sé qualcosa di erroneo. La sua guida può esistere, ma invece di agire su di lui si è indebolita e l'essere rimane abbandonato, vittima dei sensi.

È pertanto della massima importanza che la guida esistente in ogni bambino sia oggetto di cura e sia tenuta desta.

Per chiarire che cosa avviene in questo assorbimento dell'ambiente, vorrei fare un confronto. Esistono insetti che assomigliano a foglie e altri che assomigliano a steli. Questi insetti possono essere citati per analogia a quello che avviene nella psiche del bambino; vivono su ramoscelli e foglie, a cui assomigliano così perfettamente da divenire una cosa sola con il loro ambiente. Per il bambino avviene qualcosa di simile. Egli assorbe l'ambiente e si trasforma in armonia con esso come fanno gli insetti con i vegetali che li sostengono. Le impressioni che il bambino riceve dall'ambiente sono così profonde che per una certa trasformazione biologica o psico-chimica egli finisce con l'assomigliare all'ambiente stesso. I bambini diventano come la cosa che amano. Si è scoperto che esiste in ogni tipo di vita questo potere di assorbire l'ambiente e di trasformarsi in armonia con esso, fisicamente come negli insetti da noi citati e in altri animali, e *psichicamente* nel bambino. E la cosa è da considerarsi come una delle maggiori attività della vita. Il bambino non guarda le cose come le guardiamo noi. Noi possiamo, guardando una cosa, esclamare «Come è bella!» e poi passiamo a vedere altre cose, conservandone soltanto una vaga memoria. Ma il bambino costruisce sé stesso per mezzo delle profonde impressioni delle cose che egli riceve, specialmente nel primo periodo di vita. Nell'infanzia, in virtù delle sole forze infantili, il bambino acquista le caratteristiche che lo distinguono, come il linguaggio, la religione, il carattere della razza, ecc. Così egli costruisce l'adattamento all'ambiente. In questo ambiente è felice e si sviluppa assorbendone le abitudini, il linguaggio.

Non solo, ma egli costruisce un adattamento per ogni nuovo ambiente. Che cosa significa costruire un adattamento? Significa trasformarsi in modo da divenire adatto al proprio ambiente, per modo che questo ambiente formi parte di sé stesso. Dobbiamo quindi chiederci che cosa fare e quale ambiente preparare al bambino per essergli di aiuto. Se avessimo a che fare con un bambino di tre anni egli stesso forse saprebbe dircelo. Dovremmo mettere nell'ambiente fiori e cose belle; dovremmo provvedere a fornire quei motivi di attività che appartengono alla sua linea di sviluppo. Potremmo facilmente scoprire che certi motivi di attività dovrebbero essere nell'ambiente per offrire al bambino una occasione di esercizio funzionale. Ma se il «neonato» deve assorbire l'ambiente per costruire un adattamento, quale specie di ambiente possiamo preparargli? Non vi è una risposta a questa domanda: l'ambiente del piccolo dev'essere il mondo, tutto ciò che è nel mondo che lo circonda. Poiché deve acquistare il linguaggio dovrà vivere fra gente che parla, altrimenti non diverrebbe capace di parlare; se deve acquistare speciali funzioni psichiche dovrà vivere fra gente che abitualmente le esercitano. Se il bambino deve acquistare costumi e abitudini deve vivere fra gente che li segue.

Questa è in realtà una constatazione eccezionalmente rivoluzionaria; in contraddizione a quanto si è pensato e fatto negli ultimi anni, giacché come conseguenza di un ragionamento igienico si era giunti alla conclusione – o sconclusione – che il bambino dovrebbe essere isolato.

È avvenuto così che il bambino è stato messo in una stanza riservata ai piccoli e quando si scoprì che la stanza dei bambini igienicamente parlando non era abbastanza adatta, l'ospedale fu preso come modello e si lasciò il bambino solo e lo si fece dormire il più possibile come fosse un malato. Rendiamoci conto che se ciò rappresenta un *progresso* nel campo dell'igiene fisica è anche un pericolo sociale. Se il bambino è tenuto in una *nursery* isolato, con la sola compagnia di una bambinaia senza che una espressione di sentimento veramente materno giunga a lui, la normale crescita del bambino e il suo sviluppo vengono ostacolati; un ritardo, una insoddisfazione, si potrebbe dire una fame psichica risultano come effetti deleteri nel bambino. In luogo di vivere con la madre, che il piccolo vuole e con la quale esiste una particolare corrente di comunicazione, egli è in contatto con la bambinaia che poco gli parla; è sovente chiuso in un carrozzino dove nulla può vedere di quello che gli sta intorno nell'ambiente. Queste sfavorevoli condizioni erano tanto più gravi quanto migliori erano le condizioni finanziarie della famiglia dove il bambino era nato. Fortunatamente dopo la guerra questo stato di cose è molto cambiato; la necessità, nuove condizioni sociali, hanno restituito, con una vicinanza amorosa e assidua, i genitori al bambino.

Il trattamento del bambino dev'essere veramente considerato come una questione sociale. Oggi le osservazioni e gli studi sul bambino portano alla convinzione che non appena esso può uscire di casa lo si può condurre con sé e permettergli di vedere il più possibile. Così si è tornati al carrozzino più alto: la stanza dei bambini ha subito una trasformazione; pur corrispondendo rigorosamente ai requisiti igienici le sue pareti sono ora piene di quadri e il bambino giace su un sostegno leggermente inclinato, così che egli può dominare l'insieme dell'ambiente e non è obbligato a fissare gli occhi al soffitto.

L'assorbimento del linguaggio presenta un problema più difficile, specialmente riportandoci all'uso delle bambinaie le quali sovente appartengono a un ambiente diverso da quello del bambino. Si presenta anche un altro lato della questione: il bambino dev'essere con i genitori quando conversano con i loro amici? Nonostante le molte obiezioni poste, dobbiamo dire che se vogliamo aiutare il bambino dobbiamo tenerlo in mezzo a noi perché egli possa vedere ciò che facciamo e udire la nostra parola. Se anche non afferra coscientemente quello che è intorno a sé, egli ne riporterà un'impressione subcosciente, l'assorbirà e questo l'aiuterà nella crescita. Quando il bambino è portato fuori di casa, a che si volgono le sue preferenze? Non possiamo dirlo con sicurezza, ma dobbiamo osservare il bambino. Mamme e bambinaie esperte quando s'accorgono che il bambino si interessa in particolare a qualche cosa, gli permetteranno di esaminare attentamente quanto più gli piace. Sosteranno là dove si fissa lo sguardo del bambino e vedranno la sua faccina illuminarsi di interesse e di amore per ciò che lo attrae. Come possiamo infatti giudicare noi ciò che ha virtù di interessare il bambino? Dobbiamo porci al suo servizio. Tutta la concezione del passato è quindi travolta e la coscienza di questa rivoluzione deve diffondersi fra gli adulti. Questi è necessario si convincano che il bambino costruisce un adattamento vitale all'ambiente e deve quindi avere pieno e completo contatto con esso, poiché se il bambino non riuscisse a costruire questo suo adattamento ci troveremmo di fronte a un grave problema sociale. Molti dei problemi sociali di oggi dipendono dalla mancanza di adattamento dell'individuo, sia nel campo morale che in altri campi. È un problema basilare, il quale mette in rilievo come l'educazione dei piccoli diventerà in futuro la più fondata e importante preoccupazione della società. Come è possibile, ci si può domandare, che tanta verità ci fosse sconosciuta? È considerazione abituale, per chi oda parlare di qualcosa di nuovo, che l'umanità cresceva pure nel passato anche ignorando i nuovi concetti. Ci accadrà di sentir dire: «L'umanità è vecchia, migliaia di uomini hanno vissuto: io stesso sono cresciuto; i miei figli sono cresciuti, eppure non esistevano simili teorie. I bambini acquistavano egualmente il proprio linguaggio, acquistavano abitudini così tenaci da divenire pregiudizi».

Ora consideriamo un po' il comportamento dei gruppi umani a diversi livelli di civiltà. Ognuno di questi gruppi ci sembra in fatto di allevamento infantile più intelligente di noi occidentali, con le nostre idee ultra moderne. In molti paesi vediamo che i bambini non sono trattati così in contrasto con le esigenze della natura come dagli occidentali. Nella maggior parte dei paesi il bambino accompagna la madre ovunque vada e madre e figlio sono come un corpo solo. Lungo la strada la mamma parla e il bambino ascolta. La madre discute con un fornitore sui prezzi e il bambino è presente; il bambino vede e ascolta qualsiasi cosa la madre faccia e questo dura per tutto il periodo dell'allattamento che è ragione di questa stretta convivenza; poiché la madre deve nutrire il figlio e quindi non può abbandonarlo solo, quando esce di casa per recarsi al lavoro. Alla ragione dell'allattamento si aggiunge la tenerezza e l'attrattiva naturale fra madre e figlio. Così che il nutrimento del bimbo e l'amore che legano le due creature risolvono il problema dell'adattamento all'ambiente in modo naturale. Madre e figlio non sono dunque che una sola persona. Là dove la civiltà non ha distrutto questo costume, la madre non affida il figlio ad altra persona; il bambino prende parte alla vita della madre e l'ascolta. Si dice che le madri siano loquaci: anche questo vale ad aiutare lo sviluppo del bambino e l'adattamento all'ambiente. Però se il bambino dovesse udire soltanto le parole che la mamma gli rivolge, poco imparerebbe; ma quando egli ascolta il dialogo complesso di persone adulte, a poco a poco afferra anche la costruzione, non sono più le parole staccate che la mamma sillaba; è la parola viva nel pensiero e resa chiara dagli atti.

I diversi gruppi umani, razze e nazioni, ci presentano altre caratteristiche; il modo diverso, per esempio, che si usa per portare il bambino. È una particolarità questa fra le più interessanti, messa in valore dagli studi etnologici. In genere le madri depongono il bambino sul lettino o in un sacco, ma non lo portano nelle braccia. In qualche paese il bambino viene assicurato con lacci a un pezzo di legno posto poi sulle spalle della madre quando va al lavoro. Alcune legano il bambino al collo, altre alla schiena e altre ancora lo depongono in un canestro, ma in ogni popolo la madre ha trovato il modo di recare con sé la propria creatura. In genere, per risolvere il problema della respirazione e il pericolo del soffocamento quando si porti com'è uso la faccia del bambino contro il dorso della madre, si ricorre a particolare precauzione. I giapponesi, per esempio, portano il bambino in modo da far sì che il suo collo superi la spalla dell'adulto che lo porta; per questo i primi viaggiatori sbarcati in Giappone chiamarono i giapponesi «il popolo dalle due teste». In India il bambino viene appoggiato sull'anca; e gli indiani color di rame lo allacciano con cinghie alla schiena, appoggiato in una specie di culla che lo tiene dorso a dorso con la madre, ma gli permette di vedere ogni cosa dietro a lei. È tanto lontana dalla madre l'idea di abbandonare solo il proprio bambino che, come accadde in una tribù africana, nella cerimonia dell'incoronazione della regina, con grande sorpresa dei missionari che assistevano al rito, la regina comparve portando con sé il bambino.

Si nota pure in molti popoli l'uso di prolungare di molto l'allattamento: in qualche paese per un anno, in qualche altro un anno e mezzo o anche due e fino a tre. Ora non si tratta di un'esigenza del bambino, perché egli già da tempo ha raggiunto la possibilità di nutrirsi di altri alimenti, ma il prolungato allattamento è ragione per la madre di non staccarsi dal bambino ed è anche un subcosciente bisogno della madre di dare alla sua creatura l'aiuto di un completo ambiente sociale che ne determini lo sviluppo. Poiché se anche la madre non rivolge la parola al bambino, accanto a lei egli vede il mondo, vede e ascolta la gente che si muove per la strada o al mercato, carri, animali, e ogni cosa si fissa nella sua mente anche se ancora non ne conosce il nome. Vedrete infatti quando una madre discute al mercato il prezzo della frutta gli occhi del bambino illuminarsi nell'intensità dell'interesse che la parola e i gesti suscitano in lui. Si osserva pure che il piccolo, portato con sé dalla madre, non piange mai a meno che non sia ammalato o ferito, s'addormenta qualche volta, ma non conosce il pianto. Si è osservato nelle fotografie, prese al fine di documentare le abitudini sociali di un paese, che in nessuna di esse il bambino, che è fotografato accanto alla madre, piange. Mentre si può dire che il pianto dei bambini è un problema dei paesi occidentali. È frequentissimo da noi il lamento dei genitori perché il bambino piange e il chiedersi come si può calmare e far tacere il pianto di un bimbo. Oggi la risposta di taluni psicologi è questa: il bambino piange ed è agitato, ha crisi di pianto e di malumore perché soffre di inedia mentale: e hanno ragione: egli è mentalmente un denutrito, tenuto prigioniero in un campo limitato e pieno di ostacoli all'esercizio delle sue facoltà. L'unico rimedio è far uscire il bambino dalla sua solitudine e permettergli di entrare nella società. La natura ci mostra questo trattamento del bambino inconsciamente seguito presso molti popoli. Da noi dev'essere compreso e applicato coscientemente secondo riflessione e intelligenza.

X – SUL LINGUAGGIO

Consideriamo lo sviluppo del linguaggio nel bambino. È necessario riflettere per ben comprendere che il linguaggio è di tale importanza per la vita sociale che potremmo considerarlo come base di essa. È esso che permette agli uomini di unirsi in gruppi, in nazioni. Il linguaggio determina quella trasformazione dell'ambiente che noi chiamiamo civilizzazione.

Consideriamo quale è il punto centrale che distingue l'umanità dalle altre specie.

L'umanità non è guidata da istinti come gli animali. Non si può prevedere alla nascita dell'uomo il compito che esso svolgerà nel mondo; è certo soltanto che gli uomini devono mettersi in armonia fra loro, altrimenti non potranno mai fare nulla. Per metterci d'accordo e deliberare non è sufficiente pensare, anche se tutti gli uomini fossero di altissima mente; è invece necessario e indispensabile che ci comprendiamo l'un l'altro. Ora l'istrumento che rende possibile il reciproco comprenderci è il linguaggio, mezzo del pensare in comune. Il linguaggio non esisteva sulla terra finché l'uomo non vi fece la sua comparsa. Che cosa è il linguaggio? Un puro alito, una serie di suoni messi insieme.

I suoni infatti non hanno logica; l'insieme dei suoni che formano la parola «piatto» non ha logica, ciò che dà senso a questi suoni è il fatto che gli uomini si sono messi d'accordo per dare a quei suoni particolari un significato particolare. E così è per tutte le parole. Il linguaggio è dunque l'espressione dell'accordo esistente fra un gruppo d'uomini, e soltanto il gruppo che si è messo d'accordo su quei suoni li può capire. Altri gruppi si sono accordati su altri suoni per esprimere la stessa idea.

Il linguaggio diviene così una specie di muraglia che racchiude una comunità d'uomini e la separa da altre comunità. Ecco perché esso è venuto acquistando un valore mistico; è qualcosa che unisce gruppi e uomini ancor più dell'idea di nazionalità. Gli uomini sono uniti dal linguaggio ed esso si è fatto più complicato a mano a mano che il pensiero umano si veniva complicando, è cresciuto, si può dire, col pensiero umano.[31]

Il curioso è che i suoni usati per comporre le parole sono pochi: eppure possono unirsi in tanti modi da formare molte parole. Sono infinite le combinazioni di tali suoni; talvolta uno di essi è collocato davanti a un altro, talvolta dopo un altro, talvolta in tono dolce, talvolta con forza, a labbra

---

[31]Vedi anche: G. RÉVÉSZ, *Ursprung und Vorgeschichte der Sprache*, Berna, 1946.

chiuse, a labbra aperte, ecc. È notevole il lavoro della memoria per ricordare tutte le combinazioni e le idee che esse rappresentano. Ma oltre alla parola vi è anche il pensiero in sé stesso che per essere espresso deve servirsi di parole raggruppate nella frase. Le parole debbono essere collocate nella frase in un particolare ordine conforme al pensiero umano e non come se si ammucchiassero oggetti sparsi nell'ambiente. Esistono dunque alcune regole per guidare chi ascolta al pensiero e all'intenzione di chi parla. Se l'uomo desidera esprimere un pensiero deve mettere in una data posizione il nome dell'oggetto e accanto a esso l'aggettivo, il soggetto, il verbo e l'oggetto; non basta considerare il numero delle parole usate, occorre considerare la loro posizione. Se vogliamo dare una prova di queste varie necessità prendiamo una frase con un chiaro significato e scriviamola su una striscia di carta. Tagliamo le sue varie parole e mescoliamole; pur essendo composta dalle stesse parole, ma in altro ordine di successione, la frase non avrà più senso. Anche su questo ordine gli uomini devono mettersi d'accordo.

Il linguaggio quindi potrebbe esser chiamato l'espressione di una super-intelligenza. Sono esistiti linguaggi che diventarono così complessi che col disintegrarsi di civiltà, di cui erano stati lo strumento, caddero in disuso e fu così difficile ricordarli, che scomparvero. A tutta prima sembra che il linguaggio sia una funzione di cui ci ha dotato la natura, ma riflettendo ci rendiamo conto che esso è al di sopra della natura. È una creazione sopranaturale prodotta da un'intelligenza cosciente collettiva. Attorno al linguaggio cresce una specie di rete che si estende senza limiti. Non vi sono limiti alla sua espressione. Così lo studio del sanscrito e del latino, prolungato per anni, non varrebbe a consentire ad alcuno di parlarli alla perfezione. Non vi è dunque nulla, di più misterioso di questa realtà: gli uomini per esprimere qualsiasi loro attività devono mettersi d'accordo e per farlo debbono servirsi del linguaggio, uno degli strumenti più astratti che esistano.

L'attenzione posta a questo problema – come questa astrazione venga presa dall'uomo – ha condotto a considerare che è il bambino ad «assorbire» il linguaggio. La realtà di questo assorbimento è qualche cosa di grande e misterioso che gli uomini non hanno considerato abbastanza. Si usa dire: «i bambini vivono fra gente che parla e perciò parlano». Constatazione, questa, superficiale, quando si consideri le innumeri complicazioni che presenta il linguaggio; eppure per migliaia d'anni non si è andati oltre questo concetto.

Lo studio del problema del linguaggio ha suscitato un'altra osservazione: ed è che un linguaggio, per quanto per noi difficile, complicato, è stato pure parlato un tempo da gente incolta, nel paese dove questo linguaggio era nato. Così il latino, difficile anche per coloro che parlano le lingue moderne neolatine, era parlato dagli schiavi di Roma imperiale, difficile e complicato come si presenta oggi a noi. E non era quella la stessa lingua anche degli uomini incolti che lavoravano allora i campi e la lingua dei bambini di tre anni della Roma imperiale? Non accadde lo stesso in India dove molti anni fa chi lavorava nei campi o vagava nelle giungle si esprimeva naturalmente in lingua sanscrita?

La curiosità sollevata intorno a questi misteriosi interrogativi ha portato l'attenzione sullo sviluppo del linguaggio nei bambini: sullo sviluppo, non sull'insegnamento. La madre non insegna il linguaggio al piccolo, ma il linguaggio si sviluppa naturalmente come creazione spontanea. E si sviluppa anche seguendo leggi determinate uguali per tutti i bambini. Speciali periodi della vita del bambino segnano le stesse tappe nel livello raggiunto: la qual cosa si verifica per tutti i bambini sia che il linguaggio della loro razza sia semplice o complicato. Anche oggi vi sono linguaggi semplicissimi parlati da popoli primitivi; quei bambini raggiungono lo stesso sviluppo, nel loro linguaggio, di quelli parlanti un linguaggio molto più difficile. Tutti i bambini attraversano un periodo in cui non pronunziano che sillabe, poi pronunciano parole intere e finalmente usano alla perfezione tutta la sintassi e la grammatica.32

Le differenze fra maschile e femminile, singolare e plurale, fra i tempi e i verbi, fra prefissi e suffissi, vengono applicate nel linguaggio dei bambini. La lingua può essere complessa, avere molte eccezioni alle regole, eppure

---

32Per un conciso quadro delle differenti fasi di sviluppo del linguaggio nel bambino vedi: W. STERN, *Psychology of early childhood*.

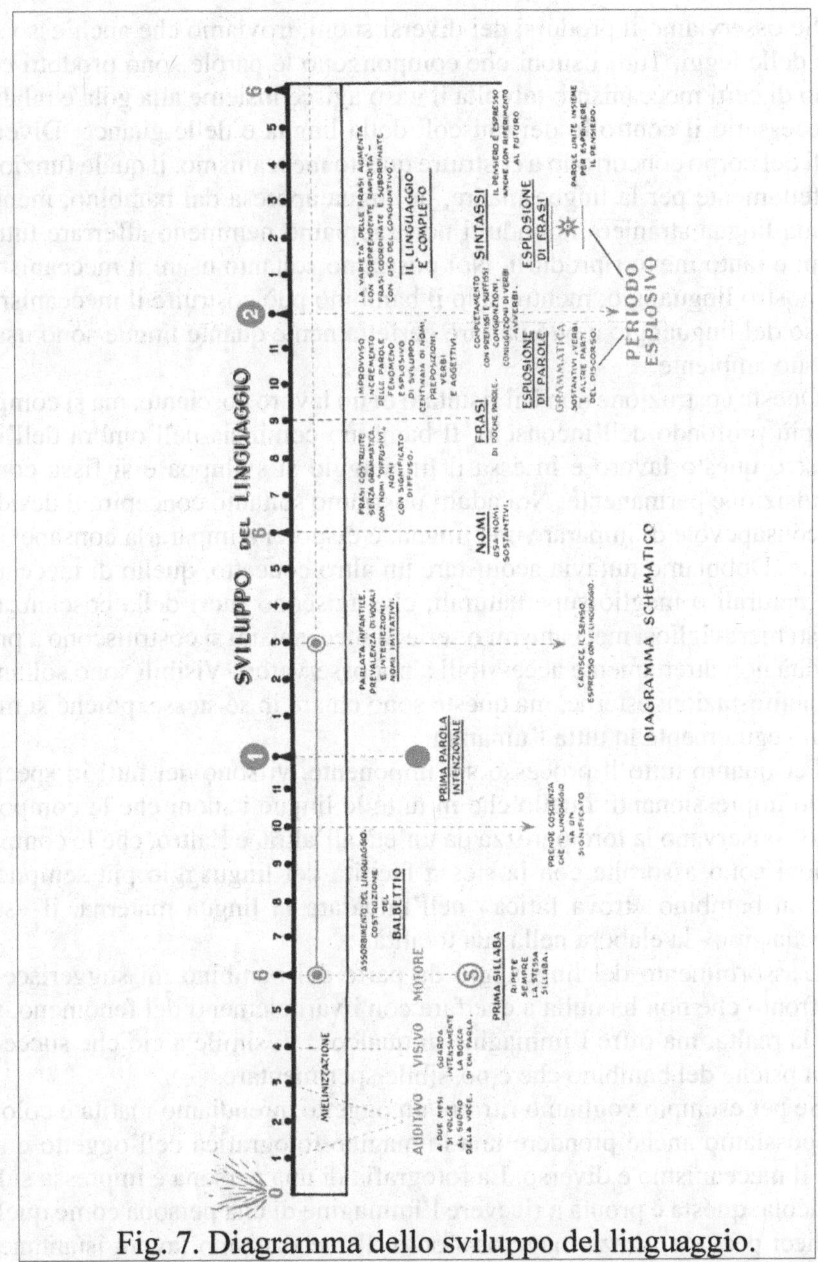

Fig. 7. Diagramma dello sviluppo del linguaggio.

il bambino che l'assorbe la impara integralmente e può usarla alla stessa età in cui il bambino africano usa le poche parole del suo linguaggio primitivo.

Se osserviamo il prodursi dei diversi suoni, troviamo che anch'esso segue delle leggi. Tutti i suoni che compongono le parole sono prodotti con l'uso di certi meccanismi: talvolta il naso agisce insieme alla gola e talaltra è necessario il controllo dei muscoli della lingua e delle guance. Diverse parti del corpo concorrono a costruire questo meccanismo, il quale funziona perfettamente per la lingua madre, la lingua appresa dal bambino, mentre di una lingua straniera noi adulti non sappiamo nemmeno afferrare tutti i suoni e tanto meno riprodurli. Noi possiamo soltanto usare il meccanismo del nostro linguaggio, mentre solo il bambino può costruire il meccanismo stesso del linguaggio e può parlare perfettamente quante lingue sono usate nel suo ambiente.

Questa costruzione non è il risultato di un lavoro cosciente, ma si compie nel più profondo dell'inconscio. Il bambino comincia nell'ombra dell'inconscio questo lavoro e in essa il linguaggio si sviluppa e si fissa come acquisizione permanente. Noi adulti possiamo soltanto concepire il desiderio consapevole di imparare una lingua, e disporci a impararla consapevolmente. Dobbiamo tuttavia acquistare un altro concetto, quello di meccanismi naturali o meglio supernaturali, che agiscono fuori della coscienza e questi meravigliosi meccanismi o serie di meccanismi si costruiscono a profondità non direttamente accessibili a noi osservatori. Visibili sono soltanto le manifestazioni esterne, ma queste sono chiare in sé stesse, poiché si mostrano egualmente in tutta l'umanità.

Per quanto tutto il processo sia imponente, vi sono dei fatti in special modo impressionanti: quello che in tutte le lingue i suoni che le compongono conservano la loro purezza da un'età all'altra, e l'altro, che le complicazioni sono assorbite con la stessa facilità del linguaggio più semplice. Nessun bambino «trova fatica» nell'imparare la lingua materna, il «suo meccanismo» la elabora nella sua totalità.

L'assorbimento del linguaggio da parte del bambino mi suggerisce il confronto che non ha nulla a che fare con i vari elementi del fenomeno, né con la realtà, ma offre l'immagine di qualcosa di simile a ciò che succede nella psiche del bambino che è possibile sperimentare.

Se per esempio vogliamo ritrarre un oggetto, prendiamo matita e colori, ma possiamo anche prendere una immagine fotografica dell'oggetto e allora il meccanismo è diverso. La fotografia di una persona è impressa sulla pellicola; questa è pronta a ricevere l'immagine di una persona come quella di dieci persone, senza maggior sforzo. Il meccanismo lavora istantaneamente. Altrettanto facile sarebbe impressionare una fotografia quando fossero mille le persone da ritrarre. Come pure la pellicola non è sottoposta a uno sforzo maggiore se fotografa un libro o una pagina del libro in caratteri minuti o stranieri. La pellicola ha dunque possibilità di ritrarre qualsiasi cosa, semplice o complessa, nella frazione di un secondo. Quando invece volessimo disegnare la figura di un uomo, ci occorrerà un certo tempo e se le figure sono in numero maggiore ci vorrà maggior tempo. Se copiamo il titolo di un libro vi impiegheremo una data unità di tempo, se copiamo invece una pagina in caratteri minuti il tempo che ci sarà necessario si moltiplicherà.

L'immagine fotografica impressiona al buio la pellicola e sempre al buio si svolge il procedimento di sviluppo; al buio avviene il fissaggio e finalmente allora può venire alla luce ed è *inalterabile*. Così avviene per il meccanismo psichico del linguaggio del bambino; incomincia ad agire nella profonda oscurità dell'inconscio, là si sviluppa e si fissa e poi si rivela apertamente. Certo è che qualche meccanismo esiste perché la realizzazione del linguaggio si verifichi.

Una volta riconosciuta l'esistenza di questa misteriosa attività si desidera scoprire come essa avvenga. Ed ecco oggi manifestarsi un profondo interesse nell'investigazione di questo misterioso carattere del profondo inconscio.

Ma un'altra parte dell'attività d'osservazione che noi possiamo esplicare consiste nel vigilare le manifestazioni esterne poiché da esse soltanto possiamo avere la prova. Tale osservazione dev'essere esatta. Oggi essa viene condotta con ogni attenzione giorno per giorno dalla data della nascita ai due anni e oltre; si annota ciò che accade ogni giorno e anche i periodi in cui lo sviluppo rimane stazionario. Da queste note taluni dati risultano come pietre miliari: si è rivelato il fatto che mentre il misterioso sviluppo interiore è notevole, la corrispondente manifestazione esterna è minima; vi è quindi evidentemente una grande sproporzione fra l'attività della vita interiore e le possibilità di espressione esterna. Risulta ancora che non esiste un regolare sviluppo lineare ma uno sviluppo a sbalzi. Si verifica ad esempio in un certo periodo la conquista delle sillabe, dopo di che, per mesi, il bambino non emette che sillabe; esternamente non si nota alcun progresso. Poi, improvvisamente il bambino pronuncia una parola, ma in seguito non usa per molto tempo che una o più parole. Di nuovo non si manifesta nessun progresso e ci si sente quasi scoraggiati nel constatare un così lento sviluppo esterno. Sembra estremamente lento, ma altre espressioni ci rivelano che nella vita interiore il progresso si svolge costante e notevole. D'altronde, lo stesso fenomeno non si produce nella vita sociale? Se guardiamo alla storia vediamo vivere per secoli allo stesso livello un'umanità primitiva, conservatrice, incapace di progresso, ma questo non è che la manifestazione esterna visibile nella storia. In verità ha luogo un continuo crescere interiore fino a che si verifica un'improvvisa esplosione di scoperte che portano a una rapida evoluzione. Segue poi un altro periodo di calma e di progresso lento seguito da un nuovo slancio esterno.

Lo stesso accade nel bambino per il linguaggio dell'uomo. Non vi è soltanto un lento e continuo progresso da parola a parola, ma vi sono anche fenomeni esplosivi – come li chiamano gli psicologi – che avvengono senza essere provocati da insegnamento di maestro e infatti senza una ragione apparente.

Nello stesso periodo di vita, per ogni bambino, si ha improvvisamente un irrompere di parole pronunciate tutte alla perfezione. In tre mesi il bambino, quasi muto, impara a usare con facilità tutte le complicate forme dei nomi, suffissi, prefissi e verbi, e per ogni bambino tutto ciò che accade alla fine del secondo anno di età. Dobbiamo quindi essere incoraggiati dall'esempio del bambino ad attendere. Nelle epoche stagnanti della storia ci è dato di sperare qualcosa di simile per la società. Forse l'umanità non è così stolta come appare; accadranno forse cose meravigliose che saranno le esplosioni di una vita interiore a noi oscura.

Questi fenomeni esplosivi ed eruzioni di espressione continuano nel bambino dopo l'età di due anni; l'uso delle frasi semplici e composte, l'uso del verbo in tutti i tempi e modi, persino nel soggiuntivo, l'uso delle varie proposizioni subordinate e coordinate appaiono nello stesso improvviso modo esplosivo. Così si completa la costruzione psichica e il meccanismo di espressione del linguaggio del gruppo, cui il bambino appartiene (razza, livello sociale, ecc.). Questo tesoro, preparato nel subconscio, viene affidato alla coscienza e il bambino in pieno possesso di questo nuovo potere parla e parla, senza posa.

Dopo questo limite di due anni e mezzo che segna una linea di confine dell'intelligenza, nella formazione dell'uomo, un nuovo periodo si inizia nella organizzazione del linguaggio che continua a svilupparsi senza esplosioni, ma con grande vivacità e spontaneità. Questo secondo periodo si estende più o meno sino ai cinque, sei anni. È il periodo in cui il bambino apprende un grande numero di parole e va perfezionando la composizione delle frasi. Certo, se il bambino vive in un ambiente dove ode poche parole o linguaggio dialettale userà soltanto quelle parole; ma se vive in un ambiente dal linguaggio colto e dal ricco vocabolario il bambino potrà fissarlo tutto in sé stesso. L'ambiente ha dunque una grande importanza, ma non vi è dubbio che in questo periodo il linguaggio del bambino si arricchirà in qualsiasi ambiente.

In Belgio alcuni psicologi scoprirono che il bambino di due anni e mezzo possiede soltanto da due a trecento parole, mentre a sei anni raggiunge la conoscenza di migliaia di parole. Tutto ciò avviene senza maestro, per acquisizione spontanea. Ed ecco che, dopo che il bambino ha imparato da solo tutto questo, lo mandiamo a scuola e gli offriamo come grande acquisto, di insegnargli l'alfabeto.

Dobbiamo bene ritenere la duplice via che è stata seguita: quella dell'attività incosciente che prepara il linguaggio e quella poi della coscienza che gradatamente si risveglia e prende dal subcosciente ciò che questo le può offrire. Quale è il risultato finale? L'*uomo*: il bambino di sei anni, che sa parlare bene la sua lingua, ne conosce e ne usa le regole; egli non può rendersi conto di questo lavorio inconscio, ma in realtà egli è l'*uomo* che crea il linguaggio. Il bambino lo ha creato per sé stesso. Se il bambino non avesse questo potere e non s'impadronisse spontaneamente del linguaggio non vi sarebbe stato lavoro possibile nel mondo degli uomini, né si sarebbe sviluppata la civiltà.

Questo è il vero aspetto del bambino e questa la sua importanza: egli costruisce tutto; costruisce dunque le basi della civiltà. Ecco perché al bambino dovrebbe essere offerto l'aiuto di cui ha bisogno e una guida perché non vada innanzi solo.

XI – L'APPELLO DEL LINGUAGGIO

Desidero illustrare il meraviglioso meccanismo del linguaggio.

È noto che nel meccanismo di relazione del sistema nervoso hanno parte gli organi dei sensi, i nervi, e i centri nervosi, e gli organi motori. Il fatto che esista un meccanismo concernente il linguaggio va oltre, in un certo senso, a fatti materiali. I centri cerebrali che hanno relazioni col linguaggio furono scoperti verso la fine dello scorso secolo. Sono due i centri speciali relativi al linguaggio: uno è il centro del linguaggio *udito*, centro auditorio ricettivo, e l'altro è il centro per la *produzione* del linguaggio, che è il parlare, il motore del discorso. Se noi consideriamo la questione dal punto di vista degli organi esterni vi sono pure due centri organici; uno per udire il linguaggio (orecchio), e l'altro per parlarlo (bocca, gola, naso). Questi due centri si sviluppano separatamente sia nel campo psichico che in quello fisiologico. Il centro ricettivo o uditivo è in relazione con quella sede misteriosa della psiche in cui il linguaggio si sviluppa nel più profondo dell'inconscio, mentre l'attività del centro motore si manifesta nella parola parlata.

È evidente che la seconda parte, la quale è in relazione con i movimenti necessari all'emissione del linguaggio, si sviluppa più lentamente e si manifesta dopo l'altra. Quale la ragione? Perché i suoni uditi dal bambino *provocano* i delicati movimenti che *producono* il suono. Il che è assai logico perché se l'umanità non possiede un linguaggio prestabilito (l'umanità si crea infatti da sé stessa un proprio linguaggio) diviene necessario che il bambino oda i suoni del linguaggio creato dalla sua gente prima di poterli riprodurre. Perciò il movimento per la riproduzione dei suoni dev'essere basato su un substrato d'impressioni, ricevute dalla psiche perché il movimento dipende dai suoni che sono stati uditi e che si sono impressi sulla psiche. Questo è facile da capire, ma occorre considerare tuttavia che il linguaggio parlato è prodotto da un meccanismo di natura e non da un ragionamento logico; è la natura che agisce logicamente. Nella natura si avvertono prima i fatti e poi, quando si sono capiti i fatti, si dice: «Come sono logici!» E s'aggiunge poi: «Vi deve essere dietro i fatti una intelligenza che li dirige». Questa misteriosa intelligenza, che agisce nel creare le cose, è sovente più visibile nei fenomeni psichici che in quelli naturali, pur vistosi: si pensi ai fiori e alla bellezza dei loro colori e delle loro forme. È chiaro che alla nascita le due attività dell'udito e del parlato non esistono. Che cosa esiste allora? Nulla esiste, sebbene tutto sia pronto per la realizzazione.

Esistono questi due centri liberi da ogni suono e da ogni eredità, per quanto concerne un particolare linguaggio, tuttavia capaci però di carpire il linguaggio e di elaborare i movimenti necessari per riprodurlo. Questi due punti sono parte del meccanismo che è destinato allo sviluppo del linguaggio nel suo tutto.

Approfondendo ancor più la materia vediamo che oltre ai due centri esistono una sensitività e una abilità pronte ad agire, anch'esse centralizzate. L'attività del bambino segue dunque alle sensazioni dell'udito, tutto è stupendamente disposto così che quando il bambino nasce egli può subito iniziare il lavoro di adattamento e preparazione alla parola.

Osserviamo, tra il complesso degli elementi preparati, gli organi. La creazione di questo meccanismo è meravigliosa non meno di quello psichico. L'orecchio (l'organo del linguaggio udito) che secondo natura si forma nell'ambiente misterioso in cui l'essere si crea, è così delicato e complicato strumento da sembrare opera di un genio musicale. La parte centrale dell'orecchio è quasi un'arpa, che offre la possibilità di vibrazioni con suoni diversi a seconda della lunghezza delle corde. L'arpa del nostro orecchio ha sessantaquattro corde disposte in gradazione, e poiché lo spazio è tanto piccolo queste corde sono disposte come in una chiocciola. Costretta in limiti di spazio la natura ha costruito sapientemente tutto quanto è necessario ad afferrare suoni musicali. Chi farà vibrare queste corde? Poiché se nulla le percuote possono rimanere silenziose per anni come quelle di un'arpa abbandonata. Ma innanzi all'arpa vi è un tamburo e quando qualche rumore colpisce quel tamburo le corde dell'arpa vibrano e il nostro udito coglie la musica del linguaggio.

L'orecchio non accoglie tutti i suoni dell'universo poiché non ha sufficienti corde, ma su queste corde può risuonare una musica complessa e tutto un linguaggio può essere trasmesso con le sue delicate e raffinate complicazioni. Lo strumento dell'orecchio si è creato nella misteriosa vita prenatale; nel bambino che nasce a sette mesi l'orecchio è già completo e pronto ad adempiere il suo compito. Come questo strumento trasmette i suoni che gli giungono, attraverso le fibre nervose, fino a quel punto del cervello, dove sono localizzati i centri speciali per raccogliere questi suoni? Siamo ancora dinanzi a uno dei misteri della natura. Ma come viene creato dopo la nascita il linguaggio parlato? Gli psicologi che hanno studiato i neonati dicono che il senso più lento a svilupparsi è quello dell'udito: è così pigro che taluni affermano che il bambino nasca sordo. Ogni specie di rumore – che non sia violento – prodotto intorno a lui non suscita segni di reazione.

Per me vi è quasi un senso mistico in questo: non mi sembra una insensibilità del neonato, ma un raccoglimento profondo: una concentrazione di sensitività nei centri del linguaggio; specialmente in quello che accoglie le parole. La ragione è che questi centri sono destinati a captare il *linguaggio*, le *parole*; sembra che questo potente meccanismo dell'udito risponda e agisca soltanto in relazione a suoni speciali: la parola parlata, così che dalla parola viene a essere subito sollecitato il meccanismo dei movimenti per cui sarà riprodotto il suono.

Se non vi fosse uno speciale isolamento della direttiva di sensitività e i centri fossero liberi di accogliere qualsiasi suono, il bambino sarebbe portato a riprodurre i suoni più singolari, particolari ai diversi ambienti della sua vita, e anche i rumori dunque di questo ambiente. Proprio perché la natura ha costruito e isolato questi centri al fine del linguaggio l'uomo può imparare a parlare. Si sono avuti così dei bambini-lupo, abbandonati nella giungla, scampati miracolosamente, che seppure vissuti in mezzo a ogni specie di grida di uccelli, di animali, ai rumori dell'acqua e al fruscio delle foglie, sono rimasti completamente muti. Non emettevano suoni di nessun genere perché non avevano udito i suoni del linguaggio umano che soli hanno il potere di far agire il meccanismo del linguaggio parlato.[33] Su questo insisto per dimostrare che per il linguaggio esiste un particolare meccanismo. Non il possesso del linguaggio in sé, ma il possesso di questo meccanismo per la creazione del proprio linguaggio distingue l'umanità; così le parole sono il risultato di una specie di elaborazione fatta dal bambino grazie al meccanismo a sua disposizione. Nel misterioso periodo che segue immediatamente la nascita, il bambino, essere psichico dotato di raffinata sensibilità, può essere figurato come un *io* dormente, il quale a un tratto si sveglia e ode una musica deliziosa: tutte le sue fibre cominciano a vibrare. Il neonato potrebbe dire che nessun altro suono l'ha mai prima raggiunto, ma che questo ha toccato la sua anima ed egli non è stato sensibile ad altro suono se non a quel particolare richiamo. Se ricordiamo le grandi forze propulsive che creano e conservano la vita, possiamo capire come le creazioni provocate da questa musica rimangono eterne e come lo strumento di questa eternizzazione siano i nuovi esseri che vengono al mondo. Ciò che si stabilisce allora nella *mneme* del neonato ha tendenza di eternità. Ogni gruppo umano ama la musica, crea la propria musica e il proprio linguaggio. Ogni gruppo risponde alla propria musica con i movimenti del corpo e questa musica si connette alle parole. La voce umana è una musica e le parole ne sono i suoni, che in sé non hanno significato, ma ai quali ogni gruppo ha

---

[33]Un interessante esempio è dato dal selvaggio di Aveyron. Vedi nota 26 a pag. 141.

dato il suo senso speciale. In India centinaia di linguaggi separano i gruppi, ma la musica li unisce tutti, segno che le impressioni sul neonato sono rimaste. Ora, considerate, non esistono animali che abbiano musica e danza, mentre tutta l'umanità in ogni parte del mondo conosce e crea la musica e la danza.

Questi suoni del linguaggio sono fissati nell'inconscio. Non possiamo vedere quello che avviene internamente nell'essere, ma le manifestazioni esterne ci offrono una guida. Prima, nel subcosciente del piccolo, si fissano i singoli suoni, ed è questa la parte integrale della lingua madre: la potremmo chiamare l'alfabeto. Seguono poi le sillabe, poi le parole, dette così come un bambino legge talvolta nel sillabario, senza conoscerne il significato. Ma con quale sapienza si svolge questo lavoro nel bambino! Nell'interno suo vi è un piccolo maestro che opera come uno di quei vecchi maestri i quali usavano far recitare l'alfabeto ai bambini, poi le sillabe e poi le parole. Solo che questo maestro fa svolgere questo lavoro in tempo sbagliato, quando, cioè, il bambino lo ha svolto da solo e possiede già il suo linguaggio. Il maestro interiore invece fa le cose a tempo giusto, e il bambino fissa i suoni, poi le sillabe, con una costruzione graduale, logica come il linguaggio. Seguono poi le parole e infine entriamo nel campo della grammatica. Vengono prima i nomi delle cose, i sostantivi. Ecco perché tanto serve a illuminare il nostro pensiero l'insegnamento della natura; la natura è maestra e insegna al bambino la parte che agli adulti pare la più arida del linguaggio e per la quale invece egli mostra un intenso interesse anche nel suo ulteriore sviluppo sino ai tre e cinque anni. Insegna metodicamente nomi e aggettivi, congiunzioni e avverbi, verbi all'infinito, poi la coniugazione dei verbi, la declinazione dei nomi, i prefissi, i suffissi e tutte le eccezioni del linguaggio. Avviene come in una scuola: abbiamo alla fine l'esame in cui il bambino dimostra che sa usare ogni parte del discorso. Allora solo ci avvediamo quale buon maestro abbia agito nell'intimo del bambino e quanto egli sia stato scolaro diligente e capace di tutto apprendere correttamente. Ma nessuno si sofferma su questo miracoloso lavoro e solo quando il bambino sarà affidato alla scuola prenderemo interesse e soddisfazione per quello che egli va imparando. Eppure, se è vera la professione di amore dei grandi verso i piccoli, sono i miracoli e non i così detti difetti dei bambini che dovrebbero rifulgere ai loro occhi.

Il bambino è veramente un miracolo e questo miracolo dovrebbe essere sentito dall'insegnante. In due anni questo piccolo essere ha tutto imparato. In questi due anni vedremo in lui una coscienza che si risveglia gradualmente, con ritmo sempre più celere; poi a un tratto vedremo questa coscienza prendere il sopravvento e dominare tutto. A quattro mesi (c'è chi crede prima e io sono incline ad ammetterlo) il bambino si accorge che la musica misteriosa da cui è circondato e che lo tocca profondamente viene dalla bocca umana. La bocca e le labbra nel muoversi la producono; passa sovente inosservata l'attenzione che il bambino piccolo presta al movimento delle labbra di chi parla: egli le guarda con grande intensità e cerca di imitarne i movimenti.

La sua coscienza interviene per assumere una parte propulsiva nel lavoro. Certo il movimento è stato inconsciamente preparato, non tutte le esatte coordinazioni delle minutissime fibre muscolari, necessarie per emettere il linguaggio, sono state compiute perfettamente, ma la coscienza prende già interesse, ravviva l'attenzione e fa una serie di ricerche intelligenti e vivaci.

Dopo aver osservato per due mesi la bocca di chi parla, il bambino produce i suoni sillabici e cioè quando ha circa sei mesi. Improvvisamente incapace com'era di articolare un suono di linguaggio, si sveglia una mattina, prima di voi, e lo udite sillabare «ba...ba...ma...ma...». Il bambino ha creato le due parole «babbo» e «mamma». Continuerà poi per un certo tempo a pronunciare soltanto queste sillabe; ed ecco che noi diciamo che «il piccolo non sa fare di più». Ma poniamo mente che questo è un punto raggiunto dopo molti sforzi, che è il punto d'arrivo dell'io che ha fatto una scoperta ed è cosciente delle sue capacità; abbiamo già un piccolo *uomo*, non più un meccanismo, un individuo che fa uso dei meccanismi a sua disposizione. Giungiamo alla fine del primo anno di vita: ma prima dell'anno, a dieci mesi, il bambino ha fatto un'altra scoperta e cioè che questa musica prodotta dalla bocca di un uomo ha uno scopo: non è soltanto musica: quando gli rivolgiamo parole di tenerezza il piccolo si rende conto che queste parole sono indirizzate a lui e comincia a comprendere che sono pronunziate con un determinato fine. Perciò due cose sono avvenute alla fine del primo anno: nella profondità dell'inconscio egli ha capito; al livello di coscienza raggiunta ha creato il linguaggio, se pure per il momento questo non consista che in un balbettio, un semplice ripetere suoni e combinarli.

A un anno di età il bambino dice le sue prime parole *intenzionali*. Balbetta come prima, ma il suo balbettio ha un fine e questa intenzione significa intelligenza cosciente. Che cosa è avvenuto nel suo intimo? Lo studio del bambino ci ha fatto esperti che nel suo intimo vi è assai più di quello che si dimostra dalle modeste manifestazioni delle sue capacità. Egli si rende conto sempre più che il linguaggio si riferisce all'ambiente che lo circonda e sempre più grande si fa il desiderio di arrivare al cosciente dominio di esso. E qui subentra nel bambino una grande lotta: la lotta della coscienza contro il meccanismo. È la prima lotta dell'uomo: la prima guerra fra le parti. A dimostrare questo fatto posso riferirmi alla mia personale esperienza.

Ho molte cose da dire e vorrei, come spesso mi è accaduto in paese straniero, esprimerle in un'altra lingua dalla mia per giungere all'anima dell'uditorio, ma in una lingua straniera le mie parole sarebbero un inutile balbettio. So che il mio uditorio è intelligente e vorrei scambiare idee con esso, ma non mi è concesso e sono impotente a parlare.

Il periodo in cui l'intelligenza ha molte idee ed è consapevole che potrebbe comunicarle ma non può esprimersi per mancanza di linguaggio, è un periodo drammatico della vita del bambino e procura le prime delusioni della vita. Nel suo subcosciente egli tende tutto sé stesso per imparare a esprimersi e questo sforzo rende sollecita e stupenda la conquista del linguaggio.

Un essere desideroso di esprimersi ha bisogno di un maestro che gli insegni chiaramente le parole. Possono i familiari agire come maestri? Abitualmente noi non aiutiamo il bambino, non facciamo che ripetere il suo balbettio e se egli non avesse un maestro interiore non imparerebbe nulla. Questo maestro lo spinge verso gli adulti *che parlano fra loro* e non si rivolgono a lui. Lo spinge a impadronirsi del linguaggio con quell'esattezza che noi non gli offriamo. Eppure a un anno di età il bambino potrebbe trovare, come nelle nostre scuole, persone intelligenti che gli parlano intelligentemente. Non si sono abbastanza capite le difficoltà che il bambino incontra fra il primo e il secondo anno di età e l'importanza di dargli la possibilità di imparare esattamente. Dobbiamo renderci conto che il bambino raggiunge da sé la conoscenza dei nessi grammaticali, non vi è ragione che non gli si parli grammaticalmente e che non lo aiutiamo nell'analisi della frase. I nuovi Assistenti all'infanzia[34] per bambini da un anno a due anni dovranno avere nozioni scientifiche dello sviluppo del linguaggio. Aiutando il bambino noi diventiamo servi e collaboratori della natura che crea, della natura che insegna e troveremo tutto un metodo già tracciato per noi.

Ritornando al paragone che feci più sopra, che potrei fare balbettando una lingua straniera, se volessi comunicare qualcosa di particolarmente interessante? Non mi saprei dominare e diverrei inquieta e fors'anche eleverei la mia voce.

---

[34]L'Opera Montessori, Ente Morale, ha creato in Roma secondo questi criteri dei corsi speciali per la preparazione di «Assistenti all'Infanzia» appunto per bambini di questa età.

Lo stesso accade al bambino di uno o due anni: quando vuol farci comprendere in una parola quello che desidera esprimerci e non riesce: ecco allora le sue bizze, l'inquietudine violenta che a parere nostro è senza ragione. Vi sarà infatti chi dirà: «Vedete l'innata perversità della natura umana!». Ma il bimbo, questo piccolo uomo lotta, incompreso, per raggiungere la sua indipendenza: non ha il linguaggio e la sua unica espressione è la stizza, eppure ha la capacità di costruire il linguaggio: la collera è l'espressione dello sforzo ostacolato nella ricerca della parola che egli deve formare a modo suo. Tuttavia né la disillusione né i malintesi lo fanno desistere dal suo compito, parole che in qualche modo somigliano a quelle usate cominciano gradualmente ad apparire.

A circa un anno e mezzo il bambino scopre un altro fatto, e cioè che ogni oggetto ha un suo proprio nome; questo significa che fra tutte le parole che egli ha udito, ha potuto distinguere i nomi e specialmente i nomi concreti: è un passo meraviglioso dello sviluppo. Esisteva per lui un mondo di oggetti, e ora questi oggetti sono definiti da parole. Purtroppo con nomi soltanto non si può tutto esprimere; ed egli deve usare una sola parola per esprimere un intero pensiero. Gli psicologi volgono una speciale attenzione a queste parole che vorrebbero esprimere frasi e le chiamano «parole diffusive», oppure «frasi di una sola parola», così il bambino quando vede dinanzi a sé la zuppa griderà: «Ma pa» intendendo dire: voglio un po' di pappa: ed esprimendo così tutta una frase in una parola incompleta: *pa...*

Una caratteristica di questo linguaggio diffusivo, di questo linguaggio forzato del bambino è l'alterazione della parola; in questo linguaggio le parole alterate e spesso abbreviate si uniscono con alcune imitative (bu, bu, per cane) e altre inventate. L'insieme costituisce il così detto linguaggio infantile, che pochi si prendono la pena di studiare e che dovrebbe invece essere approfondito da chi ha cura dell'infanzia.

A questa età il bambino sta costruendo molte cose oltre al linguaggio: tra queste è il senso dell'ordine. Non è una tendenza temporanea, come molti credono, è un bisogno reale: rispecchia il bisogno intenso, sentito dai bambini quando essi attraversano un periodo di attività psichica costruttiva, che in questo caso si esprime nel mettere ordine là dove, secondo la loro logica, c'è disordine.

Anche in questo campo l'inutilità degli sforzi è causa di molte angustie per il bambino e la comprensione del suo linguaggio permetterebbe di portare calma al suo animo tormentato.

Benché di casi simili se ne ripetano ogni giorno, ricordo un episodio da me già riferito perché illumina in modo particolare questo argomento. Riguarda quel bambino spagnolo il quale diceva *go* invece di *abrigo*, che significa soprabito e *palda* invece di *espalda* (spalla): le due parole *go* e *palda* erano manifestazioni di un conflitto mentale del bambino che lo faceva prorompere in strilli e atti scomposti. La mamma del bambino portava il suo soprabito sopra il braccio e il bambino continuava a strillare. Finalmente mi venne di suggerire alla madre di rindossare il soprabito; immediatamente le urla del bambino cessarono e balbettò felice «*to palda*» volendo così dire: ora va bene, un soprabito è fatto per essere portato sulle spalle. E questo episodio vale anche occasionalmente a insistere sul desiderio di ordine e sull'avversione al disordine che sono propri del bambino.[35]

Riaffermo ancora la necessità di una «scuola» particolare per i bambini da un anno a un anno e mezzo e ritengo dovere delle madri e della società in genere far sì che i bambini anziché vivere isolati vivano accanto agli adulti e abbiano frequenti esperienze del miglior linguaggio in una chiara dizione.

---

[35]Questi, ed altri esempi del genere, che rivelano pure la possibilità del bambino di capire un'intera conversazione prima di poter esprimersi da sé, possono essere trovati nel mio libro *Il segreto dell'infanzia*, Garzanti, 1992.

XII – OSTACOLI E LORO CONSEGUENZE

Vorrei ora, per meglio comprendere le occulte tendenze del bambino, trattare di alcune intime sensitività. Potremmo dire di voler arrivare quasi a una psicanalisi della mente del bambino. Nella figura 8 è rappresentato simbolicamente il linguaggio infantile al fine di chiarire l'idea.

Per la rappresentazione simbolica dei nomi (nomi delle cose) usati dai bambini, ho adottato un triangolo nero, per i verbi un circolo rosso e diversi simboli per altre parti del discorso. Nella stessa figura 8 sono rappresentati questi simboli. Così, se diciamo che il bambino usa da due a trecento parole a una certa età, offro di questo fatto una rappresentazione per mezzo di simboli visivi. È quindi sufficiente vedere l'immagine di questi simboli per rendersi conto dello sviluppo del linguaggio; non ha importanza ben inteso se si tratti di Inglese o Tamil o Gujarati o Italiano o Spagnolo, perché i simboli sono gli stessi per le varie parti del discorso.

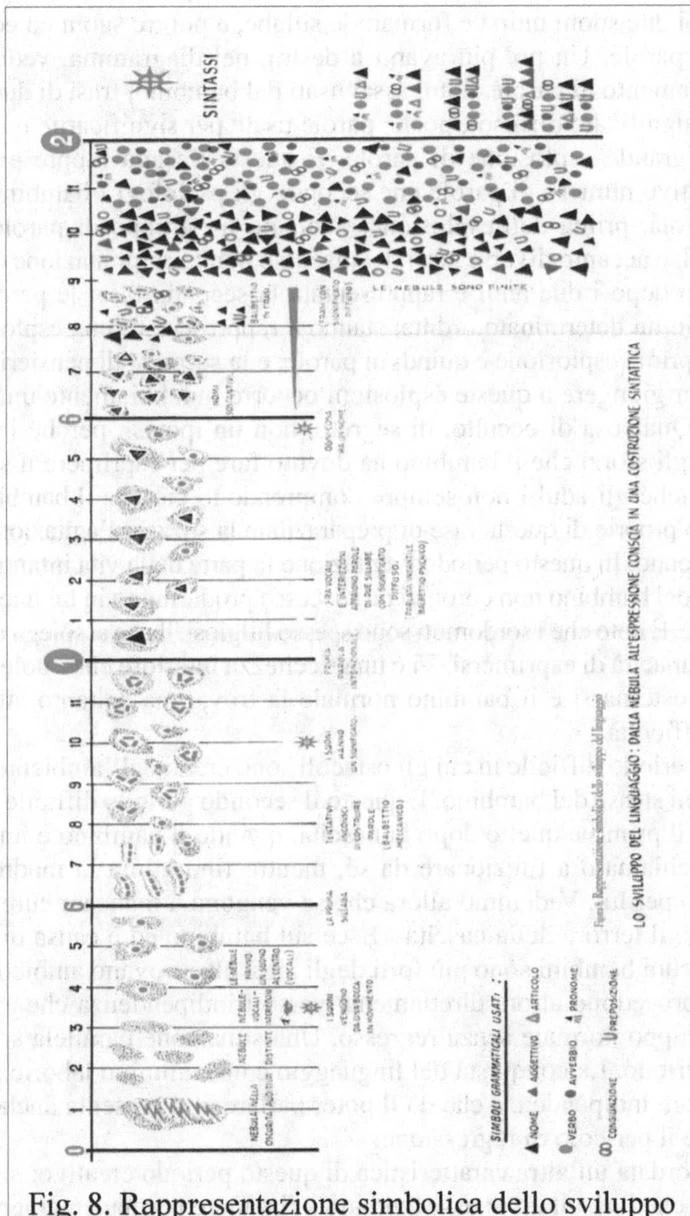

Fig. 8. Rappresentazione simbolica dello sviluppo
del linguaggio.

Le macchie nebulose a sinistra, nel diagramma, rappresentano gli sforzi
del bambino per parlare: le sue prime esclamazioni, interiezioni, ecc. Ve-

diamo poi due suoni unirsi e formare le sillabe, e poi tre suoni ed ecco così le prime parole. Un po' più avanti a destra, nel diagramma, vediamo un raggruppamento di parole, nomi assai usati dal bambino, frasi di due parole (frasi di significato diffuso), poche parole usate per significarne molte. Segue una grande esplosione di parole. È questa l'esatta rappresentazione dell'effettivo numero di parole che secondo gli psicologi i bambini usano. Nella tavola, prima dell'esplosione, vediamo un gruppo di parole, quasi tutti nomi, e accanto diverse parti del discorso in una combinazione confusa; ma subito dopo i due anni è rappresentata la seconda fase; le parole sono disposte in un determinato ordine; stanno a rappresentare una esplosione di frasi. La prima esplosione è quindi di parole, e la seconda di pensieri.

Ma per giungere a queste esplosioni occorre indubbiamente una preparazione. Qualcosa di occulto, di segreto, non un'ipotesi, perché i risultati indicano gli sforzi che il bambino ha dovuto fare per esprimere il suo pensiero! Poiché gli adulti non sempre comprendono ciò che il bambino vuol dire, sono proprie di questa fase di preparazione la stizza e l'agitazione di cui ho fatto cenno. In questo periodo l'agitazione fa parte della vita infantile. Tutti gli sforzi del bambino non coronati da successo produrranno in lui uno stato di agitazione. È noto che i sordomuti sono spesso litigiosi, il che si spiega appunto con l'incapacità di esprimersi. Vi è una ricchezza interiore che vuole trovare modo di esternarsi e il bambino normale la trova, ma soltanto attraverso grandi difficoltà.

È un periodo difficile in cui gli ostacoli sono creati dall'ambiente e dalle limitazioni stesse del bambino. È questo il secondo periodo difficile di adattamento; il primo è quello dopo la nascita, quando il bambino è improvvisamente chiamato a funzionare da sé, mentre fino allora la madre aveva fatto tutto per lui. Vedemmo allora che se vengono a mancare cure e comprensione, il terrore della nascita agisce sul bambino ed è causa di regressione. Alcuni bambini sono più forti degli altri, altri trovano ambienti favorevoli e procedono allora direttamente verso l'indipendenza che è la base dello sviluppo normale senza regresso. Una situazione parallela si nota in questo periodo. La conquista del linguaggio è un cammino laborioso verso la maggiore indipendenza che dà il poter parlare, ma presenta anche parallelamente il pericolo di regressione.

Va ricordata un'altra caratteristica di questo periodo creativo; sia le impressioni che il risultato di esse tendono a rimanere permanentemente registrati: questo si verifica anche per i suoni e per la grammatica. I bambini ritengono per tutta la vita gli acquisti di questo periodo, così anche gli effetti negativi degli ostacoli incontrati perdurano per tutta la vita. E questa è la caratteristica di ogni fase della creazione. Una lotta, una paura, o altri ostacoli possono produrre conseguenze incancellabili poiché le reazioni a questi ostacoli vengono assorbite così come gli elementi positivi dello sviluppo. (Allo stesso modo: se vi è una macchia di luce sulla pellicola fotografica apparirà in tutte le sue riproduzioni.) In questo periodo abbiamo dunque non solo lo sviluppo del carattere, ma anche lo sviluppo di talune deviate caratteristiche psichiche che si riveleranno nel bambino col suo crescere. La conoscenza della madre lingua e la funzione del camminare sono acquisite in questo periodo eminentemente creativo che va oltre l'età dei due anni e mezzo ma diventa allora meno intenso e fecondo. E come la conquista di queste funzioni ha luogo ora, ma esse continuano poi a crescere e svilupparsi; così i difetti e le difficoltà acquisiti in questo periodo rimangono fissati e aumentano. Molti difetti che si presentano negli adulti sono infatti attribuiti dalla psicanalisi a questo lontano periodo della vita.

Le difficoltà che intralciano lo sviluppo normale sono comprese nel termine *repressione* (termine particolarmente usato in psicanalisi, ma anche nella psicologia generale). Queste repressioni, ora note a tutti, si riferiscono alla età infantile. Esempi possono esserne dati in relazione al linguaggio stesso, sebbene ve ne siano in relazione a molte altre attività umane. La massa di parole che esplode deve avere *libertà di emissione*. Così pure, deve esservi *libertà di espressione* quando avviene l'esplosione di frasi e il bambino dà forma regolare ai suoi pensieri. Grande importanza viene data alla libertà di espressione perché si considera connessa non solo con l'immediato presente del meccanismo in via di sviluppo, ma anche con la vita avvenire dell'individuo. Vi sono alcuni casi nei quali, all'età in cui, come ho detto più sopra, l'esplosione dovrebbe avvenire, nulla accade; il bambino a più di tre anni o di tre anni e mezzo usa ancora soltanto le poche parole proprie a una età molto più infantile o sembra muto, sebbene i suoi organi della parola siano perfettamente normali. Questo fenomeno si chiama «mutismo psichico», ha una causa puramente psicologica ed è una malattia psichica.

Questo è il periodo in cui hanno origine alcune malattie psichiche, oggetto di studio della psicanalisi (che è in realtà un ramo della medicina). Talvolta il mutismo psichico scompare improvvisamente, come per miracolo; il bambino comincia a un tratto a parlare bene e compiutamente, con piena cognizione della grammatica. È evidente che tutto era già stato preparato prima nel suo intimo e l'espressione ne era stata solo impedita da qualche ostacolo.

Abbiamo avuto nelle nostre scuole bambini di tre o quattro anni che non avevano mai parlato e che improvvisamente nel nuovo ambiente cominciarono a parlare; non avevano mai pronunciato nemmeno le parole usate dai bambini di due anni; grazie all'attività libera loro concessa e all'ambiente stimolante manifestarono improvvisamente questa capacità di espressione. Quale la ragione? Un grave urto psichico o una persistente opposizione avevano fino allora impedito al bambino di dar libero sfogo alla ricchezza del suo linguaggio.

Anche taluni adulti trovano difficoltà nel parlare: debbono fare un grande sforzo e sembrano incerti di quanto debbono dire: mostrano una specie di esitazione che si manifesta in vario modo:

a) non hanno il coraggio di parlare;

b) non hanno il coraggio di pronunziare le parole;

c) hanno difficoltà nell'uso delle frasi;

d) parlano più lentamente di una persona normale intercalando con: *eh, um, ma, ah*, ecc.

Trovano in sé stessi una difficoltà ormai invincibile che li accompagna per tutta la vita; e che rappresenta per loro uno stato di permanente inferiorità.

Esistono anche impedimenti psichici che tolgono all'adulto la possibilità di articolare chiaramente le parole; casi di balbuzie e di cattiva pronuncia. Questi difetti hanno la loro origine in quel periodo in cui i meccanismi della parola si vanno formando. Si verificano quindi periodi diversi di acquisizione e corrispondenti periodi di regressione.

Primo periodo:

Si acquisisce il meccanismo della parola.

Regressione corrispondente: sigmatismo, balbuzie.

Secondo periodo:

Si acquisisce il meccanismo della frase (espressione del pensiero).

Regressione corrispondente: esitazione nella formulazione.

Queste regressioni sono in relazione con la sensitività del bambino; allo stesso modo come egli è sensitivo nel ricevere al fine di creare e di aumentare le sue possibilità, così è anche sensitivo per gli ostacoli troppo forti che gli sono frapposti. I risultati di questa sensitività ostacolata si fissano poi come un difetto per il resto della vita; poiché va sempre ricordato che la sensitività del bambino è maggiore assai di quanto noi possiamo immaginare.

Questi ostacoli che noi spesso frapponiamo al bambino, ci rendono responsabili di anomalie che lo accompagneranno per tutta la vita. Il trattamento verso il bambino dev'essere quanto è possibile mite e schivo da ogni violenza perché sovente noi non ci rendiamo conto della nostra durezza e violenza. Dobbiamo vigilarci. La preparazione all'educazione è uno studio di sé stessi; e la preparazione di un maestro che deve aiutare la vita implica assai più che una semplice preparazione intellettuale; è una preparazione del carattere, una preparazione spirituale.

La sensitività del bambino presenta vari aspetti, ma in questo periodo la sensitività ai traumi è comune a tutti. Un'altra caratteristica comune è la sensitività allo sforzo calmo, ma freddo e determinato dell'adulto nell'impedire le manifestazioni esteriori dei bambini: «Non devi far questo! Questo non si fa!». Coloro che usano ancora affidare i bimbi alla così detta bambinaia dovrebbero opporsi specialmente alla tendenza freddamente autoritaria che le bambinaie dimostrano sovente. A questo trattamento si deve l'impaccio così frequente fra gli individui che provengono da classi elevate, i quali non mancano di coraggio fisico, ma quando parlano, sovente rivelano uno stato di timidezza che si traduce in esitazioni e in balbuzie.

È occorso anche a me di usare modi troppo aspri con qualche bambino e ne ho dato un esempio in uno dei miei libri.[36] Un bimbo aveva posato le sue scarpette da passeggio sulla bella coperta di seta del suo letto: le tolsi di là con risolutezza, le posi a terra e ripulii energicamente la coperta con la mano per dimostrargli che quello non era il posto adatto per posare le scarpe. Per due o tre mesi, ogni volta che il bimbo vedeva un paio di scarpe cambiava loro di posto e si guardava intorno in cerca di una coperta o di un cuscino da ripulire. La risposta del bambino alla mia troppo vigorosa lezione non fu dunque quella di uno spirito risentito e ribelle, non disse: «Non parlarmi così; metto le mie scarpe dove mi pare!», ma egli rispose a me e al mio errato comportamento con una manifestazione anormale. Accade sovente che il bambino non sia violento nelle sue reazioni; e meglio sarebbe che lo fosse, poiché il bambino, con le bizze, trova modo di difendersi e può raggiungere uno sviluppo normale, ma quando risponde mutando carattere o prendendo la via dell'anormalità, tutta la sua vita viene a esserne intaccata. Gli adulti non si curano di questo e si inquietano solo per le bizze dei loro bimbi.

Un altro complesso di anomalie è rappresentato da alcune paure insensate e dai «tic» nervosi di cui soffrono certi adulti. La maggioranza di essi può essere rintracciata nella violenza usata alla sensitività del bambino.

---

[36]Confronta *Il segreto dell'infanzia*, Garzanti, 1992.

Qualcuna di queste paure insensate riflette episodi sgradevoli con animali, gatti o galline; qualche altra ha origine dallo sgomento di un bimbo rimasto chiuso in una stanza. Ne è possibile soccorrere chi è vittima di queste paure col ragionamento e con la persuasione. Queste specie di irragionevoli paure sono definite con il nome di «fobie». Alcune di esse sono tanto comuni che hanno avuto una particolare denominazione: come la «claustrofobia» (paura delle porte chiuse, di uno spazio circoscritto).

Si potrebbe citare un maggior numero di esempi se entrassimo nel campo della medicina, ma io ne faccio menzione solo per illustrare la forma mentale dei bambini di questa età e per insistere sul fatto che ogni nostro atteggiamento nel trattare il bambino non si riflette soltanto su di esso, ma nell'adulto che ne risulterà.

Occorre veramente mettersi sul sentiero dell'osservazione e delle scoperte al fine di penetrare la mente del bambino, come lo psicologo penetra il subcosciente dell'adulto. Cosa non facile, perché spesso non comprendiamo il linguaggio infantile o se lo comprendiamo non afferriamo il significato che i bambini intendono dare alle loro parole. Talvolta è necessario conoscere tutta la vita del bambino, investigarne cioè il periodo precedente per giungere a dare pace a questa creatura nelle difficoltà che incontra. Abbiamo sovente il bisogno di un interprete del bambino e del suo linguaggio che ci dischiuda lo stato mentale del bambino.

Io ho lavorato lungamente in questo senso, cercando di rendermi interprete del bambino; e ho osservato con sorpresa come i bambini corrono verso chi è loro interprete, perché capiscono che lì vi è qualcuno che può aiutarli.

L'ardore del bambino è qualcosa di assolutamente diverso dall'affetto che egli porta a chi lo vezzeggia e lo accarezza. L'interprete è per il bambino «la grande speranza»; è qualcuno che gli aprirà la via delle scoperte, quando il mondo gli ha chiuso le sue porte. Questo individuo che l'aiuta entra in intima relazione con lui, una relazione che supera l'affetto perché offre aiuto e non soltanto consolazione.

In una casa dove abitavo e lavoravo, avevo l'abitudine di mettermi al lavoro assai presto al mattino. Un giorno un bimbo, che aveva non più di un anno e mezzo, entrò in camera mia a quell'ora mattutina. Lo interrogai affettuosamente pensando se desiderasse mangiare; egli mi rispose: «Voglio i vermi!». Sorpresa ripetei: «Vermi?». Il bambino si rese conto che non avevo capito e mi venne in aiuto aggiungendo: «Uovo». Allora pensai: non può trattarsi di colazione. Che cosa vorrà? Il bambino aggiunse altre parole: «Nena, uovo, vermi!». Allora compresi tutto e ricordai (ed ecco perché affermo che bisogna conoscere le circostanze della vita del bambino), che il

giorno prima la sorellina Nene aveva riempito il contorno di un ovale con
segni di matita colorata. Il piccolo aveva desiderato le matite. La sorellina
si era ribellata e l'aveva allontanato. E, vedete come lavora la mente di un
bambino, egli non si era opposto alla sorella, ma aveva atteso l'occasione,
e con quanta pazienza e fermezza, per rifarsi. Gli diedi la matita e l'incastro
ovale: la faccina del piccolo s'illuminò, ma non fu capace di fare il contorno
dell'uovo, e dovetti tracciarlo per lui. Poi, quando l'ebbi disegnato, lo
riempì con linee ondeggianti. La sorellina aveva usato le consuete linee di-
ritte, ma egli pensò di fare le cose meglio e tracciò linee ondeggianti a mo'
di «vermi». Il bimbo aveva dunque atteso che tutti dormissero, meno la sua
interprete, ed era andato da lei perché sentiva che l'avrebbe aiutato.

Non sono le bizze e le reazioni violente i caratteri spiccati di questa età
infantile, ma la pazienza: la pazienza di aspettare il momento opportuno. Le
reazioni violente o le bizze esprimono lo stato di esasperazione del bambino
che non sa esprimersi. Il caso ricordato rivela anche che il piccolo cerca di
svolgere attività proprie a bambini più grandi. Se si avvia un bambino di tre
anni a una forma di lavoro si vedrà il piccolo di un anno e mezzo ansioso
anch'egli di applicarvisi. Troverà ostacoli nell'esecuzione, ma tenterà. Un
bimbetto desiderava imitare la sorellina di tre anni che stava imparando i
primi passi di danza. L'insegnante ci chiedeva come avrebbe potuto insegnare a un'allieva così piccina i movimenti di un balletto. Insistemmo pre-
gandola di non curarsi se la bimba potesse imparare più o meno; di provarsi
ugualmente a insegnare. Sapendo che il nostro fine era di aiutare la bambina
nel suo sviluppo, la maestra accondiscese e tentò l'insegnamento: immediatamente il piccolo di un anno e mezzo si fece avanti con le parole:
«Anch'io». La maestra replicò che era assolutamente impossibile e che l'insegnare a un bimbo di un anno e mezzo faceva torto alla sua dignità d'insegnante. La persuademmo di mettere da parte la dignità e di accontentarci.
Cominciò a suonare una marcia: il piccolo andò immediatamente su tutte le
furie e non volle muoversi. L'insegnante vedeva nella riluttanza del bambino giustificato il suo contegno e il suo rifiuto. Ma il bambino non era
inquieto a causa della danza; se la prendeva furibondo con il cappello della
maestra deposto sul sofà. Non pronunciava né la parola «cappello» né
«maestra»; ripeteva due parole con ira concentrata: «attaccapanni», «ingresso», volendo dire: «Il cappello non può stare sul divano, ma sull'attaccapanni nell'ingresso». Aveva dimenticato la danza e la sua gioia quasi sen-
tisse innanzi tutto il dovere di mutare il disordine in ordine. Non appena il
cappello fu appeso all'attaccapanni la collera del bambino cessò e si dispose

a ballare. È chiaro che il fondamentale bisogno di ordine supera ogni altro stimolo nel bambino.

Lo studio della parola e della sensibilità del bambino permettono di penetrare nel suo animo a una profondità a cui gli psicologi generalmente non arrivano. La pazienza del bambino nel primo esempio e la passione dell'ordine nel secondo offrono materia a osservazioni di grande interesse. Se accanto a questi esempi ricordiamo il bambino che capiva tutta una conversazione ma non approvava l'opinione finale circa la felice conclusione di una storia narrata,[37] vediamo che non esistono soltanto i fatti rappresentati nella nostra figura 8, ma tutta una vita mentale, tutto un quadro psichico, a noi occulto.

Ogni scoperta sulla mente del bambino in questa età deve esser resa nota perché così si aiuterà il bambino ad adattarsi meglio all'ambiente che lo circonda. Qualsiasi fatica ci sia imposta, quando sia volta a dare aiuto alla vita, assume un valore umano altissimo. Il compito dell'insegnante nella prima infanzia è assai nobile. Prelude e collabora allo sviluppo di una scienza che sarà in futuro fondamentale per lo sviluppo mentale e la formazione del carattere. Tocca a noi assolvere intanto il compito di insegnanti così da evitare che si determinino nei bambini quelle deviazioni e quei difetti che li rendono individui inferiori, e pertanto dobbiamo ricordare:

1) che l'educazione dei primi due anni ha importanza per tutta la vita;
2) che il bambino è dotato di grandi poteri psichici, di cui non ci rendiamo ancora conto;
3) che egli ha un'estrema sensitività la quale, per effetto di qualsiasi violenza, determina non solo una reazione, ma difetti che possono permanere nella personalità.

---

[37]Vedi *Il segreto dell'infanzia*, Garzanti, 1992.

XIII – MOVIMENTO E SVILUPPO TOTALE

Il movimento va considerato da un nuovo punto di vista. A causa di errori e malintesi lo si è considerato sempre come qualcosa di meno nobile di quello che è: specialmente il movimento del bambino, che è stato tristemente negletto nel campo educativo dove tutta l'importanza viene data all'apprendimento intellettuale. Soltanto l'educazione fisica ha preso in considerazione il movimento, ma senza riconoscerlo connesso all'intelligenza. Prendiamo a esaminare l'organizzazione del sistema nervoso in tutta la sua complessità. Abbiamo innanzi tutto un cervello; e poi i sensi, che raccolgono le impressioni per trasmetterle al cervello; in terzo luogo i muscoli. Ma qual è lo scopo dei nervi? Essi comunicano energia e movimento ai muscoli (la carne). Questo complesso organismo consiste perciò di tre parti: 1) il cervello (il centro); 2) i sensi; 3) i muscoli. Il movimento è il punto di arrivo del sistema nervoso: senza movimento non si può parlare di individuo (anche un grande filosofo parlando e scrivendo usa i suoi muscoli; se alle sue meditazioni non dà espressione, che scopo avrebbero esse? Ora, senza muscoli l'espressione dei suoi pensieri, parlata o scritta, sarebbe impossibile).

Se prendiamo ad osservare gli animali, vediamo che il loro comportamento si esprime soltanto attraverso i movimenti. Non dobbiamo quindi proprio per l'uomo trascurare questa particolare espressione della sua vitalità.

I muscoli vanno considerati come formanti parte del sistema nervoso, che in tutte le sue parti mette l'uomo in relazione col suo ambiente. Ecco perché lo si chiama *sistema di relazione*: mette l'uomo in rapporto col mondo inanimato e animato e perciò con gli altri individui, così che senza di esso non esisterebbero relazioni tra individuo e ambiente e società.

Gli altri sistemi organizzati del corpo umano, al paragone, sono a finalità egoistica perché esclusivamente a servizio del corpo dell'individuo: ci permettono solo di vivere o, come diciamo, di «vegetare», sono quindi chiamati «sistemi e organi della vita vegetativa».

I sistemi vegetativi servono soltanto ad aiutare l'individuo a crescere e a vegetare. Il sistema nervoso serve a mettere l'individuo in relazione con l'ambiente.

Il sistema vegetativo aiuta l'uomo a gioire del massimo benessere, della purezza del corpo e della salute. Il sistema nervoso va considerato da tutt'altro punto di vista: esso ci dà le impressioni più belle, la purezza di pensiero, una continua aspirazione a elevarci, ma non si deve abbassare il sistema nervoso al livello della pura vita vegetativa. Se si sostiene il criterio della semplice purezza e della elevazione dell'individuo si porta l'uomo nelle sfere di un egoismo spirituale ed è errore gravissimo, forse il più grande che si possa commettere. Il comportamento degli animali non tende soltanto alla bellezza e alla grazia dei movimenti, ma a finalità più profonde. Similmente l'uomo ha uno scopo che non è soltanto quello di raggiungere maggior purezza e bellezza spirituale; naturalmente egli può e dovrebbe sempre mirare alla perfezione della bellezza fisica e spirituale, ma la sua vita sarebbe inutile se a questo si limitasse il suo scopo. A che servirebbero infatti cervello e muscoli? Nulla esiste al mondo che non faccia parte di un'economia universale; e se noi abbiamo una ricchezza spirituale, una raffinata coscienza estetica, non l'abbiamo per noi stessi, ma perché questi nostri doni divengano parte della spirituale economia universale, e siano usati a favore di tutti e di tutto. Le funzioni spirituali sono una ricchezza, ma non ricchezza personale; devono esser messe in circolazione perché gli altri ne gioiscano; devono essere espresse, usate a completare il ciclo di relazione. Anche l'altezza spirituale, ricercata per sé stessa, non vale nulla; e mirando soltanto a essa si trascurerebbe la maggior parte della vita e lo scopo di essa. Se si credesse alla reincarnazione e si dicesse: «Se io vivo bene ora, avrò una vita migliore nella prossima incarnazione», non parlerebbe in noi che l'egoismo. Avremmo ridotto il livello spirituale a quello vegetativo. Se pensiamo sempre a noi stessi, a noi stessi anche nell'eternità, siamo egoisti per l'eternità. Bisogna prendere in considerazione l'altro punto di vista; non soltanto nella pratica della vita, ma anche nell'educazione. La natura ci ha dotato di funzioni, esse devono raggiungere completezza: e occorre che tutte siano esercitate.

Facciamo un paragone: per poter godere di buona salute, polmoni, stomaco e cuore devono funzionare. Perché non applicare la stessa regola al sistema nervoso di relazione? Se abbiamo cervello, sensi e organi del movimento essi devono funzionare, debbono essere esercitati in *ogni* parte perché nessuna ne venga esclusa. Anche se desideriamo elevarci, e affinare, ad esempio, il nostro cervello, non raggiungeremo il nostro scopo se non faremo funzionare tutte le parti. Il movimento potrà forse essere l'ultima parte che completa il ciclo. In altre parole possiamo raggiungere un'elevazione spirituale attraverso l'azione. Da questo punto di vista va considerato il movimento; esso è parte del sistema nervoso e non può essere trascurato. Il sistema nervoso è un tutto unico, sebbene risulti costituito da tre parti. Essendo unità deve essere esercitato nella sua totalità per divenire perfetto.

È uno degli errori dei tempi moderni il considerare il movimento a sé, come distinto dalle funzioni più elevate: si pensa che i muscoli esistano e debbano esser usati soltanto per mantenere nelle migliori condizioni la salute del corpo; così si coltivano gli esercizi e i giuochi ginnastici per mantenerci in efficienza, per respirare profondamente, oppure per assicurarci un miglior funzionamento delle funzioni digestive e il sonno.

È un errore accolto nel campo educativo. Sarebbe come se, fisiologicamente parlando, un gran principe fosse costretto a servire un pastore. Questo gran principe – il sistema muscolare – è usato e ridotto a essere soltanto uno strumento per il sistema vegetativo. Questo grave errore conduce a una frattura: la vita fisica da un lato e la mentale dall'altra. Ne risulta che dovendo il bambino svilupparsi tanto fisicamente che mentalmente, noi dobbiamo includere nella sua educazione esercizi fisici, giuochi, ecc., perché non possiamo separare due cose che la natura ha disposto unite. Se consideriamo la vita fisica da un lato e la mentale dall'altro, spezziamo il ciclo di relazione e le azioni dell'uomo rimangono staccate dal cervello. Il vero scopo del movimento non è dunque di favorire la miglior nutrizione e respirazione, ma di servire tutta la vita e l'economia spirituale e universale del mondo.

Gli atti di movimento dell'uomo devono essere coordinati al centro – il cervello – e messi al loro giusto posto; mente e attività sono due parti dello stesso ciclo e per giunta il movimento è l'espressione della parte superiore. Agendo diversamente facciamo dell'uomo un ammasso di muscoli senza cervello. La parte vegetativa si sviluppa, la relazione fra la parte motrice e il cervello non avviene; l'autodecisione del cervello resta separata dal movimento dei muscoli. Questa *non* è indipendenza, è frattura di qualche cosa che la natura, nella sua saggezza, ha collegato. Se si parla di sviluppo mentale, vi sarà chi dice: «Movimento? Ma non c'entra il movimento, stiamo parlando di sviluppo mentale»; e quando poi pensiamo all'esercizio dell'intelligenza immaginiamo tutti seduti, immobili. Ma lo sviluppo mentale *deve* esser connesso col movimento e dipendere da esso. È necessario che questa nuova idea entri nella teoria e nella pratica educativa.

Fino a oggi la maggior parte degli educatori hanno considerato movimento e muscoli come aiuto alla respirazione, alla circolazione, oppure come una pratica per acquistare maggior forza fisica. La nostra nuova concezione sostiene invece l'importanza del movimento quale aiuto allo sviluppo mentale, quando il movimento sia posto in relazione col centro. Lo sviluppo mentale e quello spirituale possono e debbono essere aiutati dal movimento, senza del quale non esiste progresso, né salute, mentalmente parlando.

La dimostrazione di quanto ho detto è data dall'osservazione della natura e l'esattezza di questa osservazione deriva dal seguire con attenzione lo sviluppo del bambino. Quando si vigili un bambino, risulta evidente che lo sviluppo della sua mente avviene con l'uso del movimento. Lo sviluppo del linguaggio dimostra ad esempio un perfezionarsi della facoltà di comprendere, accompagnato da un sempre più esteso uso dei muscoli che producono il suono e la parola. Osservazioni fatte su bambini di tutto il mondo provano che il bimbo sviluppa la propria intelligenza attraverso il movimento; il movimento aiuta lo sviluppo psichico e questo sviluppo si esprime a sua volta con ulteriore movimento e azione. Si tratta così di un ciclo, perché psiche e movimento appartengono alla stessa unità. Vengono in aiuto anche i sensi, poiché il bambino che non ha occasione di esercitare un'attività sensoriale ha un minor sviluppo della mente. Ora, i muscoli (la carne), la cui attività è diretta dal cervello, sono chiamati muscoli volontari, il che significa che essi sono mossi dalla volontà dell'individuo, e la volontà è una delle più grandi espressioni della psiche. Senza quell'energia volitiva la vita psichica non esiste. Risulta dunque che poiché i muscoli volontari sono i muscoli dipendenti dalla volontà, essi sono un organo psichico.

I muscoli costituiscono la parte precipua del corpo. Scheletro e ossa hanno come fine di sostenere i muscoli, i quali appartengono dunque a questo insieme. La forma che noi contempliamo dell'uomo o dell'animale è costituita dai muscoli attaccati alle ossa; sono questi muscoli volontari che danno all'essere quella forma che colpisce il nostro sguardo. I muscoli che sono di un numero quasi infinito presentano il più grande interesse per la loro forma: taluno è delicato, tal altro massiccio, qualcuno è corto, qualche altro si presenta in forme allungate e tutti hanno funzioni diverse. Se vi è un muscolo che funzioni in una direzione esiste sempre un altro muscolo funzionante in direzione opposta, e quanto più vigoroso e raffinato è questo giuoco di forze opposte, tanto più raffinato è il movimento che ne risulta. L'esercizio che si fa per raggiungere un movimento quanto più possibile armonico è un esercizio capace di creare maggior armonia nel contrasto. Ciò che importa quindi, non è l'accordo, ma il contrasto armonizzato, l'opposizione in accordo.

Non si ha coscienza di questo giuoco di opposizione, ma non di meno grazie a esso si crea il movimento. Negli animali la perfezione del movimento è data dalla natura; la grazia del salto della tigre, oppure il balzare dello scoiattolo, sono dovuti a una ricchezza di opposizioni messe in giuoco per raggiungere quell'armonia di movimento, come un complicato congegno di macchinario che lavori alla perfezione, come un orologio con ruote che girano in opposte direzioni; quando tutto il meccanismo funziona bene, abbiamo l'indicazione esatta del tempo. Il meccanismo del movimento è quindi molto complicato e raffinato. Nell'uomo non è prestabilito prima della nascita e deve essere creato e perfezionato attraverso esperienze pratiche sull'ambiente. Il numero dei muscoli nell'uomo è così grande che gli consente di eseguire qualsiasi movimento; non parliamo quindi di esercizi di movimento, ma di coordinazione di movimento. Questa coordinazione non è concessa, deve essere creata e compiuta dalla psiche. In altre parole il bambino crea i propri movimenti e una volta creati li perfeziona. Egli ha dunque una parte creativa in questo lavoro ed effettua attraverso una serie di esercizi poi lo sviluppo di ciò che ha creato.

L'uomo non ha movimenti limitati e fissi, ma egli può dirigerli e ne ha il controllo. Alcuni animali hanno una caratteristica abilità di arrampicarsi o di correre o di nuotare, ecc.: non sono questi movimenti caratteristici dell'uomo ma sono attuabili però dall'uomo, la cui caratteristica è di saper compiere tutti i movimenti e di esercitarli oltre la possibilità degli animali.

Per raggiungere tale versatilità, l'uomo deve però lavorare e creare con la sua volontà, e con la ripetizione degli esercizi, la capacità di coordinare subcoscientemente i movimenti secondo un loro scopo e volontariamente quanto alla sua iniziativa. Nella realtà nessun individuo conquista l'uso di tutti i suoi muscoli, ma questi esistono; l'uomo è come chi fosse molto ricco, tanto ricco, che può usare soltanto una parte della sua ricchezza e sceglie la parte che vuole. Se un uomo è ginnasta di professione non vuol dire che gli sia stata concessa una particolare abilità muscolare, così come chi danza professionalmente non è nato con muscoli raffinati per la danza. Ginnasta o ballerino si sviluppano per forza di volontà. Ognuno, qualsiasi cosa voglia fare, è dotato da natura di tale ricchezza di muscoli che può scegliere fra essi ciò di cui ha bisogno, e la sua psiche può creare e dirigere ogni sviluppo. Nulla è stabilito ma ogni cosa è possibile purchè la psiche individuale imprima la giusta direzione.

Non è dell'uomo il fare la stessa cosa in serie come è proprio degli animali di una stessa specie. Anche se la stessa cosa è fatta da diversi individui, ogni individuo-uomo opererà in un modo diverso. Così come noi tutti scriviamo, ma ognuno ha una propria scrittura. Ogni essere umano ha una propria via.

Nel movimento vediamo come si sviluppa il lavoro dell'individuo, e il lavoro dell'individuo è espressione della sua psiche ed *è* la vita psichica stessa. Questa ha a sua disposizione un gran tesoro di movimenti, e questi si sviluppano al servizio della parte centrale e direttiva cioè della vita psichica. Se l'uomo non sviluppa tutti i suoi muscoli, e anche di quelli che egli sviluppa fa uso talvolta soltanto per un lavoro grossolano, accade allora che la vita psichica dell'uomo è limitata per effetto dell'azione elementare a cui si limita l'attività dei suoi muscoli. La vita psichica è limitata anche dal tipo di lavoro accessibile all'individuo o da lui scelto. In grave pericolo è la vita psichica di chi non lavora, poiché se è vero che tutti i muscoli non possono essere usati e messi in moto, è pericoloso per la vita psichica che se ne usi in numero inferiore a un certo limite. In questo caso si determina un indebolimento di tutta la vita dell'individuo. Ecco perché la ginnastica e i giuochi furono introdotti nell'educazione per impedire che troppi muscoli fossero lasciati in disparte.

La vita psichica deve mettere in uso più muscoli o dovremmo anche noi seguire la via dell'educazione comune e alternare le attività fisiche alle mentali. Lo scopo di usare questi muscoli non è limitato a quello d'apprendere determinate cose. In talune forme di educazione «moderna» il movimento viene sviluppato perché serva a certi scopi precisi della vita sociale: un bambino deve scrivere bene perché deve diventare maestro, un altro deve imparare a lavorare bene di pala perché diverrà carbonaio. Questo tirocinio, limitato e diretto, non serve allo scopo vero del movimento. Il nostro concetto è che il bambino sviluppi la coordinazione dei movimenti necessari alla sua vita psichica, per arricchirne la parte pratica ed esecutiva, altrimenti il cervello si sviluppa per suo conto quasi estraneo alla realizzazione attuata solo dal movimento. Allora il movimento lavora per proprio conto, non diretto dalla psiche e lavora a danno. Il movimento è così necessario alla vita umana di relazione con l'ambiente e con gli altri uomini che esso deve essere sviluppato su *questo* livello, al servizio del tutto e per la vita di relazione.[38]

Il principio e l'idea di oggi sono troppo diretti verso l'*auto*-perfezione e l'*auto*-realizzazione. Se noi comprendiamo il vero scopo del movimento questa auto-centralizzazione non deve esistere, deve estendersi verso tutte le realizzabili possibilità. Dobbiamo, in breve, tener presente ciò che potremmo chiamare la «filosofia del movimento». Il movimento è ciò che distingue la vita dalle cose inanimate: ma, nondimeno, la vita non si muove a caso, si muove secondo scopi e secondo leggi. Immaginiamo, per renderci

---

[38]Per una convincente e chiara esposizione di questa necessità vedi: prof. dr. J. J. Buijtemdijk, *Erziehung durch lebendiges Tun* (Traduzione italiana del prof. dr. G. Amodeo, *L'educazione attiva*).

veramente conto di quanto abbiamo detto, ciò che sarebbe il mondo se tutto fosse tranquillo e immoto; se nelle piante cessasse ogni movimento. Non vi sarebbero più frutti né fiori. La percentuale di gas velenosi nell'aria aumenterebbe con grave danno. Se tutto il movimento s'arrestasse, se gli uccelli rimanessero immoti sugli alberi e gli insetti s'abbattessero a terra, se le bestie da preda non s'aggirassero più nelle solitudini e i pesci non nuotassero più negli oceani, che mondo terribile sarebbe il nostro!

L'immobilità è impossibile. Il mondo diventerebbe un caos se il moto cessasse oppure se gli esseri viventi si muovessero senza scopo, senza quel fine utile assegnato a ogni essere. Ogni individuo ha movimenti propri caratteristici e proprie finalità prefisse e nella creazione vi è una coordinazione armonica di tutte queste attività secondo uno scopo.

Lavoro e movimento sono una sola cosa. La vita dell'uomo, come della società, è strettamente legata al movimento. Se tutti gli esseri umani cessassero di muoversi per un solo mese, l'umanità cesserebbe di esistere. Si può anche dire che la questione del movimento è una questione sociale, non una questione concernente la ginnastica individuale. Se con gli esercizi fisici si esaurisse l'operosità umana, tutte le energie dell'umanità sarebbero consumate per nulla. Fondamento della società è il movimento diretto secondo un fine utile; l'individuo nel seno della società si muove per raggiungere questo scopo individuale e sociale insieme. Quando parliamo di «comportamento», comportamento degli uomini e animali, ci riferiamo ai loro movimenti diretti a un fine. Tale comportamento è il centro della loro vita pratica; non si limita alle attività che servono alla vita individuale, a compiere, per esempio, lavori di pulizia e di utilità domestica, ma deve compiersi con uno scopo più ampio. Movimento e lavoro sono al servizio degli altri. Se non fosse così il movimento dell'uomo non avrebbe nulla più che il significato di un esercizio ginnastico. La danza è fra i movimenti indubbiamente il più individuale; ma anche la danza sarebbe senza scopo quando non avesse un pubblico e quindi uno scopo sociale o trascendentale.

Se abbiamo una visione del piano cosmico, in cui ogni forma di vita poggia su movimenti intenzionali aventi uno scopo non soltanto in sé stessi, potremo capire e dirigere meglio il lavoro del bambino.

Lo sviluppo meccanico del movimento, per la sua complessità e il valore di ogni sua parte e per essere in tutto visibile nelle sue successive fasi, si presta a essere studiato nel bambino con sommo interesse.

Nella figura 9 lo sviluppo del movimento è rappresentato da due linee con sovrapposti triangoli. Le linee corrispondono a differenti forme di movimento; i triangoli neri indicano i semestri, e quelli con il circolo rosso, gli anni. La linea inferiore rappresenta lo sviluppo della mano e la linea superiore quello dell'equilibrio e del moto: dal diagramma si ricava quindi lo sviluppo delle quattro membra considerate a due a due.

In tutti gli animali il movimento delle quattro membra si sviluppa uniformemente, mentre nell'uomo una coppia di membra si sviluppa in modo differente dall'altra e questo mostra chiaramente la loro funzione diversa: una, la funzione delle gambe; l'altra, quella delle braccia. È evidente che lo sviluppo del passo e dell'equilibrio è talmente fisso in tutti gli uomini da poter essere considerato un fatto biologico. Possiamo dire che, una volta nato, l'uomo camminerà e che tutti gli uomini useranno esattamente nello stesso modo i loro piedi, mentre invece non sappiamo che cosa farà il singolo uomo con le proprie mani. Ignoriamo quale particolare attività delle mani svolgeranno i neonati di oggi e lo stesso era in passato. La funzione delle mani non è fissa. Quindi i tipi di movimento hanno un significato differente a seconda che si considerano le mani o i piedi.

È certo che la funzione dei piedi è biologica; pure essa è connessa a uno sviluppo ulteriore del cervello. D'altra parte, solo l'uomo cammina su due gambe, mentre tutti gli altri mammiferi camminano su quattro. Una volta che l'uomo è arrivato a poter camminare su due soli arti, egli continua nello stesso modo e mantiene il difficile stato di equilibrio verticale. Questo equilibrio non è facile da conseguire, è anzi una vera conquista: obbliga l'uomo ad appoggiare tutto il piede sul terreno, mentre la massima parte degli animali cammina sulla punta dei piedi, perché l'uso di quattro gambe rende sufficiente un piccolo punto di appoggio. Il piede usato per camminare può essere studiato da un punto di vista fisiologico, biologico e anatomico; esso interessa per tutti e tre questi aspetti.

Se la mano non ha questa guida biologica, in quanto i suoi movimenti non sono prestabiliti, da che cosa è guidata? Se non ha rapporto con la biologia e la fisiologia, dovrà avere una dipendenza psichica. La mano dipende dunque per il suo sviluppo dalla psiche, e non solo dalla psiche dell'io individuale, ma anche dalla vita psichica di differenti epoche. Lo sviluppo dell'abilità della mano è legato nell'uomo allo sviluppo dell'intelligenza e, se consideriamo la storia, allo sviluppo della civiltà. Potremmo dire che quando l'uomo pensa, egli pensa e agisce con le mani, e del lavoro fatto con le sue mani lasciò tracce quasi subito dopo la sua comparsa sulla terra. Nelle grandi civiltà delle epoche passate si sono sempre avuti esempi del lavoro manuale. In India possiamo trovare lavori manuali così fini che è quasi impossibile imitarli; e nell'antico Egitto esistono prove di lavori mirabili, mentre le civiltà a un livello meno raffinato ne hanno lasciato esempi più rozzi.

Lo sviluppo dell'abilità della mano va perciò di pari passo con lo sviluppo dell'intelligenza. Certamente il lavoro manuale di tipo raffinato richiese, per venire eseguito, la guida e l'attenzione dell'intelletto. Nel Medio Evo, in Europa, vi fu un'epoca di grande risveglio intellettuale e in quel periodo si alluminarono i testi che rispecchiavano i pensieri nuovi. Anche la vita dello spirito, che sembra così lontana dalla terra e dalle cose della terra, ne ebbe splendore e possiamo ammirare i miracoli di lavoro nei templi, che riunivano gli uomini in adorazione, e che sorsero dovunque esisteva vita spirituale.

San Francesco di Assisi, il cui spirito fu forse il più semplice e puro che sia mai esistito, disse una volta: «Vedete queste montagne? Queste sono i nostri templi e a esse dobbiamo ispirarci». Pure, il giorno che furono invitati a costruire una chiesa, tanto lui che i suoi fratelli spirituali, essendo poveri, si servirono delle rozze pietre di cui disponevano, e tutti portarono le pietre per costruire la cappella. E perché? Perché se esiste uno spirito libero è necessario materializzarlo in qualche lavoro e le mani devono venire adoperate. Dappertutto si trovano le tracce della mano dell'uomo, e attraverso queste tracce noi possiamo riconoscere lo spirito dell'uomo e il pensiero del suo tempo.

Se ci portiamo con la mente all'oscurità dei tempi lontanissimi che dell'uomo non ci trasmettono nemmeno le ossa, che cosa ci può aiutare a conoscere e raffigurarci i popoli di allora? Le opere d'arte. Considerando queste epoche preistoriche, ci appare un tipo di civiltà primitivo, basato sulla forza: i monumenti e le opere degli uomini di quel tempo sono costituiti da enormi massi di pietra, e ci domandiamo stupiti come abbiano fatto a costruirli. Altrove, opere d'arte più raffinata ci rivelano il lavoro di uomini a un livello indubbiamente superiore di civiltà. Possiamo dire quindi che la mano ha seguito intelligenza, spiritualità e sentimento, e l'impronta del suo lavoro ha tramandato le prove della presenza dell'uomo. Anche senza considerare le cose da un punto di vista psicologico, ci accorgiamo che tutti i cambiamenti sopravvenuti nell'ambiente dell'uomo furono dovuti alla sua mano. In realtà si direbbe che lo scopo dell'intelligenza sia il lavoro delle mani; poiché se l'uomo avesse ideato solamente il linguaggio parlato per comunicare coi suoi simili, e la loro sapienza si fosse espressa solamente in parole, nessuna traccia sarebbe rimasta delle stirpi umane che ci precedettero: grazie alle mani che hanno accompagnato l'intelligenza si è creata la civiltà: la mano è l'organo di questo immenso tesoro dato all'uomo.

Le mani sono connesse con la vita psichica. Infatti coloro che studiano la mano dimostrano che la storia dell'uomo vi è stampata sopra, e che essa è un organo psichico. Lo studio dello sviluppo psichico del bambino è intimamente connesso con lo studio dello sviluppo del movimento della mano. Ci si dimostra chiaramente che lo sviluppo del bambino è legato alla mano, la quale ne rivela lo stimolo psichico. Possiamo esprimerci in questo modo: l'intelligenza del bambino raggiunge un certo livello, senza far uso della mano; con l'attività manuale egli raggiunge un livello più alto, e il bimbo che si è servito delle proprie mani ha un carattere più forte. Così anche lo sviluppo del carattere, che sembrerebbe un fatto tipicamente psichico, rimane rudimentale se il bambino non ha la possibilità di esercitarsi sull'ambiente (al che serve la mano). La mia esperienza mi ha dimostrato che se, per condizioni particolari di ambiente, il bambino non può far uso della mano, il suo carattere rimane a un livello molto basso, resta incapace di ubbidienza, di iniziativa, pigro e triste; mentre il bambino che ha potuto lavorare con le proprie mani rivela uno sviluppo spiccato e forza di carattere. Questo fatto ci ricorda un momento interessante della civiltà egiziana, quando il lavoro manuale era presente dovunque, nel campo dell'arte, dell'architettura e della religione: se leggiamo le iscrizioni sulle tombe di quell'epoca constatiamo che la maggior lode tributata a un uomo era di dichiararlo una persona di carattere. Lo sviluppo del carattere era molto importante per questo popolo, che aveva attuato con le mani lavori colossali. È un esempio che prova ancora una volta come il movimento della mano segua, attraverso la storia, lo sviluppo del carattere e della civiltà e come la mano sia legata all'individualità. Se d'altra parte osserviamo come camminavano tutti questi diversi popoli, troviamo naturalmente sempre che tutti camminavano su due gambe, eretti e in equilibrio; probabilmente danzavano e correvano in modo un po' diverso da noi, ma facevano sempre uso delle due gambe per la locomozione ordinaria.

Lo sviluppo del movimento è dunque duplice: in parte legato a leggi biologiche, in parte connesso con la vita ulteriore, per quanto sempre legato all'uso dei muscoli. Studiando il bambino, seguiamo di conseguenza due sviluppi: lo sviluppo della mano e quello dell'equilibrio e del camminare. Alla figura 9 vediamo che solo a un anno e mezzo si stabilisce un rapporto fra i due: quando cioè il bambino desidera trasportare oggetti pesanti e le sue gambe debbono aiutarlo. I piedi, che possono camminare e trasportare l'uomo nelle diverse parti della terra, lo conducono dove egli possa lavorare con le proprie mani: l'uomo cammina a lungo e va a occupare a poco a poco la superficie della terra, e procedendo in questa conquista dello spazio, vive e muore, ma lascia dietro di sé, come traccia del suo passaggio, il lavoro delle sue mani.

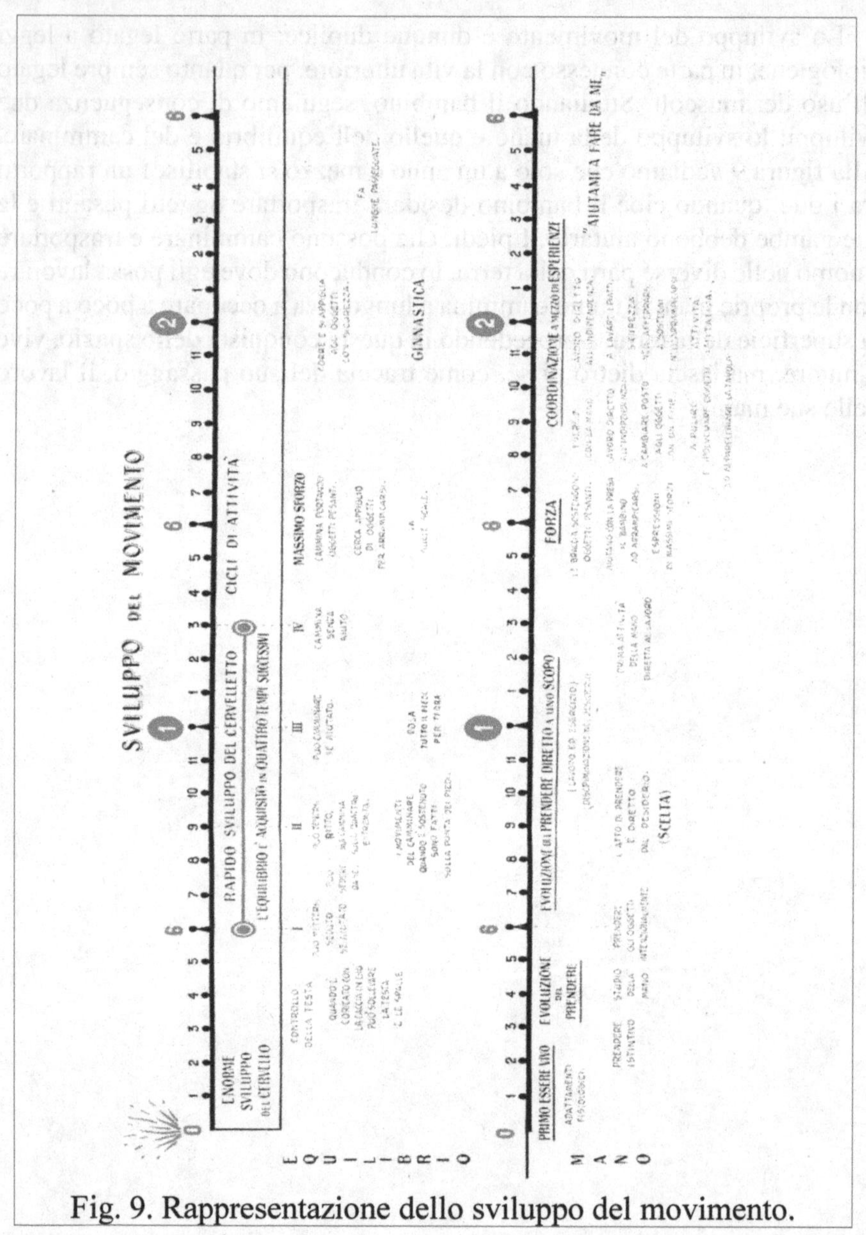

Fig. 9. Rappresentazione dello sviluppo del movimento.

Studiando il linguaggio abbiamo visto che la parola è legata specialmente all'udito, mentre lo sviluppo del movimento è legato alla vista, giac-

ché occorrono gli occhi per vedere dove mettiamo i piedi, e quando lavoriamo con le mani dobbiamo vedere che cosa facciamo. Questi sono i due sensi particolarmente legati allo sviluppo: udito e vista. Nello sviluppo del bambino si desta, prima di tutto, l'osservazione di quello che gli sta intorno, perché egli deve conoscere l'ambiente in cui muoversi. L'osservazione precede il movimento e quando il bambino comincia a muoversi, egli si orienterà in base a essa; orientamento nell'ambiente e movimento sono entrambi legati allo sviluppo psichico. Ecco la ragione per cui il neonato in un primo tempo è immobile; quando egli si muove seguirà la guida della propria psiche.

La prima manifestazione del movimento è quella di afferrare o di prendere; non appena il bambino afferra qualche oggetto, la sua coscienza è richiamata sulla mano che è stata capace di farlo.

La prensione che era in un primo tempo inconscia, diventa conscia; e come si vede, nel campo del movimento, è la mano e non il piede che richiama l'attenzione della coscienza. Quando ciò avviene la prensione si sviluppa rapidamente e, da istintiva che era, diventa, a sei mesi di età, intenzionale. A dieci mesi l'osservazione dell'ambiente ha risvegliato e attirato su di sé l'interesse del bambino che desidera impadronirsene. La prensione intenzionale, spinta dal desiderio, cessa così di essere semplice prensione. È allora che si inizia il vero esercizio della mano espresso specialmente con lo spostare e muovere oggetti.

Possessore di una chiara visione dell'ambiente e pervaso da desideri, il bambino comincia ad agire: prima che egli compia un anno la sua mano si occupa in svariate attività che rappresentano – si potrebbe dire – altrettanti tipi di lavoro: aprire e chiudere sportelli, cassetti e simili; mettere tappi alle bottiglie; togliere oggetti da un recipiente e rimetterveli dentro, ecc. Con questi esercizi si sviluppa una sempre maggiore abilità.

Che cosa è avvenuto nel frattempo dell'altro paio di arti?

Qui né l'intelligenza né la coscienza sono intervenute: avviene invece qualcosa di anatomico nel rapido sviluppo del cervelletto, il dirigente dell'equilibrio.

È come se un campanello suonasse chiamando un corpo inerte a sollevarsi e a mettersi in equilibrio. L'ambiente qui non ha nulla a che fare, è il cervello che ordina: e il bambino con sforzo e aiuto si siede e poi si alza in piedi.

Gli psicologi dicono che l'uomo si alza in quattro tempi: prima si alza a sedere; poi si gira sul ventre e cammina a quattro arti – e se, durante questa fase, lo si aiuta offrendogli due dita per sostenersi, muove i piedi, l'uno avanti l'altro, ma appoggiando in terra solo le punte. Infine si sostiene da solo, ma allora è con tutto il piede che si appoggia sul terreno: e così ha raggiunto la posizione eretta normale dell'uomo e può camminare sorreggendosi a qualche cosa (per esempio la veste della madre). Dopo poco, ecco che cammina da solo.

Tutto questo processo è dovuto soltanto a una maturazione interna. La tendenza sarebbe di dire: «Addio; ho le mie gambe e me ne vado». Un altro stadio della indipendenza è raggiunto: perché l'acquisto della indipendenza consiste nel principio di poter fare da sé. La filosofia di questi gradi successivi di sviluppo ci dice che l'indipendenza dell'uomo è raggiunta con lo sforzo. Esser capaci di fare da sé, senza aiuto di altri, questo è indipendenza. Se essa c'è, il bambino progredisce rapidamente; se non c'è, il progresso è molto lento. Tenendo presente questo fatto, noi sappiamo come comportarci con il bambino e abbiamo un utile orientamento: mentre avremmo la tendenza di offrirgli un aiuto esso ci insegna a non aiutarlo quando non è necessario. Il bambino che è capace di camminare da solo deve camminare da solo, perché qualsiasi sviluppo viene rafforzato, e ogni acquisto fissato dall'esercizio. Se un bambino, perfino a tre anni, è ancora portato in braccio, come ho veduto spesso, il suo sviluppo non viene aiutato, ma ostacolato. Non appena il bambino ha acquistato l'indipendenza delle funzioni, l'adulto che vorrebbe continuare ad aiutarlo diventa per lui un ostacolo.

È perciò chiaro che non dobbiamo portare in braccio il bambino, ma permettergli di camminare, e, se la sua mano desidera lavorare, dobbiamo fornirgli la possibilità di esplicare un'attività intelligente. Le proprie azioni portano il piccolo sul cammino dell'indipendenza.

Si è osservato che all'età di un anno e mezzo vi è un fattore molto importante ed evidente sia nello sviluppo delle mani che dei piedi; questo fattore è la forza. Il bambino che ha acquistato agilità e abilità si sente un uomo forte. Il suo primo impulso nel fare qualunque cosa non è semplicemente di esercitarsi ma, nel farlo, di compiere il massimo sforzo (quanto diverso in questo dall'adulto). La natura sembra qui ammonire: «Avete la possibilità e l'agilità del movimento; diventate dunque forti, altrimenti tutto è inutile». Ed è a questo punto che si stabilisce il rapporto fra mani ed equilibrio. Allora il bambino, invece di camminare semplicemente, ama far lunghissime passeggiate e portare carichi pesanti. L'uomo, infatti, non è destinato solo a camminare, ma anche a trasportare il suo carico. La mano che ha imparato ad afferrare deve esercitarsi a sostenere e trasportare pesi. Così vediamo il bimbo di un anno e mezzo che abbracciando una brocca d'acqua la regge e regola il proprio equilibrio camminando lentamente. Vi è anche la tendenza a infrangere le leggi della gravità e a superarle: il bambino ama arrampicarsi, e per farlo deve aggrapparsi a qualche cosa con la mano e tirarsi su. Non è più un afferrare per possedere, ma afferrare col desiderio di salire. È un esercizio di forza, e vi è tutto un periodo dedicato a questo genere di esercizio. Anche qui appare la logica della natura, poiché l'uomo deve esercitare la propria forza. In seguito il bambino, capace di camminare e sicuro della propria forza, osserva le azioni degli uomini intorno a sé e tende a imitarle. In questo periodo il bambino imita le azioni di chi lo circonda, non perché qualcuno gli dica di farlo, ma per una sua necessità intima. Questa imitazione si osserva solamente se il bambino è libero di agire. Ecco dunque la logica della natura:

1. Fargli acquistare la stazione eretta.
2. Farlo camminare e acquistare forza.
3. Farlo partecipare alle azioni delle persone che lo circondano.

La preparazione nel tempo precede l'azione. Prima il bambino deve preparare sé stesso e i propri strumenti, poi deve rafforzarsi, quindi osservare gli altri e infine cominciare a far qualche cosa. La natura lo spinge e gli suggerisce anche di esercitarsi con ginnastica, di arrampicarsi sulle seggiole e sugli scalini. Solo allora comincia la fase in cui egli desidera fare le cose da sé. «Mi sono preparato e ora desidero essere libero.» Nessuno psicologo ha tenuto conto sufficientemente del fatto che il bambino diventa un gran camminatore e ha bisogno di lunghe passeggiate. In generale o lo portiamo o lo mettiamo su una carrozzella.

Secondo noi, egli non può camminare, perciò lo portiamo in braccio; non può lavorare, perciò lavoriamo per lui: sulla soglia della vita gli diamo un complesso di inferiorità.

XV – SVILUPPO E IMITAZIONE

Nel capitolo precedente abbiamo lasciato il bambino all'età di un anno e mezzo; questa età è diventata un centro di interesse ed è considerata della massima importanza nell'educazione. Può sembrare strano, ma dobbiamo ricordare che si tratta del momento in cui la preparazione degli arti superiori e quella degli arti inferiori coincidono. A quest'epoca la personalità del bambino sta per sbocciare, perché a due anni egli raggiunge un grado di vera compiutezza con l'«esplosione» del linguaggio. Sulla soglia di questo avvenimento, a un anno e mezzo egli compie già degli sforzi per esprimere ciò che è dentro di lui: è un'epoca di fatica e di costruttività.

Di fronte a questa fase di sviluppo, bisogna stare particolarmente attenti a non distruggere le tendenze della vita. Se la natura ha indicato in modo così chiaro che questo è il periodo del massimo sforzo, dobbiamo aiutare questo sforzo. Si tratta di una affermazione generica, ma coloro che osservano il bambino forniscono particolari più esatti. Essi affermano che in quest'epoca il bambino comincia a mostrare una tendenza all'imitazione: questa, di per sé stessa, non è una scoperta nuova, perché in tutti i tempi si è detto che i bimbi imitano. Ma finora si trattava di un'affermazione superficiale: ora ci si rende conto che il figlio dell'uomo deve *capire* prima di imitare. La vecchia idea era che bastava che noi agissimo perché il bambino ci imitasse: non vi era quasi nessun'altra responsabilità per l'adulto. Naturalmente si parlava anche della necessità di dare il buon esempio, mettendo in evidenza l'importanza di tutti gli adulti e specialmente degli insegnanti. Essi dovevano dare un buon esempio, se si voleva una buona umanità. Le madri specialmente dovevano essere perfette. Ma la natura ha ragionato in altro modo: essa non si occupa della perfezione degli adulti. L'importante è che il bambino, per poter imitare, sia preparato a farlo: e questa preparazione dipende dagli sforzi di ogni singolo bambino. L'esempio offre solamente un motivo di imitazione, ma non è l'essenziale: ciò che conta è lo svilupparsi dello sforzo di imitazione, non il raggiungimento dell'esempio dato. In realtà il bambino, una volta lanciato verso questo sforzo, spesso supera in perfezione ed esattezza l'esempio che gli è servito di incentivo.

In alcuni casi il fatto è evidente: se si desidera che il bambino diventi un pianista, ognuno sa che non basta imitare chi suona; il bambino deve preparare le sue mani per poter raggiungere l'agilità necessaria a suonare. Eppure spesso seguiamo il ragionamento semplicistico dell'imitazione per questioni di livello ben più elevato. Leggiamo o raccontiamo al bambino storie di eroi e di santi e pensiamo che egli possa esserne suggestionato: ma ciò non è possibile se il suo spirito non viene convenientemente preparato. Non si diventa grandi per semplice imitazione. L'esempio può suscitare ispirazione e interesse, il desiderio di imitare può stimolare lo sforzo, ma anche per poter realizzare tutto questo è necessario essere preparati, giacché, nel campo educativo, la natura ha dimostrato che senza preparazione non è possibile imitazione. Lo sforzo non mira all'imitazione, ma a *creare in sé stessi la possibilità di imitare*, a trasformare sé stessi nella cosa desiderata. Da ciò l'importanza in ogni cosa della preparazione indiretta. La natura non ci dà soltanto il potere di imitare, ma anche quello di trasformarci per diventare ciò che l'esempio dimostra; e se noi, come educatori, abbiamo fede nella possibilità di aiutare la vita a svilupparsi, dobbiamo sapere in che cosa si debba dare aiuto.

Osservando un bambino di questa età, vediamo che egli tende ad attività determinate. Possono sembrare assurde a noi, ma ciò non conta: egli deve portarle completamente a fine. È la forza vitale a comandare certe attività; se il ciclo di questo stimolo viene interrotto, ne risultano deviazioni e mancanza di proposito. La possibilità di mandare a termine questi cicli di attività è ora considerata importante, come è considerata importante la preparazione indiretta: questa *è* propriamente una preparazione indiretta. Tutta la nostra vita è preparazione indiretta all'avvenire. Nella vita di coloro che hanno fatto qualche cosa di essenziale, vi è sempre stato un periodo che ha preceduto il compimento dell'opera; può non essere stato sulla stessa linea dello scopo prefisso, ma, indubbiamente si è avuto uno sforzo intenso su una *qualsiasi* linea che ha offerto una preparazione allo spirito, e questo sforzo ha dovuto espandersi pienamente: il ciclo deve esser compiuto. Così, qualunque attività d'intelligenza ci avvenga di osservare nel bambino, anche se ci sembra assurda o contraria ai nostri desideri (purchè, naturalmente, non dannosa per lui), noi non dobbiamo intrometterci, perché il bambino deve completare il ciclo della propria attività. Bimbi di questa età mostrano interessanti modi di raggiungere il loro intento: vediamo bambini al disotto dei due anni che sembrano portare pesi assolutamente superiori alle loro forze, senza ragione apparente. In casa di amici miei, dove si trovavano pesanti panchetti, vidi un bimbo di un anno e mezzo che si adoperava a trasportarli, con visibile sforzo, da un capo all'altro della stanza. I bambini aiutano volentieri ad apparecchiare la tavola e portano fra le braccia pagnotte così grandi che non vedono più i loro piedini. Continueranno in questa loro attività, portando oggetti avanti e indietro, finché non saranno stanchi. Per il solito la reazione degli adulti è quella di liberare il bimbo del peso, ma gli psicologi si sono convinti che un tale «aiuto», interrompendo il ciclo di attività scelto dal bambino, è uno dei più gravi atti di repressione che si possano compiere. Le deviazioni di molti bimbi «difficili» si possono rintracciare risalendo a queste interruzioni.

Un altro sforzo che il bambino è portato a compiere è quello di salire le scale; per noi ciò ha uno scopo, per lui non lo ha. Una volta arrivato in cima egli non sarà soddisfatto, ma tornerà al punto di partenza per completare il suo ciclo, e lo ripeterà molte volte. Gli sdruccioli di legno o di cemento che vediamo nelle palestre da giuoco per bambini offrono a questa attività uno sfogo opportuno; non è lo sdrucciolone che importa, ma la gioia di risalire, la gioia dello sforzo.

È tanto difficile trovare adulti che non si intromettano nell'attività infantile, che tutti gli psicologi insistono sulla opportunità di riservare al bambino luoghi dove egli possa lavorare senza essere disturbato: per questo le scuole per i bambini piccoli sono molto importanti, specialmente quelle riservate ai bimbi da un anno e mezzo in avanti. Ogni sorta di oggetti vengono creati per queste scuole: piccole case sugli alberi con scale per salire e discendere, la casa non è un luogo ove vivere o riposare, ma è un punto da raggiungere, lo scopo è lo sforzo compiuto, mentre la casa è oggetto di interesse. Se il bimbo desidera portare qualcosa, sceglierà sempre gli oggetti più pesanti. Anche l'istinto di arrampicarsi, che è così palese nel bambino, non è che uno sforzo per salire: egli cerca qualcosa di «difficile» intorno a sé su cui potersi arrampicare, magari una sedia. Ma le scale destano la più grande gioia, perché nel bimbo v'è la tendenza a salire.39

Con questa attività che non ha di per sé stessa fini esteriori, il piccolo si esercita a coordinare i propri movimenti, e si prepara a imitare certe azioni. L'oggetto di questi esercizi non è il vero scopo di essi: il bambino ubbidisce a uno stimolo interno. Una volta che si è preparato, può imitare gli adulti prendendo ispirazione dall'ambiente. Se egli vede pulire i pavimenti o impastare della farina, ciò gli servirà di stimolo a fare altrettanto.

Camminare ed esplorare

Consideriamo il bambino di due anni e la sua necessità di camminare. È naturale che egli manifesti la tendenza a camminare, in lui si prepara l'uomo

---

39Nel mio libro *Il segreto dell'infanzia*, il lettore troverà molti esempi che illustrano questo ciclo di attività.

e si devono formare tutte le facoltà umane essenziali. Un bambino di due anni può camminare per un miglio o due, e, se gli piace, arrampicarsi; i punti difficili lungo il cammino costituiranno per lui gli elementi interessanti. Bisogna rendersi conto che il camminare significa per il bambino qualcosa di molto diverso da ciò che significa per noi. L'idea ch'egli non possa compiere un lungo percorso dipende dalle nostre pretese di farlo camminare alla nostra velocità, e questo è tanto assurdo quanto sarebbe per noi, per esempio, cercar di stare a pari a un cavallo finché questo dicesse, vedendoci senza fiato: «Non serve: montami in groppa e arriveremo insieme laggiù». Ma il bambino non desidera andare «laggiù», egli vuole semplicemente camminare; e poiché le sue gambe sono sproporzionate alle nostre, noi non dobbiamo farci seguire da lui, ma seguirlo. La necessità di seguire il bambino risulta chiara in questo caso, ma non va dimenticato che essa è la regola per l'educazione dei piccoli in ogni campo. Il bambino ha le sue leggi di sviluppo e se noi desideriamo aiutarlo a crescere, dobbiamo seguirlo, non già imporci a lui. Egli cammina non solo con le gambe, ma anche con gli occhi; sono le cose interessanti che lo circondano a sospingerlo innanzi. Cammina e vede brucare un agnello, gli siede accanto per osservarlo, poi si alza e va un po' lontano... vede un fiore, e lo annusa... poi vede un albero, lo raggiunge, vi gira intorno quattro o cinque volte, siede e lo guarda. In questo modo può andare avanti per miglia intere: sono passeggiate interrotte da periodi di riposo e nello stesso tempo piene di scoperte interessanti, e, se lungo la strada si trova qualche ostacolo, per esempio un masso, il bimbo è al colmo della felicità. L'acqua costituisce per lui un'altra grande attrazione: egli si siederà accanto a un rivoletto e dirà tutto contento: «Acqua!». L'adulto che lo accompagna, e che desidera arrivare al più presto possibile in un dato luogo, concepisce il camminare in maniera molto diversa.

Le abitudini dei bambini sono simili a quelle delle prime tribù della terra. Allora non si diceva: «Andiamo a Parigi», Parigi non c'era... né si diceva: «Andiamo a prendere un treno per...» non c'erano treni. L'uomo camminava finché trovava qualcosa che lo attirasse e interessasse: una foresta ove prender legna, un campo da cui trarre foraggio, e così via. Nello stesso modo naturale procede il bambino. L'istinto di muoversi nell'ambiente, passando da una scoperta all'altra, fa parte della natura stessa e dell'educazione: l'educazione deve considerare il bambino che cammina come un *esploratore*. Il principio dell'esplorare (*scouting*) che oggi costituisce una distrazione e un riposo dallo studio, dovrebbe invece far parte della educazione stessa e incominciare più presto nel corso della vita. Tutti i bambini dovrebbero camminare così, guidati da ciò che li attrae; e in questo senso l'educazione può aiutare il bambino, dandogli nella scuola una preparazione, vale a dire, insegnandogli i colori, la forma e la nervatura delle foglie, le abitudini degli insetti e di altri animali, ecc. Tutto ciò fornirà ragioni di interesse; più imparerà, più camminerà. Per esplorare, il bambino dev'essere guidato da un interesse intellettuale che tocca a noi dargli.

Camminare è un esercizio completo in sé stesso, che non richiede altri sforzi ginnastici. L'uomo camminando respira e digerisce meglio, gode tutti i vantaggi che noi cerchiamo negli sport. È un esercizio che forma la bellezza del corpo, e se durante una passeggiata si trova qualcosa di interessante da raccogliere e classificare, o un fosso da saltare, o legna da raccogliere per il fuoco, con queste azioni che accompagnano la passeggiata – stendere le braccia, piegare il corpo – l'esercizio diviene perfetto. Di mano in mano che l'uomo progredisce negli studi, il suo interesse intellettuale si accresce, e con esso pure l'attività del corpo. Il sentiero dell'educazione deve seguire il sentiero dell'evoluzione; camminare e guardare sempre più lontano, così che la vita del bambino si arricchisca sempre più.

Questo principio dovrebbe far parte dell'educazione specialmente oggi che la gente poco cammina, ma si fa trasportare da veicoli d'ogni genere. Non è bene tagliar la vita in due, occupando le membra con lo sport e la testa con la lettura di un libro. La vita dev'essere una cosa sola, specialmente nei primissimi anni, quando il bambino deve costruire sé stesso secondo il piano e le leggi del suo sviluppo.

XVI – DAL CREATORE INCONSCIO
AL LAVORATORE COSCIENTE

Abbiamo parlato finora di un periodo dello sviluppo del bambino che abbiamo paragonato a quello dell'embrione. Questo tipo di sviluppo continua fino ai tre anni ed è ricco di avvenimenti perché è un periodo creativo. Nonostante ciò, lo si può considerare il periodo della vita che cade nell'oblio. È come se la natura avesse tracciato una linea divisoria: da una parte eventi che è impossibile ricordare, dall'altra l'inizio della memoria. Il periodo che si dimentica è il periodo psico-embrionale della vita, che può essere paragonato al periodo prenatale fisico-embrionale, che nessuno può ricordare.

In questo periodo psico-embrionale vi sono sviluppi che avvengono separatamente e indipendentemente quali il linguaggio, i movimenti delle braccia, i movimenti delle gambe, ecc., e vi sono certi sviluppi sensoriali. Come nell'embrione fisico, nel periodo prenatale, gli organi si sviluppano uno per uno, ognuno separato dall'altro, così in questo periodo nell'embrione psichico si sviluppano funzioni separate. Noi non possiamo ricordare questo periodo, perché nella personalità non vi è ancora unità. L'unità potrà avvenire solo quando le parti siano completate.

A tre anni di età, è come se la vita ricominciasse perché allora la coscienza si palesa piena e chiara. Questi due periodi, il periodo inconscio e il periodo successivo di sviluppo cosciente sembrano separati da una linea ben marcata. La possibilità della memoria cosciente non esiste nel primo periodo; solo quando sopravviene la coscienza, abbiamo unità nella personalità, e quindi memoria.

Prima dei tre anni c'è creazione delle funzioni: e dopo i tre anni sviluppo delle funzioni create. Il confine fra i due periodi fa pensare al fiume Lete della mitologia greca, il fiume dell'oblio. È molto difficile ricordare ciò che avvenne prima dei tre anni, e, ancor più, prima dei due. La psicanalisi ha tentato con ogni mezzo di riportare la coscienza individuale alla sua genesi, ma nessun individuo può generalmente spingere il ricordo al di là del terzo anno della propria esistenza. Situazione drammatica, giacché durante quel primo periodo di vita si crea partendo dal nulla; e neppure la memoria dell'adulto, che è il risultato di questa creazione, può ricordarla.

Questo creatore inconscio – questo bambino dimenticato – sembra cancellato dalla memoria dell'uomo, e il bambino che ci viene incontro a tre anni di età appare quasi un essere incomprensibile. I legami fra lui e noi sono stati tagliati dalla natura. Vi è allora il pericolo che l'adulto distrugga ciò che la natura avrebbe voluto fare. Dobbiamo ricordarci che durante questo periodo il bambino dipende completamente dall'adulto, giacché non può provvedere a sé stesso, e noi adulti se non siamo illuminati dalla natura o dalla scienza sul suo sviluppo psichico, possiamo rappresentare il più grande ostacolo alla sua vita.

Dopo questo periodo di tempo il bambino ha acquistato certe speciali funzioni che gli permettono di difendersi se egli sente l'oppressione dell'adulto, perché può spiegarsi da sé con la parola, può correre lontano o fare capricci. Lo scopo del bimbo non è di difendersi, ma di conquistarsi l'ambiente e con esso i mezzi per il proprio sviluppo: ma che cosa, esattamente, deve sviluppare? Ciò ch'egli ha creato fino a ora. Così dai tre a sei anni di età, quando il bambino conquista consciamente il suo ambiente, entra in un periodo di vera costruzione. Le cose che egli ha create nell'epoca che precede i tre anni vengono alla superficie grazie alle esperienze coscienti ch'egli fa nel suo ambiente. Tali esperienze non sono semplici giochi, né azioni dovute al caso, ma sono un lavoro della crescenza. La mano, guidata dall'intelligenza, compie il primo lavoro dell'uomo. Così, se nel periodo precedente il bambino era quasi un essere contemplativo, che guardava il suo ambiente con apparente passività prendendo da esso ciò che gli serviva per costruire gli elementi del suo essere, in questo nuovo periodo egli esercita la sua volontà. Prima era guidato da una forza nascosta in lui, ora lo guida il suo io, mentre le sue mani si mostrano attive. È come se il bambino, che assorbiva il mondo attraverso una intelligenza inconscia, lo *prendesse* ora in mano.

Altra forma di sviluppo che avviene in questa epoca è perfezionare i primi acquisti. Il più chiaro esempio è dato dallo sviluppo spontaneo del linguaggio, che si prolunga fino all'età di circa cinque anni. Il linguaggio è già esistente fino dai due anni e mezzo di età: è completo non solo nella costruzione delle parole, ma pure nella costruzione grammaticale del discorso. Tuttavia permane quella sensitività costruttiva del linguaggio (periodo sensitivo) che ora spinge a fissarlo nei suoni: soprattutto ad arricchirlo con un gran numero di parole.

Ci sono dunque due tendenze: quella di sviluppare la coscienza attraverso l'attività sull'ambiente, e l'altra di perfezionare e arricchire le conquiste già fatte. Esse indicano che il periodo fra tre e sei anni è un periodo di «perfezionamento costruttivo».

Il potere della mente di assorbire dall'ambiente senza fatica permane ancora; ma l'assorbimento viene aiutato ad arricchire i suoi acquisti attraverso una esperienza attiva. Non sono più soltanto i sensi, ma è la mano che diventa un «organo di prensione» dell'intelligenza. Mentre prima il bambino assorbiva guardando il mondo intorno, essendo trasportato di qua e di là e osservava ogni cosa con vivo interesse, ora mostra una irresistibile tendenza a toccare tutto e a soffermarsi sugli oggetti. È occupato di continuo, felice, sempre affaccendato con le sue mani. La sua intelligenza non si svolge più solo vivendo: ha bisogno di un ambiente che offra motivi di attività, perché ulteriori sviluppi psichici devono avvenire in questa epoca formativa.

Essa si chiamò la «benedetta età dei giuochi»: gli adulti l'avevano sempre osservata, ma da poco tempo viene studiata scientificamente.

In Europa e in America, dove il dinamismo incessante della civiltà ha allontanato sempre più l'umanità dalla natura, la società per corrispondere al suo bisogno di attività offre al bambino un infinito numero di giocattoli invece di offrirgli mezzi che ne stimolino l'intelligenza. A quella età egli tende a toccare tutto, mentre gli adulti gli lasciano toccare poche cose e gliene proibiscono molte. Ad esempio, l'unica cosa *reale* che gli si lascia toccare a volontà è la sabbia: far giocare il bambino con la sabbia si usa in tutto il mondo; forse gli si potrà permettere di trastullarsi con l'acqua, ma non troppa, perché il bimbo si bagna, e acqua e sabbia insudiciano, e gli adulti non amano dover rimediare alle conseguenze.

Nei paesi in cui l'industria del giocattolo non è tanto progredita, troverete bimbi molto differenti; sono più calmi, sani e allegri. Si ispirano alle attività che li circondano, sono esseri normali che toccano e adoprano gli oggetti adoprati dagli adulti. Quando la mamma lava o fa il pane e le focacce, il bimbo la imita. È un'imitazione, ma intelligente, selettiva, attraverso cui il bimbo si prepara a far parte del suo ambiente. Non può essere messo in dubbio che il bambino deve *fare cose per fini suoi propri*. La tendenza odierna è quella di dare al bambino la possibilità di imitare le azioni degli adulti della propria famiglia o comunità, fornendogli oggetti proporzionati alla sua forza e alle sue possibilità, e un ambiente nel quale egli possa muoversi, parlare e avviarsi a un'attività costruttiva e intelligente.

Tutto ciò sembra ormai ovvio, ma, quando esponemmo questo concetto per la prima volta, la gente fu sorpresa. Quando noi preparammo per i bambini dai tre ai sei anni un ambiente proporzionato a loro, in modo che potessero viverci come padroni di casa, questo meravigliò. Le piccole sedie e tavolini, i servizi da tavola e da bagno minuscoli; e le azioni reali di apparecchiare la tavola, pulire le stoviglie, spazzare e spolverare – oltre agli esercizi per riuscire a vestirsi da sé – impressionarono come un tentativo originale per l'educazione dei bambini.

La vita sociale tra bambini fece nascere in loro gusti e tendenze che erano una sorpresa: furono i bambini stessi a preferire i compagni alle bambole, e gli oggetti di uso pratico ai giocattoli.

Il prof. Dewey, il famoso educatore americano, pensò che a New York – il gran centro della vita americana – dovessero esistere oggetti dedicati ai piccoli bambini. Egli stesso si recò in tutti i negozi di New York per comprare piccole scope, seggiole, piatti, ecc. Ma non trovò *nulla*: non esisteva neppure l'idea di fabbricarne. V'erano solo innumerevoli giocattoli di tutti i generi.

Di fronte a questo stato di cose, il prof. Dewey disse: «Il bambino è stato dimenticato». Ma, ahimè, esso è dimenticato in molti altri modi, è il cittadino dimenticato che vive in un mondo dove c'è tutto per tutti fuori che per lui. Egli vaga senza scopo, facendo capricci su capricci, distruggendo giocattoli, cercando invano soddisfazioni per la sua anima, mentre l'adulto non riesce a vedere nel suo *vero* essere.

Una volta che fu rotta questa barriera e strappato il velo che nascondeva la realtà, una volta che furono date cose reali al piccolo, ci aspettavamo di trovarci di fronte alla gioia e al desiderio vivo di usarne... ma accadde assai di più. Il bimbo manifestò *una personalità completamente differente*. Il primo risultato fu un atto di indipendenza: pareva che egli dicesse: «Desidero bastare a me stesso, non mi aiutate». Era diventato a un tratto un uomo che cercava l'indipendenza, rifiutava ogni aiuto. Nessuno avrebbe mai immaginato che questa sarebbe stata la sua prima reazione, e che l'adulto avrebbe dovuto limitarsi a far la parte dell'osservatore.

Appena immesso in questo ambiente proporzionato a lui, il piccolo ne divenne padrone. Vita sociale e sviluppo del carattere seguirono spontaneamente. La felicità del bambino non è il solo scopo da raggiungere; vogliamo anche che egli diventi il costruttore dell'uomo, indipendente nelle sue funzioni; il lavoratore e il padrone di ciò che da lui dipende. *Questa è la luce che l'inizio della vita cosciente dell'individuo rivela.*

XVII – ULTERIORE ELABORAZIONE PER MEZZO DELLA CULTURA E DELLA IMMAGINAZIONE

Attività spontanea

Le leggi naturali dello sviluppo stimolano i bambini di questa età a esperienze sull'ambiente mediante l'uso delle mani, e non soltanto per fini pratici, ma anche per fini culturali.

Lasciati nel nuovo ambiente li vediamo manifestare caratteristiche e capacità differenti da quelle che sono state comunemente osservate. Non solo appaiono più contenti, ma così pieni d'interesse per le loro occupazioni da divenire «lavoratori» infaticabili. Grazie a queste esperienze la loro mente sembra dilatarsi e farsi avida di sapere.

Fu così che accadde per l'«esplosione» della scrittura e fu questo il primo fenomeno che attrasse l'attenzione su questa sconosciuta vita psichica del bambino.

Ma l'*esplosione* della scrittura era soltanto il fumo che esce dalla pipa: la vera esplosione era quella della personalità del bambino. Lo si poteva paragonare a una montagna, che sembra solida ed eternamente uguale, ma che contiene un fuoco nascosto: un bel giorno si ode uno scoppio e, attraverso a quella pesante massa, il fuoco divampa; da questa esplosione di fuoco, fumo e sostanze sconosciute, gli esperti potranno dedurre ciò che la terra contiene.

Ora le manifestazioni psichiche che venivano spontaneamente dal bambino posto in un ambiente di vita reale, con oggetti proporzionati a lui, furono insieme chiare e sorprendenti. E fu seguendole e cercando di aiutarle e di interpretarle che venne costruito il nostro metodo di educazione.

Il manifestarsi di nuovi caratteri non fu opera di un metodo nel senso comunemente inteso; ma risultò da condizioni di ambiente che allontanavano ostacoli e offrivano mezzi di attività di libera scelta. E il metodo fu costruito ed elaborato sulla guida dei fenomeni progressivi dei bambini. Tutto, si può affermare, cominciò da una «scoperta» sulla psicologia infantile; infatti Peary, che in quel tempo aveva scoperto il Polo Nord, chiamò il nostro lavoro: «La scoperta dell'anima umana», invece di chiamarlo «nuovo metodo di educazione».

Due gruppi di fatti importanti risaltano da quelle rivelazioni. Una è che la mente del bambino è capace di acquisire cultura in un periodo della vita in cui nessuno avrebbe potuto crederlo possibile, ma la acquista solo attraverso la propria attività. La cultura può essere ricevuta soltanto attraverso il lavoro e l'accresciuta realizzazione di sé stessi. Oggi che conosciamo il potere della mente ricettiva nel periodo fra i tre e i sei anni, sappiamo che esiste questa possibilità di acquistare cultura in tenera età. Un altro fatto importante si riferisce allo sviluppo del carattere, del quale dirò in un altro capitolo. Tratterò ora soltanto del primo gruppo: l'acquisizione della cultura per mezzo dell'attività spontanea.

Il bambino si interessa specialmente alle cose che già sa, avendole assorbite in un periodo precedente, e su quelle meglio si concentra. Così, per es., l'esplosione dello scrivere è in rapporto alla speciale sensitività acquistata nel periodo di sviluppo del linguaggio. Poiché questa sensitività cessa fra i cinque anni e mezzo e i sei, è chiaro che lo scrivere può essere acquisito con gioia ed entusiasmo solo prima di quella età, mentre bambini maggiori, di sei o sette anni, non mostrano interesse a quell'apprendimento. Altre osservazioni su questa manifestazione spontanea del bambino ci rivelano poi che la esplosione della scrittura non veniva solo dal fatto che i bambini erano nel periodo sensitivo del linguaggio; ma pure che essi avevano già avuto una preparazione della mano, attraverso precedenti esercizi (il maneggio esatto del materiale per l'educazione dei sensi). E così il principio delle «preparazioni indirette» fu applicato come una parte integrale del nostro metodo. Una tale base è propria ai procedimenti della natura. Essa infatti prepara gli organi nell'embrione, essa non dà ordini (impulsi) prima che l'individuo abbia sviluppato gli organi con i quali può corrispondervi.

Se, come abbiamo visto, il bambino riprende le conquiste del primo periodo per elaborarle nel secondo, il primo periodo può servirci di guida per il secondo, che segue lo stesso metodo di sviluppo. Consideriamo il linguaggio: abbiamo visto che nel primo periodo il bimbo segue un metodo quasi grammaticale; successivamente usa suoni, sillabe, nomi, aggettivi, avverbi, congiunzioni, verbi, preposizioni, ecc. Noi sappiamo così che possiamo aiutare il bambino nel secondo periodo seguendo lo stesso metodo grammaticale. Il primo insegnamento è quello della grammatica: sembra assurdo, al nostro modo di pensare, che l'insegnamento per un bambino debba incominciare con la grammatica, e che egli debba impararla prima di saper leggere e scrivere. Ma se noi guardiamo bene, qual è la base della lingua, se non la grammatica? Quando noi (e il bambino) parliamo, parliamo grammaticalmente; perciò, se gli diamo un aiuto grammaticale quando ha quattro anni, mentre egli sta perfezionando la costruzione del suo linguaggio e arricchisce il suo vocabolario, favoriamo il suo lavoro.

Insegnandogli la grammatica gli permettiamo di impadronirsi perfettamente della lingua parlata intorno a lui. L'esperienza ci dimostra che i bambini sono vivamente interessati alla grammatica, e che quello è il momento
giusto per metterla alla loro portata. Nel primo periodo (0-3 anni) l'acquisto
era stato quasi inconscio: ora doveva essere perfezionato coscientemente con
l'esercizio. Un'altra cosa osservammo, ed è che il bambino a quell'età impara
molte parole nuove; vi è una speciale sensibilità e un interesse per le parole,
ed egli spontaneamente se ne appropria un gran numero. Attraverso molti
esperimenti si è constatato che l'arricchimento del vocabolario è proprio di
questa età. Naturalmente si tratta di parole usate nell'ambiente del bambino:
un ambiente colto offrirà al bimbo maggiori opportunità; ma in qualunque
ambiente l'impulso naturale è di assorbire il più gran numero possibile di
parole: il bambino ne è come affamato. Se non viene aiutato, le conquisterà
con fatica e disordinatamente; l'aiuto offertogli consisterà nel ridurre lo
sforzo e presentarle ordinatamente.

Un altro particolare del metodo fu stabilito appunto in seguito a questa
osservazione. Gli insegnanti non colti, che avevamo durante i nostri primi
esperimenti, prepararono per i bambini molte parole scritte su cartellini: ne
trascrissero quante ne sapevano, ma dopo un po' di tempo vennero a dirmi
che avevano già usate tutte le parole che si riferivano ai vestiti, alla casa,
alla strada, i nomi degli alberi, ecc., ma che i bambini volevano ancora altre
parole. Allora pensammo di insegnare ai bambini di questa età le parole
necessarie alla cultura, per esempio tutti i nomi delle figure geometriche
che maneggiavano come materiale sensoriale: poligoni, trapezi, trapezoidi,
ecc. I bambini impararono tutto! Allora preparammo nomi di strumenti
scientifici: termometri, barometri; passammo ai termini di botanica: sepali,
petali, stami, pistilli, e così via. Li imparavano tutti con entusiasmo e ne
chiedevano altri. Le insegnanti quasi si risentivano perché, accompagnan-
doli a passeggio, apprendevano da loro i nomi di tutti i tipi di automobile,
sorprendendo la loro ignoranza. La sete di parole nei bambini di questa età
è insaziabile e la possibilità di impararne inesauribile, mentre questo non
accade nel periodo che segue: altre facoltà si sviluppano allora, e vi è maggior difficoltà a ricordare parole difficili. Noi osservammo che i bambini
che avevano avuto l'opportunità di imparare presto quelle parole, le ricor-
davano e le adoperavano facilmente ritrovandole, più tardi, nelle normali
scuole, a otto o nove anni, e anche in anni successivi, mentre ben altra era
la difficoltà che trovavano i bambini che le sentivano per la prima volta. La
conclusione logica è che i termini scientifici vanno insegnati ai bambini fra
i tre e i sei anni. Non in modo meccanico, naturalmente, ma in rapporto agli

oggetti corrispondenti e alla naturale esplorazione dell'ambiente, così che l'apprendimento sia basato sull'esperienza. Ad esempio noi insegneremo loro le diverse parti della foglia e del fiore, le configurazioni geografiche, e così via: sono cose facilmente rappresentabili e visibili intorno a loro, e perciò adatte a essere apprese. La difficoltà non sta qui, ma piuttosto negli insegnanti, che talora ignorano tali parole o non riescono a ricordarle o le confondono.

A Kodaikanal vidi ragazzi sui quattordici anni, studenti nelle scuole normali, restare incerti sul nome di una parte del fiore; un piccolo di tre anni si avvicinò a loro e disse: «Pistillo»; poi tornò di corsa ai suoi giuochi. Mostrammo a bimbi di sette, otto anni la classificazione delle radici secondo i libri di botanica e la illustrammo loro con quadri appesi alle pareti: entrò uno dei piccoli e domandò che cosa fossero quelle figure. Glielo dicemmo; poco dopo trovammo molte piante del giardino sradicate, perché i piccoli si erano interessati all'argomento e volevano conoscere quali radici avessero quelle piante. Pensammo bene allora di dare loro nozioni dirette, e la conseguenza fu che i genitori vennero a protestare perché i loro bimbi strappavano tutte le piante nei giardini e lavavano poi le radici per vedere come fossero fatte.

Può la mente del bambino limitarsi a ciò ch'egli vede? No: il bimbo ha un tipo di mente che va oltre i limiti del concreto: ha il potere di immaginare molte cose. Questo potere di vedere cose che non sono presenti ai suoi occhi rivela un tipo superiore di mente; se la mente dell'uomo fosse limitata a quanto egli può vedere, sarebbe molto ristretta. L'uomo vede non solo con l'occhio, e la cultura non è fatta di ciò che si vede: ne è un esempio la geografia. Se noi non possiamo vedere un lago o la neve, dobbiamo, per immaginarli, mettere in attività la nostra mente. Fino a che punto i bambini possono immaginare? Non sapendolo, incominciammo a fare esperimenti sui bambini di sei anni. Invece di cominciare dai particolari geografici, facemmo il tentativo di presentare un *tutto*, cioè il globo terracqueo, «il mondo».

Il mondo è una parola a cui non corrisponde nessuna immagine sensoriale nell'ambiente del bambino: così se egli si è formato un'idea del mondo, lo è solo per virtù di un potere astratto della mente, per un potere immaginativo. Preparammo dei piccoli mappamondi; rappresentando la terra con polvere brillante e gli oceani con azzurro cupo. I bimbi incominciarono a dire: «Questa è la terra», «Questa è l'acqua», «Questa è l'America», «Questa è l'India». Amavano tanto il globo, che esso divenne l'oggetto favorito delle nostre classi. La mente del bambino fra i tre e i sei anni non solo fissa la funzione dell'intelligenza in relazione all'oggetto, ma ha anche un potere più alto, quello dell'immaginazione, che permette all'individuo di *vedere* cose che non sono visibili agli occhi. La psicologia ha sempre insegnato che questo periodo è caratterizzato dallo sviluppo della immaginazione. Anche presso i popoli più ignoranti gli adulti raccontano ai loro bimbi storie di fate, ed essi le amano enormemente, come fossero ansiosi di esercitare questa grande forza che è l'immaginazione. Tutti si rendono conto che il bambino ama immaginare; ma per aiutarlo non offrono che favole e giocattoli. Se un bimbo può immaginare una fata e il paese delle fate, non gli sarà difficile immaginare l'America, o altro luogo. Invece di udir vagamente parlare dell'America, egli potrà concretamente aiutare la propria immaginazione osservando un globo ove sia disegnato quel continente. Si dimentica spesso che l'immaginazione è uno sforzo per la ricerca della *verità*. La mente non è un'entità passiva ma una fiamma divorante, mai in riposo, sempre viva.

Quando i bambini di sei anni ebbero il mappamondo e incominciarono a parlarne, un piccolo di tre anni e mezzo si fece avanti e disse: «Lasciatemi vedere! È il mondo questo?». «Sì», risposero gli altri un po' sorpresi. E il piccolo: «Ora capisco. Io ho uno zio che ha fatto tre volte il giro del mondo. Ora capisco». Nello stesso tempo egli si rendeva però conto che questo era solo un modello, perché sapeva che il mondo è immenso: l'aveva capito dalle conversazioni che gli era accaduto di ascoltare.

Avevamo un altro bambino di quattro anni e mezzo, che pure chiese di vedere il globo; l'osservò con cura; ascoltò i bimbi più grandi, che parlavano tra loro dell'America senza badare a lui. A un certo punto li interruppe: «Dov'è Nuova York?». Gli altri, sorpresi, glielo indicarono. Poi chiese: «Dov'è l'Olanda?». Ancora maggior meraviglia. Quindi, toccando l'azzurro, il piccolo disse: «Allora questo è il mare». A questo punto gli altri bimbi lo interrogarono con grande interesse, ed egli raccontò: «Il mio babbo va in America due volte all'anno, e sta a Nuova York. Quando è partito, mamma dice per molti giorni: "Babbo è sul mare". L'ha detto per molti giorni; poi: "Babbo è arrivato a Nuova York". E dopo un altro po' di giorni dice: "Babbo è di nuovo sul mare", e poi, un bel giorno: "Ora è in Olanda e noi andiamo a incontrarlo ad Amsterdam"». Aveva sentito tanto parlare dell'America, che quando gli altri bambini riuniti intorno al globo l'additarono e ne parlarono, si fermò di colpo ansioso di vedere, e la sua espressione pareva dicesse: «Io ho scoperto l'America». La visualizzazione delle cose doveva essere un riposo per lui che aveva cercato invano di crearsi un'orientazione nel suo ambiente *mentale*, simile a quella che nel passato si era fatta in quello materiale, perché finora aveva dovuto accontentarsi delle parole che udiva, e rivestirle con la fantasia. Questo è il fatto.

Si è sempre affermato che giocare con i balocchi ed esercitare l'immaginazione per mezzo delle favole rappresenta due bisogni di questo periodo della vita: la prima attività è intesa a instaurare una relazione diretta con l'ambiente, in modo che il bambino, per così dire, se ne impadronisce e così facendo realizza un grande sviluppo mentale. La seconda attività rivela la forza dell'immaginazione, che il bimbo riversa nei suoi giuochi. Se noi gli mettiamo in mano oggetti connessi a cose *reali* su cui esercitarla, è logico che questo è di grande aiuto per lui, poiché vien posto così in condizione di migliorare le sue relazioni con l'ambiente.

A questa età i bambini spesso desiderano spiegazioni: si sa che il bimbo è curioso e che interroga insistentemente. Le domande dei bambini sono sempre interessanti se si considerano non come un tormento, ma come l'espressione di una mente che cerca di sapere. Essi a questa età non possono seguire spiegazioni lunghe, mentre per il solito la gente vuol dare spiegazioni troppo esaurienti. Un bimbo domandò una volta a suo padre perché le foglie sono verdi; il padre pensò che suo figlio era molto intelligente e gli parlò a lungo della clorofilla, della funzione clorofilliana dei raggi solari e così via... Poco dopo sentì che il figlio borbottava: «Io voglio sapere perché le foglie sono verdi, non tutta quella roba sulla clorofilla e il sole!».

Giuoco, immaginazione e domande sono tre delle caratteristiche di questa età; lo sanno tutti, ma è cosa di solito male intesa. Qualche volta le domande sono difficili: «Mamma, di dove vengo io?», ma il bimbo ha meditato su questa domanda. Una signora intelligente, che si aspettava da un giorno all'altro di dover rispondere in proposito, decise di dire la verità, e appena il piccolo, che aveva quattro anni, la interrogò, rispose: «Bimbo mio, sono io che ti ho fatto». La risposta fu rapida e breve, e il bimbo si acquietò subito. Dopo un anno all'incirca ella gli disse: «Ora io faccio un altro bimbo», e quando andò in clinica gli annunciò che al ritorno avrebbe portato l'altro bambino. Quando tornò glielo fece vedere: «Questo è il tuo fratellino: l'ho fatto come ho fatto te». Ma allora il bimbo aveva sei anni e protestò non convinto: «Perché non mi dici veramente come veniamo al mondo? Ora sono grande, perché non mi dici la verità? Quando mi dicesti che facevi un altro bimbo io ti ho tanto guardato, ma tu non facevi niente». Anche il dire la verità non è così facile come può sembrare: ci vuole una saggezza speciale da parte degli insegnanti e dei genitori per sapere come saziare l'immaginazione infantile.

L'insegnante ha bisogno di una preparazione speciale, perché non è la nostra logica che può risolvere questi problemi. Noi dobbiamo conoscere lo sviluppo del bambino e abbandonare le nostre idee preconcette. Per seguire la mente di un bambino dai tre ai sei anni occorrono grande tatto e delicatezza, e un adulto non ne ha quasi mai a sufficienza. Fortunatamente il bimbo acquista più dall'ambiente che dall'insegnante; ma noi dobbiamo conoscerne la psicologia per aiutarlo quanto possiamo.

Sviluppo mentale

Il modo con cui il bambino agisce è per noi una continua sorgente di rivelazioni.

Tutto ci dimostra quanti pregiudizi avevamo sul bambino in luogo della giusta «conoscenza» della sua psicologia ed è una prova che non potevamo essere aprioristi nel guidarlo perché esso rappresentava una incognita: solo il bambino stesso con le sue manifestazioni può farsi conoscere e insegnarci a conoscerlo.

Abbiamo potuto constatare così in mille casi che il bambino ha bisogno non soltanto di un oggetto interessante, ma anche di conoscere il modo esatto di procedere nei movimenti quando lo maneggia. È l'esattezza che lo interessa e lo trattiene nel lavoro; segno questo che egli, maneggiando gli oggetti, ha pure il proposito inconscio, il bisogno, l'istinto di coordinare i propri movimenti.

Un altro fatto degno di rilievo è che il bambino quando lavora con interesse ripete e ripete più volte lo stesso esercizio. Niente ci sorprende più che il vederlo tutto intento nei cosiddetti esercizi di vita pratica a pulire e a lustrare un vaso di ottone, seguendo esattamente le indicazioni avute, sino a che non è riuscito a rendere il vaso lucente. Lo vedremo poi subito ricominciare lo stesso lavoro in tutti i suoi particolari e ripulire il vaso già lucente più volte di seguito. È la prova che il proposito esterno è soltanto uno stimolo. Perché il vero scopo viene da spinte interne; il proposito diventa così formativo, cioè con la ripetizione dell'esercizio il bambino stabilisce la coordinazione dei movimenti. Non succede altrimenti a noi nello sport e in altri giuochi che ripetiamo con passione: il tennis, il foot-ball e simili non hanno come scopo reale di muovere esattamente una palla, ma di preparare in noi una abilità di movimento che forma appunto il piacere del giuoco.

Noi potremmo dire che in tutti i suoi esercizi il bambino giuoca. Ma questi giuochi lo portano ad acquistare delle abilità, dei poteri necessari alla sua formazione, al suo sviluppo.

L'istinto di adattamento, attraverso l'attività, si risveglia e prende la via di una costruzione laboriosa come se qualcuno dicesse: «Lo sforzo di sviluppare i tuoi movimenti non deve essere fatto a caso; perché tu sei destinato a compiere quei movimenti e non altri». Ma i mezzi per attuarlo sono propri alla natura del bambino. Perciò dico che l'imitazione è una specie di ispirazione per un lavoro costruttivo.

Si vede così una specie di dinamismo nella costruzione della psiche. Le azioni che il bambino ha visto compiere diventano uno stimolo ad attività condotte secondo un metodo che le fissa nell'individuo. Che cosa si fissa? Come nel linguaggio si fissa solo una trama, cioè i suoni delle parole con il loro ritmo e la cadenza della voce, e insieme l'ordine delle parole nella costruzione grammaticale, così mediante questi esercizi si va fissando la trama di un comportamento proprio a una speciale razza. Il periodo fra i tre e i sei anni è un periodo di realizzazioni e di perfezionamento. In esso si decide una costruzione individuale che rimane incarnata nella personalità. I modi di muoversi, di agire, vengono stabiliti in caratteri che ormai indicheranno se un individuo appartiene a una classe inferiore della società o a una classe superiore, stabilendo così differenze tra i gruppi sociali, come il linguaggio stabiliva differenze tra le razze.

Così se un uomo di origine sociale bassa viene portato dalle circostanze a prendere parte a una vita superiore, egli porta in sé le stigmate della sua origine. E se un aristocratico vuole nascondersi sotto le apparenze di un operaio, qualche cosa nelle sue abitudini e nel suo comportamento lo tradisce. Così si dica del linguaggio. In questa età si fissano le modificazioni dialettali, per cui anche in un professore di università che parli in una lingua perfetta o ricercata, o carica di termini scientifici, la sua maniera di pronunciare denuncia la provincia in cui si formò da bambino. Nessuna educazione ulteriore può cancellare ciò che fu incarnato nelle epoche costruttive dell'infanzia. Si può comprendere perciò l'importanza sociale dell'educazione in questa età. In essa esiste ancora la possibilità di correggere i difetti procurati da ostacoli che vennero a deviare la costruzione della psiche infantile fatta durante i primi tre anni di vita: perché questo è un periodo naturale di perfezionamento. Al tempo stesso, conducendo l'educazione con criteri scientifici, si possono veramente attenuare e perciò condurre verso una maggiore armonia le differenze che dividono gli uomini in società e razze. Cioè la civiltà può influire sugli uomini come ha influito sull'ambiente esterno della natura; e questo conferisce un magico potere.

Esercizi dei sensi e mente matematica

Il lato formativo della personalità ci appare in tutte le attività del bambino. Così pure avviene negli esercizi col materiale sensoriale.

Che cosa bisogna pensare dell'educazione dei sensi?

I sensi sono punti di contatto con l'ambiente e la mente esercitandosi a osservare l'ambiente acquista l'uso più raffinato di questi organi, come un pianista può trarre dalla stessa tastiera suoni che possono variare in perfezione infinita. Così la mente può trarre dai sensi impressioni sempre più precise e raffinate. Le lavoratrici della seta, per esempio, acquistano una tale finezza nel tatto che arrivano a sentire se quel filo finissimo che passa sotto le loro dita è semplice o doppio. Ci sono popoli primitivi che sentono i rumori più impercettibili prodotti dai serpenti o da altri animali feroci.

Tale è l'educazione dei sensi che si acquista con l'attività sull'ambiente, pur sempre modificata da differenze individuali. Senza però un lavoro totale, dell'intelligenza e del movimento insieme, non vi è neppure educazione dei sensi. E le differenze individuali dipendono da quell'attitudine interiore che stimola l'interesse il quale è più o meno sviluppato negli individui. Ci sono cioè delle tendenze innate a crescere e a svilupparsi secondo la propria natura.

Il bambino che ha usato i nostri materiali, ha acquistato insieme a una modificazione e abilità nei movimenti della mano anche una raffinatezza nel percepire gli stimoli sensoriali dell'ambiente. Quello stesso ambiente si arricchisce a misura che egli diventa capace di percepire differenze più fini tra le cose; perché le cose che non si distinguono è come non esistessero. Con i materiali sensoriali noi diamo una guida, una specie di classificazione di impressioni che si possono ricevere da ciascun senso: i colori, i suoni, i rumori, le forme e le dimensioni, i pesi, le impressioni tattili, gli odori e i sapori. Senza dubbio questa è pure una forma di cultura che porta l'attenzione insieme sopra sé stessi e sull'ambiente; ed è una di quelle forme di cultura che conducono verso il perfezionamento della personalità, come pure il linguaggio e la scrittura. Cioè arricchiscono le *potenzialità naturali*.

I sensi, essendo gli esploratori dell'ambiente, aprono la via alla conoscenza. I materiali per l'educazione dei sensi sono offerti come una specie di chiave per aprire una porta all'esplorazione delle cose esterne, come un lume che fa vedere più cose e più particolari che al buio (nello stato incolto) non si potrebbero vedere.

Al tempo stesso tutto ciò che ha rapporto con le energie superiori, diventa uno stimolo che mette in moto le forze creative, aumentando gli interessi della mente esploratrice.

Vi è il pregiudizio, nell'educazione comune, che bisogna offrire al bambino un oggetto per fare apprezzare le sue varie qualità di colori, di superficie, di forma, ecc. Ma gli oggetti sono infiniti e invece le qualità sono limitate. Le qualità si potrebbero paragonare all'alfabeto: pochi suoni in confronto alle parole innumerevoli.

Dare le qualità separate l'una dall'altra è come dare l'alfabeto della esplorazione: una chiave dunque che apre le porte delle conoscenze. Chi ha non solo classificato con ordine le qualità, ma anche già apprezzato le gradazioni di ogni qualità, può imparare a leggere nell'ambiente e nella natura tutte le cose.

Questo alfabeto che riguarda il mondo esteriore è di importanza incalcolabile. Infatti la cultura, come dicevamo sopra, non si acquista solo con l'imparare, ma ingrandendo la personalità. Così tutt'altra cosa è insegnare a bambini che abbiano i sensi educati piuttosto che a bambini cresciuti senza questo aiuto educativo. Quando nel primo caso date ai bambini gli oggetti e gli elementi della cultura o li conducete a esplorare direttamente l'ambiente, essi si interessano perché già sensibili a quelle piccole differenze tra la forma delle foglie, i colori dei fiori e le particolarità degli insetti. Tutto sta nel vedere le cose e nel sentire interesse a conoscerle. Importa avere una mente preparata, e poco serve avere un maestro più o meno abile.

Ora, nei nostri materiali, come dicevo, vi è una classificazione delle qualità degli oggetti e ne deriva uno degli aiuti più efficaci all'ordine mentale.

La mente è naturalmente portata a distinguere le qualità indipendentemente dagli oggetti. Tutti distinguono colori, suoni, forme, ecc. senza nessuna educazione. Ma questo è un fatto che riguarda la forma stessa della mente umana.

La mente umana per sua natura non ha soltanto la proprietà della immaginazione che permette di realizzare ciò che non si vede direttamente, ma ha pure la proprietà di fare delle sintesi, di estrarre – diciamo – un alfabeto dalle cose che si incontrano senza numero nell'ambiente esterno. Questa proprietà è la naturale attitudine della mente alle astrazioni. Quelli che inventarono l'alfabeto ebbero appunto un potere di astrazione: definirono ed emisero i pochi suoni di cui le parole sono composte. Perciò appunto l'alfabeto è qualche cosa di astratto, mentre invece ciò che esiste realmente sono le parole. Se l'uomo non avesse la capacità d'immaginare e di astrarre, non sarebbe intelligente; o la sua intelligenza sarebbe simile a quella degli animali superiori: statica e limitata ai bisogni del suo particolare comportamento e quindi senza possibilità di sviluppo.

Ora le astrazioni sono limitate, mentre invece le cose immaginate possono penetrare nell'infinito. I limiti hanno tanto più valore per quanto sono più esatti, essi vengono a costruire nel campo mentale una specie di organo di precisione necessario a orientarci nello spazio, come un orologio è necessario a orientarci nel tempo.

Queste due qualità della mente, che vanno al di là del semplice percepire le cose presenti, si mettono in rapporto tra loro nella costruzione mentale. Sono tutte e due necessarie nella costruzione del linguaggio: l'alfabeto preciso da un lato e le regole grammaticali dall'altro consentono l'arricchimento indefinito delle parole. Le parole, per essere utilizzate ad arricchire il linguaggio, devono potersi disporre dentro alla trama precisa dei suoni e dell'ordine grammaticale. Ora come avviene nella costruzione del linguaggio così avviene nella costruzione mentale.

Quando voi dite: «Quell'individuo ha una mente vaga, è intelligente ma non è conclusivo», voi accennate alla mente che ha sviluppato delle idee, ma senza ordine. Di un altro direte invece: «Quello ha una mente quadrata; sa misurare le circostanze».

Ebbene, diamo un nome a questa parte della mente che si costruisce attraverso l'esattezza, e chiamiamola «mente matematica». Il termine è dovuto al filosofo, fisico e matematico francese Pascal. Egli diceva che la forma della mente umana è matematica: l'apprezzamento delle cose esatte consente la conoscenza e il progresso.

La forma del linguaggio è data dai suoni dell'alfabeto e dall'ordine delle parole. Così, la forma mentale dell'uomo, la trama sulla quale possono depositarsi tutte le ricchezze dovute alle percezioni dirette o alla immaginazione è un *ordine* fondamentale. Ed esaminando le azioni di quelli che lasciarono nel mondo traccia delle loro invenzioni utili al progresso della civiltà, si vede che essi partivano da un ordine, da un'esattezza che li ha condotti a creare qualche cosa di nuovo. E anche nel campo immaginativo della musica e della poesia troviamo che musica e poesia hanno una base così esatta da essere chiamata «metro», cioè misura.

Dobbiamo dunque tener conto, nell'educazione, di due qualità mentali e benché una delle due prevalga in ogni individuo, queste due qualità devono esistere insieme e integrarsi. Se l'educazione mentale dei bambini prendesse in considerazione soltanto l'immaginazione, essa condurrebbe verso lo squilibrio e creerebbe un ostacolo a orientarsi utilmente nel mondo, cioè ad arrivare a una conclusione pratica nella vita.

Ora, l'evidenza nei nostri piccoli bambini di una mente matematica si è manifestata in modo singolare e spontaneo.

Infatti, se insegnavamo loro una precisione esatta nell'azione, proprio questa precisione sembrava trattenere il loro interesse. Avere uno scopo reale da raggiungere nelle loro azioni, questo era il movente primo, ma il modo di eseguirlo esattamente era il sostegno per rendere costante il bambino e per portarlo quindi a realizzare qualche progresso nello sviluppo. L'ordine e la precisione costituiscono la guida nel lavoro spontaneo.

Tornando dunque al materiale sensoriale capace di produrre un atto di concentrazione specialmente nei bambini piccoli, fra i tre e i quattro anni d'età, non vi è dubbio che questo materiale va considerato un aiuto non solo come chiave di esplorazione, ma come mezzo di sviluppo della mente matematica.[40]

I risultati che si constatano nei nostri piccoli bambini contrastano assai col fatto che in genere nelle scuole la matematica è uno scoglio invece che una attrattiva e che rispetto alla matematica le barriere mentali sono comuni alla maggior parte delle persone. Concludiamo dunque: tutto diviene facile se la conoscenza ha posto le radici nella *mente assorbente*.

Gli oggetti matematici non sono sparsi nell'ambiente come gli alberi, i fiori e gli animali. Sono mancate così le occasioni per sviluppare spontaneamente la mente matematica nell'età infantile, il che venne a determinare un ostacolo al successivo sviluppo mentale. Noi perciò chiamiamo i materiali sensoriali *astrazioni materializzate* o materiale matematico basico. Il mio piano della educazione matematica è esposto in due altre opere, che sono un trattato di psicologia speciale su questo particolare sviluppo.[41]

Disegni embrionali

Il fatto che il bambino – nell'incontro – segua una prima trama delle conquiste che dovrà fare sull'ambiente, è un fenomeno embrionale. Perché l'embrione è determinato da disegni: sia quelli degli organi del corpo nei geni, sia quelli del comportamento secondo la scoperta del Coghill.

---

[40]Chi desidera orientarsi sul mio materiale di sviluppo veda il mio libro *La scoperta del bambino*, Garzanti, 1991.

[41]Cf. MARIA MONTESSORI, *Psico-aritmetica* e *Psico-geometria*, Casa Editorial Araluce, Barcellona, 1934. (Prossima un'edizione italiana.)

Così il bambino rispetto al linguaggio pone una trama precisa e fissata: i suoni e l'ordine grammaticale delle parole. Quei suoni e quell'ordine del linguaggio non erano in natura, ma furono costruiti dalla società perché, come abbiamo visto, lo stabilirsi delle parole nel loro senso ebbe come fondamento un accordo tra gli uomini che dovevano intendersi tra loro.

Altre cose furono pure stabilite dalla società. Per esempio i costumi, che vennero poi sanciti come *morale* del gruppo. È interessante notare che i costumi non si sono venuti creando per il fine di rendere più facile la vita, come veniva proclamato nei concetti sull'evoluzione. L'adattamento e la costruzione sociale hanno dei lati che in sé stessi sono piuttosto contrari a tali concetti. L'«istinto di vivere» non è quello soltanto di procurarsi le migliori condizioni di vita, anzi appariscono restrizioni a questo istinto che farebbero piuttosto pensare ad altri istinti innati di sacrificio, se non venisse l'idea che per dare forma a un blocco informe è necessario di modellarlo, togliendo via, cioè, sacrificando alcune parti di esso. Studiando infatti i popoli primitivi si trova che restrizioni (proibizioni - tabù) e sacrifici corporali sono inclusi nei costumi di tutte le razze primitive.

La stessa bellezza è stata ricercata talvolta in deformazioni artificiali che sono inflitte benché comportino sacrifici pesanti (ci riferiamo per esempio al famoso piede delle donne cinesi, o all'orecchio e al naso perforati e deformati da gioielli).

Ma le restrizioni sono soprattutto nell'alimento. Quei milioni di indiani che sono morti di fame recentemente, vivevano tra una quantità di mandrie e di greggi che sono tra le più numerose del mondo. Ma essi avevano incarnato nei loro costumi l'impossibilità di ucciderli per nutrirsene; e il costume era più forte della morte.

Ora la morale è una supercostruzione della vita sociale, che la stabilisce in una determinata forma. Non va poi dimenticato che questi usi caratteristici dovettero anch'essi essere stabiliti per un comune accordo a misura che essi si sviluppavano.

Così si dica delle religioni: l'idolo, per diventare tale, deve essere riconosciuto per accordo sociale. Le religioni non sono soltanto una intesa concorde su determinate idee, ma nascono indubbiamente da esigenze spirituali della specie umana che conducono ad *adorare* e non solo ad afferrare intellettualmente certi fatti. Così i primitivi, colpiti dalle grandezze misteriose della natura, adorano alcune sue manifestazioni, e uniscono il senso di gratitudine o del timore alla meraviglia. Si finisce con il fissare per consenso generale queste profonde reazioni psichiche a taluni fenomeni e ad alcuni oggetti, i quali diventano sacri per il gruppo. Non sono fenomeni e oggetti che colpiscono la mente soltanto dal lato immaginativo, ma che la mente accoglie pure in sé traendone delle sintesi, come avviene per le impressioni sensoriali dalle quali si giunge all'astrazione. Le qualità delle cose vengono definite a mezzo di un fondamentale funzionamento mentale. Ma là dove agisce l'influenza dell'inconscio, come nelle sensazioni che portano all'adorazione, si giunge alla rappresentazione di simili astrazioni; ciò che avviene con i simboli che le personificano. Questi simboli, per entrare come elemento sociale, devono essere riconosciuti per comune consenso. E tra le espressioni simboliche vi sono pure gli atti dell'adorazione e perciò i riti che si stabiliscono nel gruppo. Tutto questo si costruisce attraverso il passare dei secoli; non soltanto è acquisito stabilmente come i costumi morali, ma diventa carattere di unità per la gente di un gruppo sociale, un carattere che aiuta a distinguerlo da altri gruppi. Si vanno così formando i caratteri distintivi dei gruppi umani come si formano i caratteri di una specie. Essi si trasmettono di generazione in generazione come i caratteri della specie si trasmettono per eredità.

Tali caratteri si delineano, si accettano, si stabiliscono, dunque, non nell'immaginazione soltanto. L'immaginazione con i corollari di esigenze spirituali raccoglie, così come su un altro piano raccolgono i sensi, ma l'astrazione intervenendo sintetizza e così la mente va precisando l'immensità infinita in forme determinate.

Sono forme precise e stabili espresse in simboli semplici a cui tutti possono aderire. Ne risulta la stabilità di atti che vengono precisati quasi matematicamente. Le impressioni immaginative e spirituali sono così stabilite e riconosciute a mezzo delle proprietà matematiche della mente regolatrice.

Ora quando il bambino assorbe i costumi, la morale, la religione di un popolo che cosa veramente assorbe?

Analogamente a ciò che avviene per il linguaggio egli assume un *disegno*, cioè assume stabilità e precisione derivate dalle astrazioni e ordinate secondo la mente matematica. Questo disegno è assunto da lui in modo embrionale, cioè come un disegno biologico potente e creativo, che darà forma alla personalità, come fa l'eredità segnata nei *geni*, e come fa il disegno del comportamento segnato nei centri nervosi.

Il bambino nel suo periodo embrionale psichico, cioè postnatale, assorbe dall'ambiente i disegni dei caratteri distintivi che si sono costruiti nella società di un determinato gruppo. Cioè egli non assorbe le ricchezze mentali della sua razza, ma solo i disegni che ne sono risultati. Assorbe quindi la parte fondamentale, riassuntiva, precisa e perciò ripetuta nella vita consueta del popolo. Ne assorbe la parte matematica. Ora quando i disegni si sono stabiliti, essi rimangono come caratteri, così come avviene per il linguaggio materno.

Potrà poi l'uomo svolgersi indefinitamente, ma lo farà su quel disegno. Così il linguaggio materno potrà indefinitamente arricchirsi, ma lo farà sul disegno dei suoni e dell'ordine stabilito nel periodo embrionale.

Che la mente matematica agisca sin dalla prima età della vita, si vede chiaramente non solo – come abbiamo accennato – dalle attrattive che l'esattezza aggiunge a ogni azione del bambino (il quale sostiene la sua attività solo se vi è un procedimento esatto da seguire e solo su questo può arrivare alla concentrazione e alla costanza nell'esecuzione degli atti); ma si vede pure dal fatto che l'ordine è una delle più potenti e preminenti sensibilità proprie dell'inizio del periodo formativo. La sensibilità all'ordine delle cose, delle loro reciproche posizioni è contemporanea alle semplici sensazioni, cioè all'assorbimento delle impressioni dall'ambiente.

Ne deriva per noi l'idea di una «costruzione fondamentale» dei caratteri psichici della personalità: un organismo psichico si forma, e si forma su disegni stabiliti. Il mondo psichico sarebbe altrimenti ordinato soltanto per mezzo della ragione e della volontà; cioè sarebbe creato da capacità che si acquistano dopo. Il che costituirebbe un assurdo. Come l'uomo non crea il suo corpo seguendo un ragionamento logico, così similmente non segue un ragionamento logico per creare la sua forma psichica. La creazione è il misterioso fatto primitivo che dà origine a «qualche cosa» che prima non esisteva e che è destinato poi a crescere secondo le leggi della vita. Ma tutto parte da qualche creazione: *Omne vivum ex ovo*.

Così la psiche umana si costruisce pure su una parte anch'essa creativa, ma nel periodo post-natale, perché la psiche si deve formare a spese dell'ambiente incarnandolo come disegno fondamentale, per fare di ogni individuo un tipo della propria razza. È così che si ha la continuità differenziale propria ai vari gruppi umani, i quali vanno svolgendo le loro civiltà attraverso le generazioni. La continuità di un processo non fisso per natura ma graduale per evoluzioni successive, come lo è lo sviluppo di una civiltà, è possibile soltanto perché i nuovi individui che nascono hanno un potere psichico creativo, che produce l'adattamento all'ambiente nello stato in cui l'individuo lo trova. Questa è la funzione biologica del bambino. Ed è essa che assicura il nostro progresso sociale. Ma appunto perché è un fatto creativo che può cadere sotto il nostro controllo esso ha per noi una importanza incalcolabile.

XVIII – CARATTERE E SUOI DIFETTI
NEI BAMBINI

Costruzione naturale del carattere

Un altro gruppo di fatti importanti da rilevare si riferisce alla formazione del carattere nei piccoli bambini.

L'educazione del carattere era il punto essenziale della vecchia pedagogia, uno dei suoi scopi principali.

Ma allo stesso tempo questa pedagogia non dava una definizione chiara del carattere, né dava un metodo per educarlo, si limitava a dire che l'educazione mentale e quella pratica non bastavano e che ci voleva anche questa incognita, questo x, indicato dalla parola *carattere*. Questi vecchi educatori mostrano tuttavia una certa intuizione in proposito, perché ciò che essi volevano era la realizzazione dei valori umani. Se però a questo valore vogliono giungere, non vedono chiaro. Si dà valore a un certo ordine di cose, quali le virtù: coraggio, costanza, sicurezza di ciò che uno dovrebbe fare, relazioni morali coi propri simili, perché nella questione del carattere l'educazione morale ha una parte importante.

In tutto il mondo, del resto, le idee sono vaghe riguardo alla essenza del carattere.

Benché filosofi e biologi si siano occupati dell'argomento fin dall'antichità, non si è tuttavia arrivati a una definizione precisa di ciò che sia carattere. Dai tempi greci fino a oggi, da Teofrasto fino a Freud e Jung, esistono molteplici tentativi di determinarlo ma, come dichiara giustamente Rümke,[42] si è sempre nello stadio dei tentativi, non si è ancora costruito un concetto definito che possa essere accettato da tutti gli scienziati. Essi sentono però l'importanza di quell'insieme, intuito, che si chiama carattere. Sotto questa parola si sono considerati, dai più recenti studiosi, elementi fisici, morali e intellettuali; il volere, la personalità e l'eredità. Si può dire che venne fondato quasi un ramo scientifico sullo studio del carattere quando Bahnsen nel 1876 introdusse per il primo la parola «caratterologia».

E in questo campo di elaborazioni, più che di conoscenze determinate, dettero il loro contributo anche i più moderni studiosi e innovatori. Essi però partono tutti dall'uomo, sia come figura astratta, sia come persona concreta. Anche quelli che si sono riferiti all'educazione, sia da un punto di

---

[42] H. C. Rümke, *Introduzione alla caratterologia*, Utrecht, 1937.

vista positivo, che da un punto di vista religioso, hanno generalmente trascurato nella loro indagine i bambini piccoli, benché molti parlino di «eredità» e perciò di influenze che precedono la nascita. Nell'insieme risulta così un salto dalla eredità alla formazione della personalità umana e rimane un vuoto inesplorato, che ben pochi si propongono di studiare.

Fu proprio questo invece il terreno delle nostre indagini e fu un contributo dato spontaneamente dal bambino che ci indicò nuovi concetti sulla questione non definita del carattere. Permise cioè di vedere la questione intesa come costruzione naturale del carattere e del suo sviluppo attraverso sforzi individuali, che certo non si riferiscono ad alcuni fattori di «educazione», ma che dipendono dall'energia vitale creativa e dagli ostacoli che si possono incontrare nell'ambiente. Si rivolse così il nostro interesse a osservare e interpretare il lavoro che fa la natura nel costruire l'uomo, fin dalla nascita, per il suo lato psichico, e si portò l'attenzione specialmente sul bambino piccolo: dal neonato, il cui carattere e la cui personalità sono a zero, fino all'età in cui comincia a definirsi una personalità, poiché a partire dall'inconscio esistono indubbiamente leggi naturali, comuni a tutti gli uomini, e determinanti lo sviluppo psichico; mentre le differenziazioni individuali dipendono invece in grande parte dalle vicende della vita nell'ambiente, dai rapidi progressi o dalle cadute o regressioni, vicende psichiche per cui l'individuo avanza fra gli ostacoli opposti dalla vita.

Senza dubbio un tale principio deve essere capace di orientare anche le interpretazioni sul carattere attraverso lo sviluppo nelle età successive fino alla maturità dell'uomo; vale intanto a considerare la vita che si svolge come base essenziale e come guida tra le infinite variazioni che possono presentare gli individui nel loro sforzo di adattamento.

Dal punto di vista della vita noi potremmo considerare tutto ciò che riguarda il carattere come comportamento dell'uomo. Come già dissi, la vita dell'individuo da 0 a 18 anni può essere divisa in tre periodi: 0-6 anni (che forma soggetto di questo libro), 6-12 anni e infine, 12-18 anni; ognuno poi diviso in due fasi secondarie. Se consideriamo separatamente questi gruppi, il tipo di mentalità che ognuno di essi rappresenta è tanto differente dagli altri due, da dar l'impressione che si tratti di individui diversi.

Come abbiamo visto, il primo periodo è un periodo di creazione; in esso troviamo le radici del carattere, per quanto, appena nato, il bambino non lo possegga. Il periodo da 0 a 6 anni è perciò la parte più importante della vita anche per ciò che riguarda il carattere. Tutti hanno riconosciuto che a questa età il bambino non può essere influenzato dall'esempio o dalla costrizione esterna; quindi deve essere la natura stessa che pone le fondamenta del carattere. Il bambino a questa età non comprende le distinzioni fra bene e male, egli vive al di fuori della nostra concezione morale della vita. Infatti noi non chiamiamo il bimbo di questa età malvagio o cattivo, ma bricconcello, volendo indicare che la sua condotta è infantile. Così in questo libro non parleremo di male e di bene o di moralità. Nel secondo periodo da 6 a 12 anni il bambino incomincia a essere cosciente del bene e del male, non solo nelle proprie azioni, ma pure in quelle degli altri. Il problema del bene e del male è caratteristico di questa età; la coscienza morale si forma e porta più tardi alla coscienza sociale. Nel terzo periodo, da 12 a 18 anni, sorge il sentimento dell'amore al proprio paese, quello di appartenere a un gruppo e dell'onore del gruppo.

Ho già accennato al fatto che per quanto il carattere di ogni periodo sia così radicalmente differente da quello degli altri due, pure ognuno di essi pone le fondamenta del successivo. Perché ci si possa sviluppare normalmente nel secondo periodo, bisogna essersi bene sviluppati nel primo. Anche il bruco e la farfalla sono tanto differenti nell'aspetto e nelle loro manifestazioni, eppure la bellezza della farfalla è conseguenza della sua vita allo stato di bruco e non può provenire dall'imitare l'esempio di un'altra farfalla. *Per costruire il futuro è necessario vigilare sul presente.* Quanto più verranno curati i bisogni di un periodo, tanto maggior successo avrà il periodo successivo.

La vita incomincia dall'atto della concezione. Se la concezione risulta dall'unione di due esseri sani, non alcoolizzati o degenerati, l'individuo che nascerà sarà libero di certe tare. Il modo in cui si sviluppa l'embrione è perciò condizionato alla concezione. In seguito il bambino potrà essere influenzato, ma solo dall'ambiente, ossia, durante la gestazione, dalle condizioni della madre. Se l'ambiente è favorevole, ne risulterà un essere forte e sano; così la gestazione e la concezione condizionano la vita postnatale.

Abbiamo accennato al trauma della nascita e alla possibilità che esso dia luogo a regressioni: le caratteristiche di queste regressioni sono gravi, ma non quanto quelle dell'alcoolismo o delle malattie ereditarie (epilessia, ecc.).

Alla nascita, seguono gli anni determinanti, di cui già ci siamo occupati. Durante i primi due o tre anni operano sul bimbo influenze che possono alterare il carattere nella vita avvenire: se il bambino ha avuto qualche trauma o esperienza violenta o ha incontrato considerevoli ostacoli durante questo periodo, ne possono risultare deviazioni. Il carattere perciò si sviluppa in rapporto agli ostacoli incontrati o alla libertà che ne ha favorito lo

sviluppo. Se durante la concezione, la gestazione, la nascita, e il periodo
che segue, il bimbo è stato trattato scientificamente, all'età di tre anni egli
dovrebbe essere un individuo modello. Questo ideale di perfezione non è
mai raggiunto, giacché, oltre ad altre ragioni, molti ostacoli possono insor-
gere. All'età di tre anni i bambini presentano caratteristiche differenti gli
uni dagli altri, e aventi importanza diversa e seconda non solo della serietà
dell'esperienza, ma specialmente riguardo all'epoca della vita in cui è avvenuta. Se le caratteristiche sono dovute a difficoltà dopo la nascita, saranno
meno gravi di quelle contratte nel periodo della gestazione, e queste a loro
volta lo saranno meno di quelle del periodo della concezione. Nel quadro
delle possibilità che si offrono di correggere i difetti dei bambini, praticamente risulta che i difetti acquistati durante il periodo postnatale, da 0 a 3
anni, possono essere corretti nel periodo successivo, da 3 a 6, il quale dalla
natura è stato fatto particolarmente attivo ai fini del perfezionamento.

Le nostre scuole ci hanno dato per questo periodo un contributo notevole
di esperienze e di risultati permettendoci di agire con aiuti esterni, cioè con
l'educazione. Ma se i difetti comparsi fra 0 e 3 anni non sono corretti durante questo periodo per negligenza o per errato trattamento, non solo essi
resteranno, ma peggioreranno. Così a 6 anni si può avere un bimbo con
deviazioni del periodo da 0 a 3 anni, e con le nuove tare acquistate durante
il periodo successivo. Dopo i 6 anni queste a loro volta avranno influenza
sul secondo periodo e sullo sviluppo della coscienza del bene e del male.

Tutti questi difetti hanno un riflesso sulla vita mentale e sull'intelligenza. I bambini imparano più difficilmente se nel periodo precedente non
hanno trovato condizioni favorevoli al loro sviluppo. Perciò un bimbo di
sei anni presenta l'accumularsi di caratteristiche che possono realmente non
essere sue, ma il risultato di circostanze sfavorevoli, e può mancare, per
esempio, della coscienza morale che si sviluppa fra i sette e i dodici anni, o
non avere una intelligenza normale. E abbiamo allora un bimbo privo di carattere e incapace d'imparare: altre mancanze si aggiungeranno nell'ultimo periodo a causa della sua inferiorità, ed egli diventerà un uomo con tare dovute
alle difficoltà attraverso le quali è dovuto passare.

Nelle nostre scuole (e in molte altre scuole moderne) si tiene un diagramma biologico delle caratteristiche di ciascun bambino, per sapere come
comportarsi nell'educarlo. Se conosciamo le perturbazioni dei diversi periodi, ci possiamo orientare sulla loro gravità e sul conveniente trattamento.
Per questo noi chiediamo ai genitori se ci sono malattie ereditarie, quale era
la loro età alla nascita del bambino, e prudentemente ci informiamo della
vita della mamma durante la gestazione, se mai le avvenne di cadere, ecc.

Poi, ancora, se la nascita è stata normale, se il bimbo stava bene o era nato asfittico. Altre domande riguardano la vita del bambino in casa: i genitori erano severi? il bimbo aveva avuto spaventi o altro? Se ci troviamo di fronte a bambini difficili o capricciosi, cerchiamo la ragione del loro carattere nella vita che essi hanno vissuto precedentemente. Quando vengono da noi a tre anni, quasi tutti mostrano caratteristiche non normali, ma correggibili. Consideriamo ora brevemente i tipi più comuni di deviazione del carattere. L'idea generale è quella di considerare i difetti dei bambini di questa età a uno a uno, cercando di correggerli direttamente e separatamente.

Noi raggruppiamo invece in due categorie soltanto gli innumerevoli difetti che possono presentare i bambini di questa età, cioè quelli del bambino forte che lotta e vince gli ostacoli presentati dall'ambiente e quelli del bambino debole che soccombe per sfavorevoli condizioni.

Difetti dei bambini forti

La prima categoria presenta capricci violenti, scoppi d'ira, atti di ribellione e di aggressione. Una delle principali caratteristiche di questi bambini è la disubbidienza, e un'altra l'istinto di distruzione. Vi è anche il desiderio del possesso, e quindi egoismo e invidia (l'ultima non si manifesta passivamente, ma col tentativo d'impadronirsi di ciò che hanno gli altri bambini). Incostanza (molto comune nei piccini), incapacità di attenzione; difficoltà nel coordinare i movimenti delle mani così che gli oggetti loro affidati cadono e si rompono; mente disordinata, forte immaginazione. Spesso urlano, strillano e fanno un gran chiasso; disturbano, tormentano e spesso sono crudeli coi bimbi deboli e con gli animali. Frequente è in essi la ghiottoneria.

Difetti dei bambini deboli

Quelli che appartengono alla seconda categoria sono tipi passivi e presentano difetti negativi: indolenza e inerzia; piangono per ottenere qualunque cosa e cercano di far lavorare gli altri in loro vece: vogliono essere divertiti e si annoiano facilmente. Hanno paura di tutto, si attaccano agli adulti. Spesso sono anche bugiardi (una forma passiva di difesa) e rubano (altra forma di impadronirsi di ciò che appartiene ad altri), ecc.

Può anche darsi il caso che il bimbo presenti certe caratteristiche fisiche difettose che hanno origine psichica: così ad esempio il rifiuto del cibo e la mancanza di appetito; o, all'opposto, l'eccessiva ghiottoneria. Così pure gli incubi, la paura del buio, i sonni agitati che recano danno al fisico e provocano anemia. (Certe forme di anemia e di disturbi del fegato sono appunto dovuti a fatti psichici.) Vi sono pure forme nervose. Tutte queste, che hanno origine psichica, sono generalmente incurabili con i mezzi offerti dalla medicina comune.

Tali caratteristiche entrano nel quadro dei problemi morali del comportamento e, in generale, dei difetti del carattere. Molti di questi bambini (specialmente del tipo forte) non sono considerati dalle famiglie come una benedizione: i genitori cercano di liberarsene e li affidano volentieri alle bambinaie e alle scuole ed essi diventano degli orfani con genitori viventi. Sono malati pur avendo un corpo sano, e inevitabilmente saranno portati a una cattiva condotta. I genitori vorrebbero sapere che cosa far di loro: alcuni domandano consiglio, altri cercano di risolvere il loro problema senza aiuto. Qualche volta si decidono per la severità, convinti che in questo modo i bambini si correggeranno. Ricorrono a tutti i mezzi: schiaffi, sgridate, a letto senza cena...; ma i bimbi si fanno più feroci e cattivi, ovvero vengono a presentare l'equivalente passivo dello stesso difetto. Si tenta allora la tattica persuasiva, si ragiona con loro e si fa appello al loro affetto: «Perché fai soffrire la mamma?», e infine, i genitori cessano di preoccuparsi.

I bambini di tipo passivo generalmente non richiamano l'attenzione dei genitori e non costituiscono un problema. La mamma pensa che il suo bambino sia buono e ubbidiente, giacché non fa nulla di male; crede che egli le stia accanto per affetto. L'ama tanto, dice, che non vuole andare a letto senza di lei. Ma poi s'accorge che è tardo nel muoversi e nel parlare, debole nel camminare: «È sano, ma è così sensibile e ha paura di tutto! Non ha neppur voglia di mangiare; è un bimbo veramente spirituale: per indurlo a mangiare gli devo sempre raccontare delle storie. Deve essere un santo o un poeta!». Finalmente pensa che sia malato e chiama il dottore. Più o meno le malattie psichiche fanno la fortuna dei pediatri.

Tutti questi problemi sono risolvibili se noi conosciamo come si è svolto il ciclo dell'attività costruttiva del singolo bambino. Noi sappiamo che tutti i difetti di carattere sono dovuti a un trattamento sbagliato che il bambino ha avuto durante il primo periodo. Quando i bambini sono stati in questo periodo trascurati, la loro mente è vuota perché non si è dato loro possibilità di costruirla. Questa mente affamata (della quale ormai gli psicologi molto si interessano) è la causa principale di molti mali. Un'altra causa è la mancanza di attività spontanea diretta dagli impulsi costruttivi. Pochi di questi bambini hanno potuto trovare le condizioni necessarie a un pieno sviluppo; essi sovente sono stati isolati, e quasi addormentati: gli adulti hanno fatto tutto per loro, ed essi non hanno potuto compiere liberamente i loro cicli di attività. Così sono diventati passivi e inerti. Non si è data loro la possibilità di osservare gli oggetti i quali venivano loro tolti dalle mani: non potevano toccarli, e desiderando averli, quando riuscivano ad afferrare un fiore o un insetto non sapevano più che farne e lo riducevano a pezzi.

Anche della paura la causa è rintracciabile nel primo periodo.

Una delle ragioni per cui si diffusero le nostre scuole, fu il visibile scomparire di questi difetti nei bambini non appena furono messi in condizione di fare le loro esperienze nell'ambiente e il libero esercizio nutrì la loro mente. Così circondati da interesse per la loro attività, essi ripetevano i loro esercizi e passavano da un periodo di concentrazione a un altro. Quando il bambino aveva raggiunto questo stadio e poteva concentrarsi e lavorare a qualcosa che veramente lo interessava, i difetti sparivano: il disordinato diventava ordinato, il passivo attivo, e il bimbo che disturbava diventava un aiuto nella scuola. Questo risultato ci fece capire che i loro difetti erano acquisiti, non originari. E i bimbi non erano diversi fra di loro per il fatto che uno diceva bugie e un altro disubbidiva. Ma tutti i malanni provenivano dalla stessa causa: la mancanza d'alimento alla vita psichica.

Quale consiglio possiamo dare alle madri? Di fornire ai loro bambini lavori e occupazioni interessanti, di non aiutarli senza necessità e di non interromperli quando essi hanno iniziato un lavoro intelligente. Dolcezza, severità, medicine non aiutano: i bimbi soffrono di fame mentale. Se uno ha fame di cibo, non lo chiamiamo stupido né lo picchiamo, né facciamo appello al sentimento: non servirebbe a nulla, egli ha bisogno di mangiare. Anche in questo caso, né durezza, né dolcezza risolveranno il problema. L'uomo è una creatura intellettuale, e ha bisogno di cibo mentale quasi più che di pane. A differenza degli animali, egli deve costruirsi il suo comportamento. Se il bambino viene avviato su una strada che gli permetta di costruire la sua condotta e la sua vita, tutto andrà bene: spariranno i malesseri, spariranno gli incubi, la digestione diventerà normale e sparirà la ghiottoneria. Egli diventerà normale perché la sua psiche sarà normale.

Questo non è un problema di educazione morale, ma di sviluppo del carattere. La mancanza di carattere, i difetti del carattere spariscono senza bisogno di prediche o di esempi da parte dell'adulto. Né minacce, né lusinghe saranno necessarie, ma solo condizioni normali di vita.

XIX – CONTRIBUTO SOCIALE DEL BAMBINO: NORMALIZZAZIONE

Tutte le caratteristiche che abbiamo descritto nel capitolo precedente, parlando della condotta del bambino forte e di quello debole, non sono considerate come dei mali dall'opinione pubblica; alcune di esse anzi sono apprezzate. I bambini che mostrano un carattere passivo vengono giudicati buoni; quelli che presentano le caratteristiche opposte, come l'esuberanza fisica, l'immaginazione vivida, ecc. vengono giudicati particolarmente brillanti o addirittura superiori.

Così possiamo dire che i bambini si considerano di tre tipi:

1) Quelli i cui difetti devono esser corretti
2) Quelli che sono buoni (passivi) e servono da modello
3) Quelli che sono considerati superiori.

Gli ultimi due tipi appartengono ai cosiddetti desiderabili, e i genitori ne sono molto orgogliosi, anche se (come nell'ultimo tipo) la vicinanza non li rivela particolarmente gradevoli.

Ho insistito su questo punto e ho attirato l'attenzione su questa classifica, perché essa è stata stabilita da secoli. Pure, io ho visto nella mia prima scuola e nelle seguenti che tali caratteristiche scompaiono appena i bambini si interessano a un lavoro che li attrae. Le qualità cosiddette cattive, le buone, le superiori, *tutte scompaiono*, e resta solo un tipo di bambino che non ha più nessuna delle dette caratteristiche. Vuol dire che il mondo non ha saputo finora misurare il bene e il male o ciò che supera queste due qualità: quello che si riteneva vero non lo è. Vien da pensare a un detto mistico: «Niente vi è di giusto se non te, o Dio, ogni altra cosa è errore». I bambini delle nostre scuole ci dimostrarono che la loro vera aspirazione era la costanza nel lavoro: il che non era ancora mai stato osservato, come non si era mai verificata la scelta spontanea del lavoro da parte del bambino. I bimbi seguendo una direttiva ulteriore si occupavano (ognuno in modo diverso) di qualcosa che dava loro serenità e gioia; avveniva poi altra cosa che non si era ancora vista in un gruppo di bambini: una disciplina spontanea. Questo fatto colpì più di ogni altro. La disciplina nella libertà sembrava risolvere un problema che era parso fino allora insolubile. La soluzione consisteva nell'ottenere la disciplina dando la libertà. Questi bambini che andavano cercando lavoro in libertà, ognuno concentrato in un tipo diverso di occupazione, eppure uniti in un gruppo solo, davano l'impressione della disciplina perfetta. Questo si è ripetuto per quarant'anni nei più svariati paesi e dimostra che, messi in un ambiente che offra loro la possibilità di svolgere un'attività ordinata, essi manifestano questo nuovo aspetto, sviluppano cioè un tipo psichico comune a tutta l'umanità, che prima non era possibile vedere perché nascosto sotto altre caratteristiche apparenti. Questo cambiamento, che crea quasi un'uniformità di tipi, non avviene gradatamente, ma si rivela a un tratto. Si produce sempre quando il bambino è concentrato in un'attività; non è che l'insegnante spinga il bambino pigro al lavoro, basta che essa faciliti soltanto il contatto con mezzi di attività presenti nell'ambiente preparato per lui. Non appena egli trova il modo di lavorare, i suoi difetti spariscono.

L'individuo umano è un'unità. Ora questa unità deve essere costruita e fissata attraverso esperienze attive sull'ambiente, stimolate dalla natura.

Gli sviluppi embrionali che si sono compiuti separatamente da 0 a 3 anni, ciascuno nel momento determinato, devono infine agire tutti insieme e organizzarsi a servizio della personalità. Ciò avviene quando nel periodo successivo, da 3 a 6 anni, la mano lavora e la mente è guida nel lavoro.

Se le circostanze esterne non permettono questa integrazione, le energie continuano a spingere quelle formazioni parziali che vengono a svolgersi disorganizzate, deviando dal loro fine.

La mano si muove senza scopo; la mente divaga lontana dalla realtà; il linguaggio cerca compiacenze in sé stesso; il corpo si muove senza ordine. E queste energie separate che mai trovano soddisfacimento, danno luogo a innumerevoli combinazioni di sviluppi errati, deviati, origini di conflitti e turbamenti.

Tali deviazioni non sono da attribuirsi a difetti della personalità, ma devono essere interpretati come conseguenza di una mancata organizzazione della personalità.

Sono apparenze effimere; tuttavia incorreggibili in sé stesse perché si possono correggere solo quando tutte le attività concorrono al loro fine.

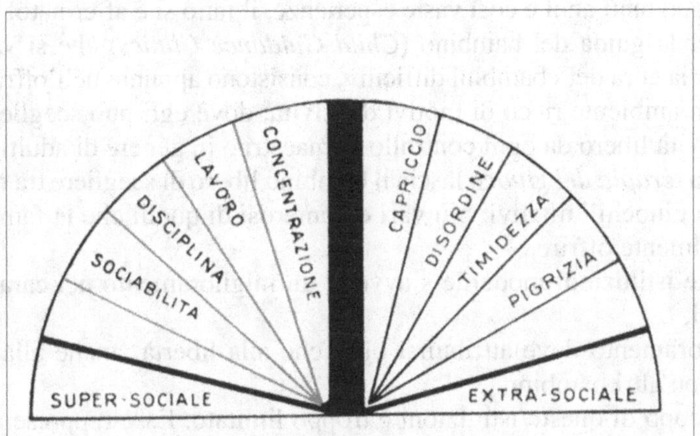

Fig. 10. Lineamenti normali e deviati del carattere del bambino.

Ma quando l'ambiente richiama con le sue attrattive o offre motivi per una attività costruttiva, allora ecco che tutte le energie si concentrano e le deviazioni scompaiono. Appare allora un tipo unico di bambino, «un nuovo bambino», la «personalità», cioè, del bambino, che è riuscita a costruirsi normalmente.

Nella fig. 10 noi vediamo dal lato destro le differenti caratteristiche dei bambini, quali noi le conosciamo, rappresentate da linee numerose che si aprono a ventaglio. Al di là, la mediana, larga, perpendicolare, è simbolo di concentrazione su di un punto: è la linea della normalità. Quando i bimbi possono concentrarsi, tutte le linee alla destra di questa mediana spariscono, e resta solo un tipo che ci offre le caratteristiche rappresentate dalle linee che stanno alla sinistra. La perdita di tanti difetti superficiali non è opera di un adulto, ma del bambino stesso, che passa lungo la linea principale con la sua intera personalità: e allora la normalità è raggiunta.

Questo fenomeno si è ripetuto costantemente nelle nostre scuole con bambini appartenenti a diverse classi sodali e a razze e civiltà differenti.43

Ed è questa l'esperienza più importante del nostro lavoro.

«Il passaggio tra i due stadi avviene sempre dopo un lavoro esercitato dalla mano sugli oggetti, lavoro accompagnato da concentrazione mentale.» Abbiamo chiamato questo fenomeno psicologico, il quale ricorda le guarigioni che si ottengono nell'adulto con la psicanalisi, col nome di «normalizzazione».

---

[43] Vedi *Il segreto dell'infanzia*, Garzanti, 1952.

Oggi, dopo tanti anni e così vaste esperienze, il fatto si è affermato. I Dispensari per la guida del bambino (*Child Guidance Clinics*) che si vanno creando per la cura dei «bambini difficili», consistono appunto nell'offrire al bambino un ambiente ricco di motivi d'attività, dove egli può scegliere la propria attività libero da ogni controllo di maestri o in genere di adulti.

Anche la *terapia del giuoco* lascia il bambino libero di scegliere tra molti giocattoli o giuochi imitativi; più vari e numerosi di quelli che la famiglia può generalmente offrire.

In queste istituzioni moderne s'avverte un miglioramento nel carattere dei bambini.

Il miglioramento deve attribuirsi oltre che alla libertà, anche alla vita «sociale» con altri bambini.

Ma lo scopo di queste istituzioni è troppo limitato. Esse rappresentano soltanto un luogo di «cura» come fossero delle «case di salute» per bambini malati (difficili). Manca la comprensione che se lavoro e libertà guariscono difetti di crescenza, vuol dire che lavoro e libertà sono necessari normalmente allo sviluppo del bambino.

Infatti, spesso, quando bambini guariti o migliorati tornano a vivere nelle stesse condizioni dove si determinarono le loro «deviazioni dalla normalità», non hanno la forza o i mezzi per rimanere in uno stato normale e il loro miglioramento è passeggero.

In alcuni paesi si è cercato di applicare perciò libertà e attività anche nelle scuole; ma la libertà e l'attività sono interpretate troppo empiricamente.

La libertà è intesa in un modo primitivo come immediato acquisto di una indipendenza da legami repressivi: come una sospensione di correzioni, e di sottomissioni alla volontà dell'adulto. Questo concetto evidentemente è negativo, cioè significa soltanto eliminazione di coercizioni. Ne è derivata molte volte una semplice «reazione»: uno scatenamento disordinato di impulsi non più controllati perché erano stati prima controllati soltanto dalla volontà degli adulti. «Lasciar fare quello che vuole al bambino che non ha sviluppato la volontà» è tradire il senso di libertà.

Ne risultano allora bambini disordinati perché l'ordine era stato imposto dall'arbitrio degli adulti, bambini oziosi perché il lavoro era stato imposto dagli adulti, bambini disobbedienti perché l'obbedienza era stata una necessità forzata.

La libertà è invece una conseguenza dello sviluppo; è lo sviluppo di guide latenti, aiutato dalla educazione. Lo sviluppo è attivo, è costruzione della personalità raggiunta attraverso lo sforzo e l'esperienza propria; è il lungo lavoro che deve compiere ogni bambino per sviluppare sé stesso.

Tutti possono comandare e reprimere una persona debole e sottomessa, ma nessuno può «sviluppare» un'altra persona. Lo «sviluppo» non si può insegnare.

Se la libertà è intesa nel lasciare i bambini muoversi come vogliono, usando, o comunque, usando male gli oggetti che li circondano, è evidente che vengono a essere «lasciate libere di sviluppo le deviazioni» e si aggravano le condizioni anormali dei bambini.

La normalizzazione viene dalla «concentrazione» in un lavoro. Bisogna a questo fine che vi siano nell'ambiente motivi adatti a provocare questa attenzione; che gli oggetti vengano usati secondo lo scopo a cui furono costruiti, ciò che porta a un «ordine mentale»; e ancora, che siano «usati esattamente», ciò che porta alla «coordinazione dei movimenti».

L'ordine mentale e la coordinazione dei movimenti, guidati secondo un criterio scientifico, preparano la concentrazione, la quale, una volta avvenuta, «libera le azioni del bambino» e lo porta alla guarigione dei suoi difetti. Diciamo «concentrazione» e non soltanto «occupazione». Perché se i bambini passano indifferentemente da cosa a cosa, anche se usata bene, non per questo spariscono i difetti.

Bisogna che si manifesti, rispetto a una occupazione, un interesse che impegni la personalità.

Nelle nostre scuole questa «guarigione» non è il punto di arrivo come nelle cliniche dei bambini difficili, ma è il punto di partenza, dopo il quale la «libertà di agire» consolida e sviluppa la personalità.

Soltanto i bambini «normalizzati» aiutati dall'ambiente rivelano nel loro sviluppo successivo quelle meravigliose capacità che noi descriviamo. La disciplina spontanea, il lavoro continuo nella gioia, i sentimenti sociali di aiuto per gli altri e di comprensione.

L'attività per la «libera scelta delle occupazioni» diventa il modo costante di vivere: la guarigione è l'ingresso a una nuova forma di vita.

La caratteristica principale rimane sempre la stessa: «l'applicazione al lavoro». Un lavoro interessante, scelto liberamente, che abbia virtù di concentrare, anziché di stancare, aumenta le energie e le capacità mentali e dà padronanza di sé stessi.

Ora, per aiutare un tale sviluppo non bastano «oggetti» di qualsiasi specie, ma occorre organizzare un ambiente di «interessi progressivi». Ne risulta allora un metodo di educazione basato sulla psicologia dello sviluppo infantile.

Nelle nostre scuole, non soltanto si fortifica il carattere, ma l'intelligenza sembra divenire insaziabile nella ricerca di conoscenze.

Si direbbe che i bambini fanno esercizi di vita spirituale, avendo trovato una via di perfezionamento e di ascesa.

Il lavoro nel suo sviluppo suggerisce il ricordo di alcuni principi che si trovano in «Gita», il libro della sapienza indiana: «Dare il lavoro appropriato è cosa importante. La mente ha continua necessità di lavoro. Tenerla sempre impegnata in sane occupazioni è esercizio spirituale. Quando la mente si abbandona quieta, nel far nulla, entra il diavolo. Un uomo nell'inerzia non può essere spirituale».

E la nostra concezione spiega anche le parole di Gibran: «Il lavoro è amor fatto visibile».44

44Vedi KAHLIL GIBRAN: *Prophet*, ed. A. Knopf, New York, 1948, pag. 33.

XX – LA COSTRUZIONE DEL CARATTERE È UNA CONQUISTA

Come si è illustrato nei capitoli precedenti, i bambini costruiscono il carattere, elaborandone le qualità che in esso ammiriamo. Queste sorgono non dall'esempio che l'adulto può dare, né dalle sue ammonizioni: ma soltanto attraverso un lungo e graduale esercizio individuale che va dai 3 ai 6 anni.

Gli adulti non possono in questo periodo «insegnare» i valori che formano parte del carattere: la sola cosa che si può fare è di mettere l'educazione su basi scientifiche in modo che il bambino possa svolgere il suo compito proficuamente, indisturbato e senza ostacoli.

Soltanto più tardi è possibile affrontare la mente del bambino e intervenire con ragionamenti ed esortazioni. Solo dopo i sei anni possiamo diventar missionari di moralità, perché fra i sei e i dodici anni la sua coscienza si è svegliata, ed egli vede i problemi del bene e del male. Ancor più si potrà ottenere fra i dodici e i diciotto anni, quando il ragazzo comincia ad avere degli ideali, come il sentimento di patria, il senso sociale, la religione, ecc. Allora potremo diventare missionari per loro, come per gli adulti. Il male si è che dopo i sei anni i ragazzi non possono sviluppare «spontaneamente» qualità di carattere, e i missionari, anch'essi imperfetti, si trovano di fronte a grandi difficoltà: lavorano sul fumo, non sul fuoco. Gli educatori lamentano il fatto che, pur potendo insegnare scienza, letteratura, ecc., si trovano di fronte a giovani che non riescono a imparare, non perché mancano di intelligenza, ma perché non hanno carattere, e, quando questo non c'è, manca la forza propulsiva della vita. Solo quelli che, attraverso tempeste ed errori del loro ambiente, hanno potuto salvare alcune o tutte le doti fondamentali del carattere, hanno una personalità. Purtroppo i più ne mancano. Ora non possiamo ordinare loro di concentrarsi, perché ciò che loro manca è appunto la concentrazione. Come pretendere che adempiano il loro compito con costanza ed esattezza, se mancano delle qualità necessarie? Tanto varrebbe dire: «Cammina diritto», a chi non avesse gambe. *Queste abilità possono solo essere acquistate con l'esercizio, mai in seguito a un ordine.* Che cosa si può fare allora? La società generalmente dice: «Siate pazienti con la gioventù: occorre insistere con buone intenzioni e buoni esempi». E si crede, col tempo e la pazienza, di poter realizzare qualcosa: invece non si realizza nulla: col passar del tempo si diventa più vecchi, ma non si crea nulla. Nulla può essere compiuto *solo* col tempo e la pazienza, se non si è profittato delle occasioni che si presentano durante il periodo creativo.

Un altro punto si fa chiaro, se si considera l'umanità. Sembra che, come i bambini, gli adulti differiscano tra loro nei difetti, ma abbiano qualcosa di intimo, comune a tutti, che però rimane nascosto. In tutti gli uomini vi è una tendenza, per quanto vaga e inconscia, a migliorare sé stessi e ad aspirare a qualcosa di spirituale, e questa tendenza, che esercita una sia pur tenue azione sui difetti del carattere, ha più tardi la virtù di stimolarne il miglioramento. Gli individui e la società hanno questo in comune: il continuo progresso. Sia sul piano esteriore che su quello ulteriore, vi è una piccola luce nell'inconscio dell'umanità, la quale la guida verso il miglioramento. In altre parole, il comportamento dell'uomo non è invariabile come negli altri animali, ma può progredire, ed è naturale che l'uomo senta perciò questa spinta verso il progresso.

Alla figura 11 vediamo nel centro un circolo nero, il centro della perfezione; vi è intorno un'area di azzurro che rappresenta la categoria umana del tipo più forte e normale. Lo spazio bianco che la circoscrive indica la grande massa della gente che – a gradi diversi – non ha raggiunto un normale sviluppo. Alla periferia vediamo un cerchio rosso, di minore area, il quale rappresenta la categoria di coloro che sono al di fuori dell'umanità normale – i pochissimi extra-sociali o anti-sociali (gli extra-sociali sono gli imbecilli o i pazzi, e gli anti-sociali, i delinquenti). I criminali e pazzi non hanno potuto adattarsi alla società; tutti gli altri si sono più o meno adattati. I problemi dell'educazione, perciò, si riferiscono a quelli che hanno saputo, fino a un certo punto, restare nei limiti dell'adattamento.

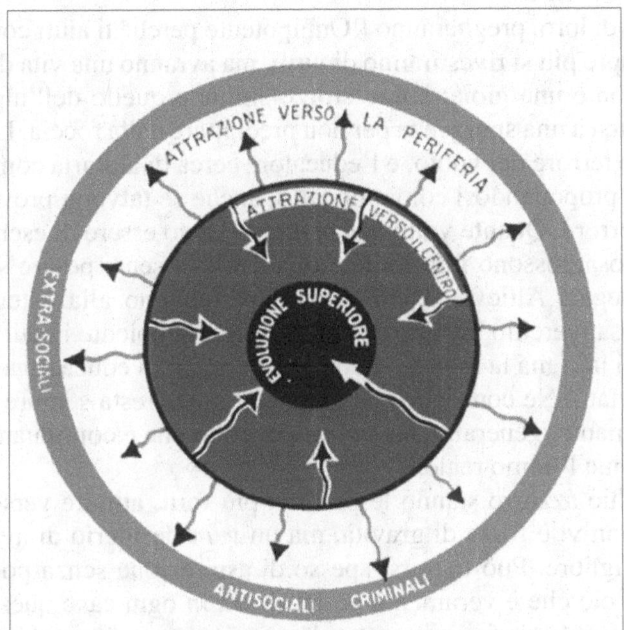

Fig. 11. Cerchi di attrazione verso tipi superiori e inferiori.

Questo adattamento all'ambiente si attua nei primi sei anni: qui è dunque l'origine del carattere umano. Tremendo problema quello di trovare un adattamento! Il cerchio azzurro include quelli che sono più vicini alla perfezione; sono i più forti, sia perché hanno maggior quantità di energia vitale, sia perché trovarono migliori condizioni di ambiente, mentre quelli del cerchio bianco hanno minor forza vitale o hanno incontrato maggiori ostacoli. Nella società, i primi sono riconosciuti come i caratteri forti, mentre gli altri (zona bianca) sono considerati caratteri deboli. I primi sentono un'attrazione naturale verso la perfezione (centro nero), i secondi tendono a scivolare verso la cerchia anti ed extra-sociale. Costoro incontrano sul loro cammino molte tentazioni. Se non fanno un continuo sforzo si sentono diventare inferiori e hanno perciò il bisogno di essere sostenuti moralmente per non cedere alla tentazione. Non è attrazione verso il piacere, giacché nessuno può godere all'idea di andare verso la criminalità, o la pazzia: è un'attrazione quasi irresistibile, come la forza di gravità, ed esige una continua lotta e difesa. Lo sforzo di resistere al male è considerato una virtù, perché, infatti, ci impedisce di cadere nel marasma morale. Questi individui s'imporranno una regola che li salvi dalla caduta, si attaccheranno a qualcuno che sia migliore di loro, pregheranno l'Onnipotente perché li aiuti contro le tentazioni, sempre più si rivestiranno di virtù, ma avranno una vita difficile. La penitenza non è una gioia: è uno sforzo simile a quello dell'alpinista che deve attaccarsi a una sporgenza per non precipitare dalla roccia. La gioventù sente questo terrore del vuoto, e l'educatore cerca di aiutarla con esempi ed esortazioni, proponendosi come modello, anche se talvolta prova lo stesso impulso e terrore. Quante volte egli si dice: «Devo essere di esempio, altrimenti che cosa possono fare i miei allievi?»; e si sente pesare sulle spalle questa consegna. Allievi ed educatori appartengono alla categoria della gente virtuosa (cerchio bianco). Questo è oggi l'ambiente in cui si educa il carattere e si insegna la morale e, come il solo tipo di educazione possibile, è stato accettato. Ne consegue che la maggioranza resta sempre entro quei limiti, e l'umanità generalmente considera colui che è continuamente sulla difensiva come l'uomo reale.

Nel cerchio azzurro stanno le persone più forti, attratte verso la perfezione: qui non vi è forza di gravità, ma un *vero* desiderio di avvicinarsi a ciò che è migliore. Può trattarsi spesso di aspirazione senza possibilità di raggiungere ciò che è veramente perfetto, ma in ogni caso questi esseri si orientano verso la perfezione, naturalmente e senza sforzo. Non è perché paventino la prigione che essi non rubano; non vincono a stento il desiderio di possedere ciò che non è loro; né sono portati alla violenza e trattenuti per falsa virtù: essi semplicemente non sentono l'attrazione di impossessarsi della roba altrui e sentono ripugnanza della violenza. Li attrae la perfezione perché questa è nella loro natura e quando vanno verso la perfezione, non lo fanno con sacrificio, ma come se appagassero il loro più ardente desiderio.

È un poco come i vegetariani e i non vegetariani. Molti, che mangiano la carne, se ne astengono in certi giorni della settimana e, durante la Quaresima, digiunano per quaranta giorni, ossia si privano della carne e di altri generi voluttuari. Questa rappresenta per loro un lungo periodo di vera penitenza, e perciò essi si ritengono virtuosi nel resistere alla tentazione.

Sono individui che osservano le regole dettate da altri e dai propri direttori spirituali. Quelli del campo azzurro sarebbero i celestiali, i vegetariani, che non sono tentati dalla carne: la evitano. Inutile mandar loro un missionario: essi osservano il comandamento con piena adesione della loro volontà.

Un altro esempio è dato dall'uomo fisicamente forte e da quello debole. Un individuo che soffra, ad esempio, di bronchite cronica, dovrà proteggere i suoi polmoni con vestiario di lana ben caldo; avrà bisogno di bagni e massaggi per la sua cattiva circolazione. Normale in apparenza, egli deve però curarsi. O forse ha una cattiva digestione, e per tirare avanti deve mangiare cibo speciale in date ore. Questi tipi di persone si tengono a galla fra quelle normali, ma con grandi cure, e col timore continuo dell'ospedale e forse della morte. Stanno sempre attaccati ai dottori, alle infermiere, alla gente di casa, chiedendo continuamente aiuto. Ma guardate quelli che hanno buona salute: mangiano quel che vogliono senza stare alle regole, escono col freddo, si buttano nel torrente gelido per una nuotata, quando gli altri non hanno il coraggio di metter fuori il naso. Nel campo bianco dei deboli sono necessari mentori spirituali di ogni genere, per frenare le cadute nell'abisso della tentazione o nel marasma; ma di costoro non abbisognano gli individui del campo azzurro, o per lo meno non nello stesso modo: essi hanno gioie che gli altri neppure sognano.

Consideriamo ora il cerchio della perfezione, per cercare di basare il carattere su fatti. Che cos'è la perfezione? È forse il possesso delle virtù portate ai più alti gradi, e per raggiungere che cosa? Qui ancora dobbiamo chiarire: per carattere noi intendiamo il comportamento degli uomini che è spinto (anche se in molti casi inconsciamente) verso il progresso. Questa è la tendenza generale: l'umanità e la società devono progredire nell'evoluzione. Vi è naturalmente l'attrazione verso Dio; ma consideriamo qui un centro di perfezione prettamente umano: il progresso dell'umanità. Un individuo fa una scoperta, e la società progredisce su quella linea. Lo stesso avviene nel campo spirituale: un individuo raggiunge un alto livello e dà una spinta in avanti alla società. Tutto quello che noi sappiamo, spiritualmente parlando, e tutto quel che vediamo, fisicamente parlando, è stato compiuto per opera di qualcuno. Se consideriamo la geografia o la storia vediamo questo incessante progredire, perché in ogni epoca qualche uomo mette un punto nel cerchio della perfezione che lo ha affascinato e spinto all'azione. Questo uomo è tra quelli del campo azzurro, che, sicuri di sé, non sciupano energia combattendo le tentazioni, e quella stessa energia impiegano per compiere opere che appaiono irrealizzabili a quanti devono lottare contro la miseria del proprio io. L'ammiraglio Byrd si sottopose all'umiliazione di raccoglier denaro, per poter esplorare il polo sud ed esporsi a tutte le sofferenze di una spedizione polare; egli sentì solo l'attrazione di raggiungere qualcosa di non ancora raggiunto, e aggiunse così il suo punto a quelli che formano il cerchio della perfezione.

Per concludere, potremmo dire che l'umanità, dal punto di vista del carattere, è troppo ricca di individui che stanno nel cerchio bianco. C'è troppa gente che ha bisogno di grucce per sostenersi, e se il mondo continua a mantenere l'educazione al livello attuale, il livello dell'umanità scenderà sempre più in basso.

Immaginate un missionario che venga dal campo bianco a predicare a bambini del campo azzurro, e a dir loro: «Rinunziate alla carne o farete peccato»: quei bimbi risponderanno: «Noi non peccheremo, perché la carne non ci attira». Oppure a un altro: «Dovete coprirvi, o prenderete freddo», e quello risponderà: «Non ho bisogno di coprirmi, non mi fa paura il freddo». Rendiamoci conto che istruttori provenienti dal campo bianco tendono ad abbassare il livello del bambino, più che a portarlo verso il centro della perfezione. Se esaminiamo i testi educativi, ci si accorge della loro miseria e della loro aridità. L'educazione di oggi è umiliante e porta a un complesso di inferiorità e alla riduzione artificiale della forza umana; essa per il suo stesso modo di organizzazione pone al sapere dei limiti che stanno al di sotto del livello umano. Dà agli uomini delle grucce, mentre essi potrebbero correre su gambe forti. È educazione basata sulle qualità inferiori dell'uomo, non su quelle superiori; ed è colpa dell'umanità stessa se la massa è composta di uomini inferiori: essi non hanno potuto formare il loro carattere durante il periodo costruttivo. Noi dobbiamo sforzarci di ritrovare il vero livello umano, permettendo al bambino di adoprare il suo potere creativo; ed allora, probabilmente, lo spazio azzurro, che non è di perfezione, ma tende verso di essa, che non è di difesa, ma di conquista, invaderà l'intero spazio biancastro. Se nella vita dell'uomo una sola è l'epoca della costruzione psichica, e se questa allora non può avvenire o avviene male, per colpa di un ambiente sbagliato, è naturale che ne risulti una massa di uomini non sviluppati. Se si permettesse invece che il carattere si sviluppasse secondo natura e si dessero non esortazioni, ma possibilità di attività costruttive, allora il mondo richiederebbe un altro tipo di educazione.

Si sopprimano le limitazioni artificiali e si pongano di fronte all'umanità grandi cose da compiere. Uno può leggere tutta la storia e la filosofia e restare un inetto, ma fornite i *mezzi* che spingono ai grandi sforzi, e i risultati saranno diversi. Per far questo però ci si deve afferrare a qualche cosa che trovi nell'uomo una rispondenza. Le qualità che noi dobbiamo incoraggiare sono quelle che si formano nel periodo creativo, e se queste non hanno la possibilità di stabilirsi, non le ritroveremo più tardi e sarà inutile predicare e dar buoni esempi per suscitarle.

È questa la differenza fra la vecchia e la nuova educazione: noi desideriamo aiutare l'autocostruzione dell'uomo nel periodo opportuno, per dargli la possibilità di ascendere verso qualcosa di grande. La società ha eretto muri e barriere: la nuova educazione le deve distruggere e mostrar libero l'orizzonte. La nuova educazione è una rivoluzione, senza violenze, è la rivoluzione non violenta. Dopo di ciò, se essa trionfa, saranno impossibili le rivoluzioni violente.

XXI – LA SUBLIMAZIONE DELL'ISTINTO DEL POSSESSO

Dopo aver dato uno sguardo al fenomeno in generale, osserviamo uno a uno i fatti che avvennero e quale ne fu la nostra interpretazione. I risultati, e per l'età dei bambini, e per l'intensità dell'interesse che mostravano, ci diedero larga materia di osservazione; tanto più per il rapporto che le azioni dei nostri bambini sembravano avere con le più alte caratteristiche dell'umanità.

Studiando i diversi fenomeni si può vedere in essi un processo di costruzione, paragonabile all'azione dei bruchi a un certo stadio: invece di strisciare sui rami, come hanno fatto fino a quel momento, essi si fermano in un dato angolo; e là incominciano una loro misteriosa attività: dopo un poco si potrà osservare una nuvoletta di fili lievissimi e diafani, che sono l'inizio del bozzolo. Come nel caso del bruco, anche nelle scuole il primo fenomeno che ci colpì fu un fenomeno di concentrazione sopra un punto. In una bimba di tre anni e mezzo, che venne nella nostra prima scuola, questa concentrazione fu di intensità impressionante: vi erano tante altre cose interessanti intorno a lei, ma era impossibile distoglierla dal suo lavoro. Un tal grado di concentrazione si osserva soltanto in qualche adulto, ma solo in caratteri eccezionali e una tal potenza di concentrazione negli adulti è propria solo dei geni. Naturalmente, il tipo di concentrazione della piccola di tre anni e mezzo non poteva essere della stessa natura; ritrovandolo tuttavia in diversi bambini, si deve riconoscere che dev'essere una forma di costruzione. Come nel compasso è necessario fissare un punto perché il circolo riesca esatto, così nella costruzione del bambino l'attenzione è il punto essenziale. Non è detto che debba fissarsi sempre nello stesso modo, ma se essa non è fissata, la costruzione non può incominciare. Senza questa concentrazione gli oggetti possiedono il bambino, egli cioè sente il richiamo di tutti gli stimoli e passa da una cosa all'altra: ma quando avrà fissato la sua attenzione, egli diventerà il padrone del suo ambiente e lo controllerà.

Quando noi troviamo nel mondo degli adulti qualcuno che cambia molto spesso mestiere, parliamo di lui come di un carattere incostante, e sappiamo che quegli non potrà mai assumersi nella vita una responsabilità; mentre di una persona che ha un suo scopo ben delineato e sa organizzare il suo lavoro con perizia, abbiamo la certezza che realizzerà qualcosa nel mondo. Noi diamo tanto peso a questi fatti, che ripetiamo spesso quanto ci piacerebbe vedere i nostri studenti concentrati nel lavoro, ma purtroppo non possiamo riuscirvi: il che dimostra che è impossibile ottenere un risultato soddisfacente con dei mezzi puramente educativi. E se non è possibile con dei giovani, come potrebbe una maestra ottenere la concentrazione da parte di bambini di tre anni e mezzo? E non è certo attingendo a una forza di volontà propria che i bambini arrivano alla concentrazione. Il fenomeno illumina, con un nuovo particolare psichico, il procedere della natura nel suo lavoro di costruzione: essa impone interessi intensi al bambino, interessi speciali per la creazione di ciascun elemento.

Dopo la concentrazione è la volta della costanza. Ho parlato infatti della ripetizione di esercizi che non hanno uno scopo esterno e che perciò devono averne uno interiore. La ripetizione che principia dopo il primo fenomeno di concentrazione è una specie di allenamento che inizia la costruzione di quest'altro elemento del carattere umano. Anche qui la volontà non è del bambino, ma della natura: con essa si afferma nell'individuo quel potere che hanno certi adulti di portare a capo ciò che hanno intrapreso. È infatti questo un altro fenomeno che si rivela nel bambino insieme alla ripetizione degli esercizi: la determinazione di portare a compimento le proprie azioni. I bambini delle nostre scuole scelgono liberamente il loro lavoro e non mancano di esercitare questa determinazione. Lo fanno ogni giorno, per anni. Quando ci troviamo con persone che non sanno mai quello che desiderano, diciamo che non hanno volontà. E delle persone, che sanno ciò che vogliono e capiscono ciò che debbono fare, diciamo che hanno una forte volontà e sanno guidare le proprie azioni.

I bambini determinano le loro azioni in base alle leggi della natura, gli adulti in base alla riflessione. È evidente che per esercitare questo potere è necessario che il bambino non abbia sempre vicino qualcuno che gli dica ciò che egli deve fare in ogni istante della sua vita, perché questa determinazione proviene dalla possibilità di azione delle forze interne. Se qualcuno usurpa l'ufficio della guida interiore, il bambino non può sviluppare né la determinazione, né la concentrazione. Così, se vogliamo che tali qualità si affermino, dobbiamo per prima cosa rendere il bimbo indipendente dall'adulto: e del resto, l'istinto più forte del bimbo è appunto quello di liberarsi dall'adulto. La cosa è logica se guardiamo alle conclusioni, ma il bambino non lo fa per logica, agisce per natura: è la natura che, come abbiamo detto, dà la traccia speciale che egli deve seguire. Si può notare qui il parallelismo fra lo sviluppo del carattere nell'uomo e negli animali perché anche gli animali debbono seguire una loro strada e lo fanno liberandosi dalla dipendenza di adulti della loro specie. Vi sono leggi naturali che guidano la crescita e la formazione, e l'individuo *deve* seguire queste leggi per costruire il suo carattere, la sua psiche.

La costruzione della psiche si può seguire in ogni suo elemento e l'osservazione conferma che il carattere dell'uomo non è solo il risultato dell'educazione, è un fatto che rientra nella complessa guida dell'universo: è volontà della natura, non è risultato della nostra imposizione; è un elemento della creazione, non dell'educazione. Lo dimostra l'altro fenomeno che si accompagna ai precedenti; la sparizione di certe attitudini di vita frequenti nei bambini che non hanno la piena possibilità di sviluppo.

Uno dei difetti più comuni, nei bambini che non hanno potuto svilupparsi normalmente, è l'avidità di possedere. Ora, nel bambino normalizzato, la possibilità attiva di interessarsi a qualunque cosa lo porta allo studio nel quale ciò che fissa il suo interesse non è più l'oggetto, ma la *conoscenza* di esso: così l'ansia di possesso subisce una trasformazione. È curioso il fatto che il bambino che ha ardentemente desiderato un dato oggetto, lo perda o lo rompa. L'avidità di possedere è accompagnata da quella di distruggere, il che è spiegabile se si riflette che l'oggetto non ha un interesse duraturo. Esso attira per un momento e poi è messo da parte. Per esempio: un orologio; esso è fatto per dirci l'ora ed è questo il suo vero valore. Un bambino piccolo non concepisce nemmeno le ore, e non potendosi interessare al suo vero scopo, quando se ne impossessa, quasi sempre lo rompe. Il bambino più grande, invece, conscio della funzione dell'orologio, potrà desiderare di sapere come è fatto; l'aprirà con cura per vedere le ruote e i congegni che col loro movimento segnano l'ora. Questa macchina complicata lo interessa per la *sua funzione*.

Questo è un secondo tipo di possesso: l'interesse al funzionamento degli oggetti. Possiamo osservarlo in altri campi. I bambini colgono i fiori per impossessarsene e li distruggono: la mania del possesso materiale e della distruzione vanno sempre insieme. Ma se invece il bambino conosce le diverse parti del fiore, il tipo delle foglie, la curva del gambo, non nasce in lui il desiderio di cogliere e di distruggere, ma di osservare. Egli prova per la pianta un interesse intellettuale e se ne impadronisce intellettualmente. Così egli ucciderà una farfalla per impossessarsene; ma se il suo interesse è destato dalla vita e dalla funzione dell'insetto, il suo interesse sarà ancora concentrato sulla farfalla, ma per osservarla, non per impadronirsene e per ucciderla. E questo possesso intellettuale si manifesta con un'attrazione tanto forte che quasi potremmo chiamarla amore; essa porta il bambino a prendere cura delle cose e a trattarle con estrema delicatezza.

Possiamo dire che questa passione, se è dettata da un interesse intellettuale, è portata a un livello superiore e spinge il bambino a progredire nello studio della vita. Invece dell'istinto di possedere, in questo più alto interesse vi è un'aspirazione a conoscere, amare e servire. Nello stesso modo la curiosità si sublima nella ricerca scientifica: la curiosità è un impulso ad apprendere. Quando il bambino si appassiona a *un* oggetto e lo ama, egli diventa allora pieno di zelo per la conservazione di *tutti* gli oggetti. Fu la trasformazione dei bambini nella nostra prima classe a dimostrarci come essi passino dal desiderio del possesso a un senso più alto di amore e di impegno per le cose a loro affidate. I loro quaderni quando erano scritti, non presentavano nessuna piega o macchia o cancellatura, ma erano nitidi e anche adornati.

Quando consideriamo l'umanità, nella sua grandezza quale ci si rivela attraverso la storia e l'evoluzione, vediamo che questa aspirazione al sublime è un istinto dell'uomo, il quale in ogni campo cerca di penetrare per proteggere e migliorare la vita ed egli aiuta la vita con la penetrazione intellettuale. L'agricoltore non passa l'esistenza a curare piante e animali e lo scienziato a maneggiare con ogni cura microscopi e lenti? L'umanità incomincia con l'afferrare e distruggere e finisce per amare e servire ogni cosa con l'intelletto. I bambini che strappavano le piante dal giardino, sorvegliano ora la loro crescita, contano le loro foglie, le misurano: non si parla più della *mia* pianta, ma *della* pianta. Questa sublimazione e questo amore sono dovuti alla coscienza acquisita dalla mente. Non si potrà mai evitare la distruzione tenendo delle prediche. Se il bimbo vuole le cose per sé o perché altri non le abbia e noi cerchiamo di correggerlo tenendogli un sermone, o facendo appello al suo sentimento, egli per cinque minuti potrà desistere, ma poi tornerà al punto di prima. Solo il lavoro e la concentrazione, che dànno prima conoscenza e poi amore, potranno portarlo a una trasformazione che è la rivelazione dell'uomo spirituale.

Conoscere, amare e servire è il trinomio di tutte le religioni; ma il costruttore della nostra spiritualità è il bambino; egli ha rivelato che la natura ha un piano per il nostro comportamento e per il nostro carattere: un piano ben delineato in tutti i particolari di età, lavoro, bisogno di libertà e intensa attività, secondo le leggi della vita. Ciò che conta non è la fisica, o la botanica, o il lavoro materiale, ma la volontà e gli elementi dello spirito che, attraverso l'esercizio, vanno costruendosi: il bambino è il costruttore spirituale di noi adulti e gli ostacoli che noi porremo al suo libero sviluppo diverranno le pietre dei muri della prigione dell'anima dell'uomo.

XXII – SVILUPPO SOCIALE

L'ambiente

Il primo passo che il bambino deve fare, è trovare la via e i mezzi di concentrazione che stabiliscono le fondamenta del carattere e preparano il comportamento sociale. Appare subito evidente l'importanza dell'ambiente a questo fine; poiché nessuno dall'esterno può dare al bambino concentrazione o organizzare la sua psiche, egli lo deve fare da sé. L'importanza delle nostre scuole sta in ciò: che in esse egli trova il tipo di lavoro che potrà dargli questa possibilità. Un ambiente chiuso (la nostra scuola o una classe) favorisce la concentrazione: tutti sanno che in ogni caso della vita si ricerca un luogo appartato quando si voglia raggiungerla. Attraverso un'attività che promuove, in un luogo raccolto, la concentrazione, il carattere si forma, e la creazione dell'individuo si compie. Nelle scuole comuni i bambini sono per lo più ammessi dopo l'età di cinque anni, cioè solo quando già hanno finito il primo e il più importante periodo di formazione; la nostra scuola offre ai piccoli un ambiente di protezione dove i primi elementi del carattere possono formarsi e acquistare la loro particolare importanza.

Quando fu enunciato il grande valore di un ambiente particolarmente adatto si manifestò un grande interesse.

Artisti, architetti, psicologi collaborarono a determinare con cura la grandezza e l'altezza delle stanze e gli elementi artistici di una scuola che offrisse non solamente rifugio, ma aiutasse la concentrazione dei piccoli. Era qualcosa di più di un ambiente di protezione, si potrebbe chiamarlo un «ambiente psichico». La sua importanza però non stava tanto nella forma e nella dimensione dell'edificio – che da sole non avrebbero raggiunto lo scopo – quanto negli oggetti, poiché senza oggetti il bambino non si può concentrare. Questi a loro volta furono determinati sulla esperienza con i bambini stessi.

La prima idea fu di arricchire l'ambiente con un po' di tutto e di lasciare che i bambini scegliessero ciò che preferivano. Vedemmo che essi prendevano solo certi oggetti, mentre altri restavano inutilizzati; e questi furono eliminati. Ora tutto quanto abbiamo e usiamo nelle nostre scuole non è il risultato di esperimenti in un solo paese, ma in tutto il mondo, e si può ben dire che sia stato scelto dai bambini stessi. Vi sono dunque cose che *tutti* i bambini preferiscono, e queste le considerammo essenziali; altre che essi, in ogni paese, adoperano raramente (per quanto gli adulti pensassero il contrario). In ogni luogo dove i nostri bambini normalizzati avevano libertà di scelta, avveniva così, e io pensavo a quegli insetti che vanno solo e sempre verso certi fiori di cui hanno bisogno. Anche questi oggetti, evidentemente, per il bambino, rappresentano un bisogno: essi scelgono gli oggetti che li aiutano alla costruzione di sé stessi. Sul principio vi erano molti giocattoli, ma i bambini li trascuravano; vi erano anche molti dispositivi per insegnare i colori, ed essi scelsero un solo tipo: le tavolette colorate che ormai usiamo dappertutto. Questo avvenne in tutti i paesi. Anche per la forma degli oggetti e per l'intensità dei colori ci basammo sulle preferenze del bimbo. Ciò condusse il nostro metodo a un sistema di determinazione di oggetti che si riflette pure sulla vita sociale nella classe; perché se vi sono troppe cose o più di una serie di materiale per un gruppo di trenta o quaranta bambini, ne risulta confusione: così gli oggetti sono pochi, anche se i bambini sono molti.

In ogni classe di molti bambini ci sarà un solo esemplare di ogni oggetto: se un bambino desidera qualcosa che già è in uso a un altro, non potrà averlo e, se è normalizzato, aspetterà finché l'altro avrà finito il suo lavoro. Così si sviluppano certe qualità sociali che sono di grande importanza: il bambino sa che deve rispettare gli oggetti che sono adoprati da un altro non perché così gli è stato detto, ma perché questa è una realtà davanti alla quale si è trovato nella sua esperienza sociale. Vi sono tanti bambini e un solo oggetto: l'unica cosa da fare è aspettare. E poiché questo avviene a ogni ora del giorno, per anni, il concetto di rispettare e aspettare entra nella vita di ogni individuo come un'esperienza che matura col passare del tempo.

Da ciò ha origine una trasformazione, un adattamento, che non è se non la costruzione stessa della vita sociale. La società non è fondata sulle preferenze, ma su una combinazione di attività che devono armonizzarsi. Dalla loro esperienza si sviluppa nei bambini un'altra virtù sociale: la pazienza, una specie di abnegazione nella inibizione dei propri impulsi. Così quei tratti del carattere che noi chiamiamo virtù si affermano spontaneamente. Non possiamo insegnare ai bambini di tre anni questa forma di moralità, ma lo può l'esperienza e poiché in altri ambienti la normalizzazione allora non poteva avvenire, vedendo che nel mondo tutti i bambini lottavano per il possesso delle cose mentre quelli delle nostre scuole aspettavano, la cosa prese ancor più rilievo agli occhi delle persone, che mi domandavano: «Come avete potuto ottenere questo genere di disciplina in creature così piccole?». Ma non ero io, era l'ambiente preparato e la libertà in esso concessa che permettevano la manifestazione di qualità che non si trovano comunemente in bimbi dai tre ai sei anni.

L'interferenza degli adulti in questa prima preparazione al comportamento sociale è quasi sempre sbagliata. Nell'esercizio di «camminare sul filo» uno dei bambini sbaglia la direzione e sembra che sia inevitabile un urto: l'adulto ha l'impulso di prendere il piccolo e voltarlo, ma il bimbo se la caverà da sé e risolverà il problema, non sempre nello stesso modo, ma sempre in modo soddisfacente. E altri problemi simili si presentano a ogni piè sospinto, e i piccoli sono ben contenti di affrontarli. Si irritano se gli adulti intervengono: lasciati a loro stessi li risolvono bene. Anche questo è un esercizio di esperienza sociale e questi problemi risolti pacificamente costituiscono un'esperienza continua di situazioni che l'insegnante non potrebbe suscitare. Generalmente un insegnante interviene, la sua soluzione è diversa da quella dei bambini e disturba l'armonia sociale della classe. Se sorge uno di questi problemi, noi dovremmo, tolti casi eccezionali, lasciare che i bimbi se la cavino da loro, e così facendo potremo osservare con maggiore obiettività le manifestazioni e il comportamento infantile, di cui l'adulto è ancora all'oscuro. Attraverso queste esperienze giornaliere si afferma una costruzione sociale.

Gli educatori che usano il metodo dell'insegnamento diretto non capiscono come si possa sviluppare il comportamento sociale in una scuola Montessori dove, essi credono, si provvede per le materie scolastiche, ma non per la vita sociale. Dicono: «Se i piccoli fanno tutto da soli, dov'è la vita sociale?». Ma che cos'è la vita sociale se non risolvere problemi, comportarsi bene e progettare piani che da tutti siano accettabili? Essi pensano che la vita sociale consista nello star seduti l'uno accanto all'altro ad ascoltare qualcuno che parla; ma questa non è vita sociale.

Le uniche opportunità di vita sociale che hanno i bambini nelle scuole comuni sono date dalla ricreazione o dalle rare escursioni; mentre i bambini delle nostre scuole vivono sempre in una comunità lavoratrice.

Vita sociale

Quando le classi sono numerose, si rivelano meglio le differenze di carattere e più facili sono le varie esperienze. Queste vengono a mancare se i bambini sono pochi. Il maggior perfezionamento dei bambini avviene attraverso le esperienze sociali.

Consideriamo ora la costituzione di questa società di bimbi. Fu messa insieme per caso, ma per un saggio caso. Quei bambini, che si trovarono riuniti in un ambiente chiuso, erano di età varie (dai 3 ai 6 anni): di solito questo, nelle scuole, non avviene, a meno che i maggiori di età non siano mentalmente arretrati. I bambini sono sempre classificati per età; solo in poche scuole troviamo questo raggruppamento *verticale* nella stessa classe.

Quando alcune nostre maestre vollero applicare il criterio di una eguale età nella stessa classe, furono i bambini stessi a mostrare le difficoltà che ne derivavano. È del resto lo stesso nella famiglia. Una madre può avere sei figli e governare la casa facilmente. Le difficoltà incominciano quando ci sono gemelli o gruppi riuniti di bambini della stessa età, perché è faticoso aver da fare con piccini che hanno bisogno delle stesse cose. La mamma con sei bambini di età diversa sta molto meglio di quella che ne ha uno solo. Il figlio unico è sempre difficile, e non tanto perché sarà spesso viziato, ma perché manca di compagnia e soffre più degli altri. Le famiglie hanno spesso difficoltà col primogenito, non coi figli che seguono, e i genitori credono che sia dovuto alla loro maggior esperienza, ma la vera ragione è che i bambini hanno compagnia.

La società è interessante in virtù dei diversi tipi che la compongono. Un ricovero di vecchi o di vecchie è una cosa morta; è inumano e crudele mettere insieme persone della stessa età. Lo stesso avviene per i bambini, giacché, così facendo, noi rompiamo il filo della vita sociale, togliamo a essa il nutrimento. Nella maggior parte delle scuole vi è prima la separazione dei sessi, poi quella dell'età, all'incirca uniforme nelle diverse classi. È un errore fondamentale, che dà luogo a ogni specie di altri errori: è un isolamento artificiale che impedisce lo sviluppo del senso sociale. Noi abbiamo generalmente classi miste per i nostri bambini. Non è però tanto importante mettere insieme maschi e femmine, che possono benissimo stare in scuole diverse, quanto avere bambini di età diverse. Le nostre scuole hanno dimostrato che i bambini di età diverse si aiutano uno con l'altro; i piccoli vedono ciò che fanno i maggiori e chiedono spiegazioni, che questi danno loro volentieri. È un vero insegnamento, giacché la mentalità del bambino di cinque anni è così vicina a quella del bambino di tre, che il piccolo capisce facilmente da lui quello che noi non sapremmo spiegargli. Vi è fra loro un'armonia e una comunicativa, come è ben raro esista fra adulto e bambino piccolo.

Gli insegnanti sono incapaci di far capire a un bambino di tre anni una quantità di cose, che un bambino di cinque gli sa far benissimo intendere: vi è fra loro una naturale osmosi mentale. E ancora, un bambino di tre anni si interesserà di ciò che fa quello di cinque, perché non sarà cosa molto lontana dalle sue possibilità. Tutti i più grandicelli diventano eroi e maestri, e i piccoli sono i loro ammiratori: questi vanno a quelli per ispirazione, e poi lavorano per conto loro. Nelle altre scuole, dove i bambini hanno la stessa età, i più intelligenti potrebbero benissimo insegnare agli altri, ma di solito il maestro non lo permette; quelli si limitano così a rispondere quando gli altri non sanno, e l'invidia nasce sovente. Nei bimbi piccoli non esiste invidia: non sono umiliati dal fatto che i grandi sappiano quel che essi non sanno, perché sentono che quando saranno cresciuti verrà il loro turno. Vi è amore e ammirazione, e una vera fratellanza. Nelle vecchie scuole l'unico modo per elevare il livello della classe è l'emulazione, ma purtroppo questa naturalmente si volge in invidia, odio e umiliazione, sentimenti che sono deprimenti e anti-sociali. Il bambino intelligente diventa allora vano e acquista potere sugli altri, mentre nelle nostre scuole il bimbo di cinque anni si sente un protettore per il compagno più giovane. È difficile immaginare quanto questa atmosfera di protezione e di ammirazione aumenti e si approfondisca nella sua azione: la classe diventa un gruppo cementato dall'affetto. I bambini finiscono col conoscere i caratteri l'uno dell'altro e si apprezzano reciprocamente. Nelle vecchie scuole si usa solo ripetere: «Quello ha avuto il primo premio e quell'altro zero». La fratellanza non può così svilupparsi: eppure è questa l'età nella quale si costruiscono le qualità sociali e anti-sociali secondo l'ambiente. È di lì il punto di partenza.

Si teme da qualcuno che il bambino di cinque anni, se si occupa a insegnare, non possa a sua volta imparare; ma prima di tutto, non insegna sempre e la sua libertà è rispettata, e, secondariamente, insegnando, perfeziona quello che già sa, perché deve analizzare e rimaneggiare il suo piccolo accumulo di sapienza per passarlo ad altri, così che vede le cose con maggior chiarezza, ed è compensato dallo scambio.

La classe dei bambini dai tre ai sei anni non è nemmeno rigidamente separata da quella che va dai sette ai nove anni, tanto che i bimbi di sei anni traggono suggerimenti dalla classe successiva. Le nostre pareti divisorie sono mezze pareti, vi è sempre facile accesso da una classe all'altra, e così gli scolaretti sono liberi di andare avanti e indietro. Se il bambino di tre anni entra nella classe dei bambini di sette-nove anni, non vi si trattiene perché si accorge subito che non può cavarne nulla di utile per *sé*. Ci sono dunque limitazioni, ma non separazioni e tutti i gruppi comunicano fra loro. Ogni gruppo ha il suo ambiente, ma non è isolato: vi è sempre possibilità per una passeggiata intellettuale. Un bambino di tre anni può vederne uno di nove che estrae la radice quadrata e può domandargli che cosa fa: se la risposta non lo soddisfa, tornerà nella sua classe, dove trova cose di maggior interesse; ma uno di sei anni può invece capirne qualcosa e valersene. E con questa forma di libertà si possono osservare i limiti diversi dell'intelligenza in età diverse. Vedemmo così come i bambini di otto o nove anni capivano l'estrazione della radice quadrata seguendo il lavoro di ragazzi di dodici-quattordici anni, e ci rendemmo in questo modo conto che il bambino a otto anni poteva interessarsi all'algebra. Non è solo l'età che porta al progresso, ma anche la libertà di guardarsi intorno.

Nelle nostre scuole vi è animazione. I piccoli sono pieni di entusiasmo perché *capiscono* quello che fa il maggiore, e questi perché può insegnare ciò che sa: non ci sono complessi di inferiorità, ma la normalità reciproca data dallo scambio di forze psichiche.

Tutto questo, e altro, vale a dimostrare che i fenomeni che sembravano tanto straordinari nelle nostre scuole, non sono in realtà che i risultati di leggi naturali.

Studiando il comportamento di questi bambini e le reciproche relazioni in una atmosfera di libertà, il vero segreto della società ci si rivela. Sono fatti fini e delicati che devono essere esaminati con un microscopio spirituale, fatti di immenso interesse che rivelano la vera natura dell'uomo. Noi guardiamo perciò a queste nostre scuole come a laboratori di ricerche psicologiche, per quanto non si tratti di vere ricerche, ma di osservazioni. Vi sono altri fatti notevoli da rilevare.

Abbiamo già detto che i bambini risolvono da soli i loro problemi, ma non abbiamo detto come. Se noi li osserviamo senza intervenire, vediamo una cosa apparentemente strana; e cioè che i bambini non si aiutano l'uno con l'altro come facciamo noi. Vi sono ragazzini che portano oggetti pesanti e nessuno degli altri si muove ad aiutarli. Si rispettano reciprocamente e intervengono solo quando l'aiuto è necessario. Questo ci illumina veramente, perché è evidente che essi intuiscono e rispettano il bisogno essenziale del bambino: quello di non essere aiutato inutilmente. Uno dei nostri scolaretti un giorno aveva sparso sul pavimento tutto il materiale geometrico; si udì a un tratto venire dalla strada il suono di una banda che accompagnava una processione proprio sotto le finestre. Tutti i bambini corsero a vedere, meno quello che aveva sparso in terra il materiale, perché non avrebbe mai sognato di lasciar tanta roba in giro a quel modo. Bisognava riporla normalmente e nessuno gli avrebbe dato una mano, ma i suoi occhi erano pieni di lagrime giacché avrebbe voluto veder la processione. Gli altri se ne resero conto, e allora molti tornarono indietro per aiutarlo, Gli adulti non posseggono questa fine discriminazione per i casi di emergenza. Si aiutano frequentemente quando non è necessario. Spesso un gentiluomo, in virtù delle buone maniere, sposterà una seggiola a tavola quando una signora deve sedersi, mentre quella può benissimo sedere senza aiuto; o le offrirà il braccio per scendere le scale, mentre ella può benissimo scendere senza sostegno. Ma quando si affaccia la vera necessità tutto cambia. Quando ci vuole aiuto nessuno soccorre, quando di aiuto non c'è bisogno, aiutano tutti! In questo campo l'adulto non può insegnare ai bambini. Io credo che probabilmente il bambino ha nel suo inconscio il ricordo del suo desiderio e bisogno primordiale di compiere il massimo sforzo: ed è per questo che egli istintivamente non aiuta gli altri quando l'aiuto potrebbe essere un ostacolo.

Un'altra cosa interessante nella condotta dei bambini si riferisce ai disturbatori: per es. supponiamo un bimbo da poco ammesso a scuola e non ancora ambientato: è irrequieto, disturba e costituisce un problema per tutti. In generale l'insegnante gli dirà: «Questo non sta bene, non è gentile», oppure: «Sei un bimbo cattivo». La reazione dei compagni è invece assai diversa. Uno di essi si avvicinò a un nuovo venuto e disse: «Sei cattivello, ma non te la prendere, appena arrivati eravamo cattivi anche noi». Aveva compassione di lui, considerava la sua cattiveria come una disgrazia, e il piccolo compagno voleva consolare l'altro e trarre da lui, possibilmente, tutto il buono che era in lui. Che cambiamento vi sarebbe nella società se il malvagio destasse compassione e noi facessimo uno sforzo per consolarlo, con la stessa compassione che proviamo per un malato. Il fare il male è del resto spesso una malattia psichica dovuta a un cattivo ambiente, a condizioni di nascita o ad altre disgrazie e dovrebbe suscitare compassione e muovere ad aiutare; la nostra struttura sociale allora migliorerebbe. Coi nostri bambini, se avviene un incidente, se per es., si rompe un vaso, il bimbo che l'ha lasciato cadere è spesso disperato, perché egli non ama la distruzione e si sente in uno stato di inferiorità per non aver saputo trasportare l'oggetto. L'istintiva reazione dell'adulto è di dire: «Vedi, ora l'hai rotto: perche tocchi cose che tante volte ti ho detto di non toccare?». O almeno l'adulto gli darà l'ordine di raccogliere i cocci, pensando che il bimbo sentirà meglio la sua colpa se sarà obbligato a raccattare i pezzi. Che cosa fanno invece i nostri bambini? Corrono tutti per aiutare e, con un tono incoraggiante nelle loro vocine, dicono: «Non importa! Troveremo un altro vaso». E alcuni raccoglieranno i cocci, altri asciugheranno l'acqua che si è sparsa sul pavimento. Vi è un istinto che li chiama ad assistere i deboli, incoraggiandoli e consolandoli: e questo è un istinto di progresso sociale. Un gran passo verso la nostra evoluzione fu fatto quando la società cominciò ad aiutare i deboli e i poveri invece di opprimerli e scacciarli. Tutta la nostra scienza medica si è svolta su questo principio; e da questo istinto è nata la volontà d'aiutare non solo quelli che destano compassione, ma l'umanità intera. Non è un errore incoraggiare i deboli e gli inferiori, ma è un contributo al progresso di tutta la società. I bambini mostrano questi sentimenti non appena vengono normalizzati, e li mostrano non solo l'uno per l'altro, ma anche per gli animali.

Si crede che il rispetto per gli animali debba essere insegnato, perché si pensa che i bambini siano naturalmente crudeli o insensibili; ma non è così; quando i bambini sono normalizzati, al contrario, hanno l'istinto di proteggerli. A Laren avevamo una capretta; io la nutrivo tutti i giorni, e tenevo il cibo in alto, così che quella, per mangiare, doveva sostenersi sulle zampe posteriori. M'interessava vederla in quell'atteggiamento, ed essa sembrava divertircisi. Ma un giorno un piccolo venne e le mise le manine sotto il ventre per sostenerla, e aveva il viso ansioso temendo che l'animale potesse stancarsi a stare su due sole zampe. Era senza dubbio un sentimento molto gentile e spontaneo.

Un'altra caratteristica che si manifesta nelle nostre scuole è l'ammirazione per i più bravi; non solo i bimbi non sono invidiosi, ma tutto quello che è ben fatto suscita in loro un'ammirazione entusiasta. Così accadde per la famosa esplosione improvvisa dello scrivere. La prima parola scritta da uno di loro fu cagione di grande gioia e risate: tutti guardavano lo «scrittore» con ammirazione e subito furono spinti a seguirne l'esempio: «Posso farlo anch'io!» esclamavano. Il buon lavoro di uno provoca quello di tutto il gruppo. Lo stesso fu per l'alfabeto, tanto che una volta l'intera classe fece una processione portando i cartelli delle lettere a guisa di bandiere, e tale era la gioia e tali le grida, che dai piani sottostanti (la scuola era sul tetto) tutti salirono per vedere che cosa accadesse. «Sono entusiasti per l'alfabeto», disse l'insegnante.

Vi è fra i bimbi un'evidente forma di fratellanza, basata sopra un sentimento elevato, che crea unità nel gruppo. Da questi esempi possiamo renderci conto che nell'ambiente in cui i sentimenti sono a un alto livello e i bimbi sono normalizzati, si crea una specie d'attrazione. Come i maggiori si volgono verso i più piccoli e viceversa, così i normalizzati sono attratti dai nuovi, e questi dai già ambientati.

XXIII – SOCIETÀ PER COESIONE

La convivenza sociale tra le libere esperienze descritte sopra conduce infine i bambini a sentire e ad agire come gruppo. Essi vengono a formare veramente una *società*, legata da misteriosi vincoli, che agisce come un corpo solo. Questi legami erano formati da un sentimento comune eppure individuale; pur essendo «individui indipendenti», essi erano mossi dallo stesso impulso. Una tal società sembra unita piuttosto dalla *mente assorbente* che non dalla coscienza.

Le linee di costruzione che abbiamo osservato sono paragonabili a quelle del lavoro delle cellule durante la costituzione di un organismo. Evidentemente anche la società ha una fase embrionale, che, nella sua forma iniziale, si può seguire fra i bimbi che vanno sviluppandosi.

È interessante vedere come, lentamente, essi si rendano conto di formare una comunità che si comporta come tale. Si accorgono di appartenere a un gruppo e di contribuire all'attività di questo gruppo; non solo cominciano a interessarsene, ma si direbbe che col loro spirito vi lavorino in profondità. Quando hanno raggiunto questo livello, i bambini non operano più meccanicamente, ma aspirano a riuscire e mettono in primo piano l'onore del gruppo. Questo primo passo verso la coscienza sociale io lo chiamo «*spirito di famiglia o di tribù*» richiamandomi alle società umane primitive, nelle quali già l'individuo ama, difende e apprezza il valore del proprio gruppo come scopo e fine dell'attività individuale.

Le prime manifestazioni di questo fenomeno ci meravigliarono, perché erano indipendenti da noi e da ogni nostra influenza. Si produssero come successive testimonianze di sviluppo, proprio come a una certa età compaiono i primi denti che tagliano le gengive. Questa associazione, formatasi da un bisogno spontaneo, diretta da un potere interiore, animata da uno spirito sociale, io la chiamo «*società per coesione*».

Giunsi a questo concetto attraverso le manifestazioni spontanee dei bambini, che ci stupirono assai. Ne darò un esempio: quando l'ambasciatore d'Argentina sentì parlare della nostra scuola dove i bambini di quattro e cinque anni lavoravano in piena autonomia, leggevano e scrivevano spontaneamente, e seguivano una disciplina non imposta dall'autorità del maestro, fu incredulo. Invece di annunziare la sua visita, preferì venire di sorpresa. Sfortunatamente capitò in un giorno di vacanza e la scuola era chiusa. Era la scuola chiamata «Casa dei Bambini», situata in un blocco di case popolari dove i bambini vivevano con le loro famiglie. Un piccolo si trovava per caso nel cortile quando l'ambasciatore entrò e udì l'espressione del suo rincrescimento: capì che era un visitatore e gli disse: «Non importa se la scuola è chiusa, il custode ha le chiavi e noi siamo tutti a casa». La porta fu aperta e i bimbi entrarono in classe e incominciarono a lavorare. Sentirono il dovere di far bene per l'onore del loro gruppo: nessuno si aspettava un vantaggio personale, nessuno voleva distinguersi, tutti cooperavano per la loro comunità. L'insegnante seppe quel che era avvenuto solo il giorno dopo.

Questa coscienza sociale non instillata da un insegnamento, completamente estranea a qualsiasi forma di emulazione o di interesse personale, era un dono di natura. Era però decisamente una mèta che questi bimbi avevano raggiunto attraverso i loro sforzi. Come dice Coghill: «La natura determina la condotta, ma questa si sviluppa solo per mezzo dell'esperienza nell'ambiente circostante».[45] La natura evidentemente dà uno schema per la costruzione della personalità e della società, ma questo schema si realizza soltanto attraverso l'attività del bambino quando egli è posto in condizioni di condurlo a termine. Così facendo egli illustra per noi le fasi successive dello sviluppo sociale. Questo spirito di corpo, che domina la società e la unisce, corrisponde da vicino a ciò che l'educatore americano Washburne chiama *integrazione sociale*. Egli sostiene che questa è la chiave della riforma sociale e che dovrebbe costituire la base di tutta l'educazione. L'integrazione sociale è realizzata quando l'individuo si identifica col gruppo al quale appartiene. Quando ciò avviene, l'individuo pensa più al successo del suo gruppo che al suo personale. Washburne illustra il suo concetto portando ad esempio le gare nautiche di Oxford e Cambridge: «Ogni individuo compie il massimo sforzo per l'onore dei suoi colori, ben sapendo che personalmente non avrà beneficio alcuno, né speciale gloria. Se così fosse per ogni impresa sociale, dalle grandi che abbracciano l'intera nazione a quelle delle industrie ecc. e se tutti si lasciassero trascinare dal desiderio di far onore alla comunità cui appartengono e non a sé stessi, l'umanità intera sarebbe rigenerata. Nelle scuole dovrebbe essere coltivato lo sviluppo di questo sentimento di integrazione dell'individuo nella società, perché è proprio questo che manca dovunque, ed è questa mancanza che porta la società al fallimento e alla rovina».[46]

L'esempio di una società dove esiste una integrazione sociale si può dare: è la società dei piccoli bambini guidati dai poteri magici della natura.

---

[45] In G. E. Coghill, *Anathomy and the Problem of Behaviour*, Cambridge, 1929.
[46] In Carleton Washburne, *Living Philosophy of Education*, John Day Company, New York.

Dobbiamo apprezzarla e farne tesoro, perché né il carattere, né i sentimenti si possono formare attraverso l'insegnamento: essi sono il prodotto della vita.

La società coesiva non si identifica però con la società organizzata che governa il destino dell'uomo: è semplicemente l'ultima fase nella evoluzione del bambino, è quasi la divina e misteriosa creazione di un embrione sociale.

Società organizzata

Subito dopo i sei anni, quando il bambino inizia un'altra fase di sviluppo che segna il passaggio dall'embrione sociale al neonato sociale, un'altra spontanea forma di vita s'inizia chiaramente, e mostra un'associazione organizzata, del tutto cosciente. I bimbi cercano allora di conoscere i principi e le leggi stabiliti dall'uomo; cercano un capo che diriga la comunità. L'ubbidienza al capo e alle regole forma evidentemente il tessuto connettivo di questa società. Questa ubbidienza, noi lo sappiamo, è stata preparata nello stadio embrionale che precede il periodo di sviluppo. Mc Dougall descrive questo tipo di società che i piccoli di sei-sette anni già incominciano a costituire. Essi si sottomettono ai bambini maggiori di loro come se fossero spinti da un istinto che egli chiama «istinto gregario».[47] Spesso i bambini trascurati e abbandonati organizzano delle bande, dei gruppi, in rivolta contro i principi e l'autorità degli adulti. Queste esigenze naturali, che quasi sempre portano a un atteggiamento ribelle, sono stati sublimati nel movimento dei «Boy Scouts», il quale risponde a una vera esigenza sociale di sviluppo, insita nella natura dei ragazzini e degli adolescenti.

Questo «istinto gregario» è diverso della forza di coesione che era alla base della società dei bambini. Le società successive, che si evolvono fino a raggiungere il livello della società degli adulti, sono organizzate coscientemente e abbisognano di regole dettate da un uomo, nonchè di un capo che le faccia rispettare.

La vita in società è un fatto naturale, e, come tale, appartiene alla natura umana. Si sviluppa come un organismo che durante la sua evoluzione mostra differenti caratteristiche. Vorrei paragonarla alla confezione del tessuto,

---

[47]Vedi WILLIAM MC DOUGALL, *An introduction to Social Psychology*, Methuen e Co Ltd., Londra, 1948.

alla filatura e alla tessitura che hanno tanta importanza nell'industria casalinga indiana. Naturalmente bisogna partire dall'inizio e considerare in primo luogo il ciuffetto bianco che la pianta del cotone produce intorno al suo seme. Così, quando vogliamo considerare la costruzione della società umana, dobbiamo partire dal bambino piccolo e osservarlo nell'ambiente familiare in cui è nato. La prima cosa che si fa col cotone – che è pure il primo lavoro nelle scuole rurali di Gandhi – è di purificarlo appena colto, liberandolo dai semi neri attaccati al fiocco. Questa prima operazione corrisponde dunque alla nostra quando raccogliamo i bimbi dalle diverse famiglie e ne correggiamo i difetti, aiutandoli a concentrarsi e a normalizzarsi. Passiamo alla filatura. Nella nostra similitudine il filare corrisponde alla formazione della personalità del bambino, raggiunta attraverso il lavoro e le esperienze sociali. Questa è la base di tutto: lo sviluppo della personalità. Se il filato è ben ritorto è forte, il tessuto che ne risulterà sarà ugualmente forte: la qualità del panno dipende dal filato. Questa è veramente la cosa principale da considerare, perché il tessuto che ha fili senza resistenza non ha valore.

Arriva poi il momento nel quale i fili sono posti sul telaio e sono stesi nella medesima direzione e fissati sui lati a piccoli ganci. Sono tutti paralleli e di uguale lunghezza, e divisi in modo che non si tocchino: formano la trama di un pezzo di stoffa, ma non sono stoffa. Pure senza la trama la stoffa non potrebbe essere tessuta. Se i fili si rompono o vanno fuori di posto, non essendo fissati bene nella stessa direzione, la spola non può attraversarli. Questa trama corrisponde alla coesione della società. La preparazione della società umana si basa sull'attività dei bambini che agiscono spinti dalle esigenze della natura in un ambiente limitato, corrispondente nel nostro paragone al telaio. Alla fine essi sono associati, ognuno tendendo verso lo stesso scopo.

Comincia allora la vera tessitura, quando la spola passa in mezzo ai fili e li unisce fissandoli solidamente al loro posto mediante fili trasversali. Questo stadio corrisponde alla società organizzata dagli uomini, che è retta da leggi e sta sotto la direzione di un governo a cui tutti ubbidiscono. Quando abbiamo un vero pezzo di stoffa, esso rimane intatto anche se tolto dal telaio: ha un'esistenza indipendente e una volta staccato può venire utilizzato. Se ne può produrre una quantità senza limiti. Gli uomini non formano una società per il solo fatto che ogni individuo si è volto a uno speciale scopo nel suo ambiente e ha intrapreso un lavoro suo particolare, come il bambino nel suo gruppo: la forma ultima della società umana si basa sulla organizzazione.

Le due cose però si compenetrano. La società non dipende solo dalla organizzazione, ma anche dalla coesione – e dei due il secondo elemento è il fondamentale, e serve di base alla costruzione del primo. Buone leggi e un buon governo non possono tenere insieme le masse e farle agire, se gli individui stessi non sono orientati verso qualcosa che li tiene compatti e fa di essi un gruppo. Le masse, a loro volta, sono più o meno forti e attive secondo il grado di sviluppo della personalità degli individui e del loro orientamento interno.

I Greci avevano come base della loro costituzione sociale la formazione della personalità. Alessandro il Grande, un tempo loro capo, conquistò con pochi uomini l'intera Persia. Anche i musulmani rappresentano un'unione formidabile, non tanto per le loro leggi e i loro capi, quanto per il loro comune ideale. Periodicamente essi partono in grandi masse, pellegrini, verso la Mecca. Questi pellegrini non si conoscono fra di loro, non hanno interessi privati, né ambizioni; sono individui diretti verso la stessa meta. Nessuno li spinge, nessuno li comanda, eppure sono capaci di immensi sacrifici per compiere il loro voto. Questi pellegrinaggi sono un esempio di coesione.

Nella storia di Europa, durante il Medioevo, vediamo qualcosa che invano, nei nostri tempi straziati dalle guerre, i capi hanno tentato di raggiungere: la vera unione delle nazioni europee. E come fu? Il segreto di questo trionfo era nella fede religiosa che aveva conquistato tutti gli individui dei diversi imperi e delle diverse nazioni europee e li univa con la sua formidabile forza di coesione. Allora si videro realmente re e imperatori (ognuno dei quali guidava il suo popolo secondo le proprie leggi) tutti soggetti e dipendenti dalla forza della Cristianità. La coesione però non basta a costruire una società che agisce praticamente nel mondo creando una civiltà di lavoro e di intelligenza: ai nostri giorni possiamo riferirci agli ebrei, che sono uniti da una forza di coesione millenaria, ma soltanto ora stanno organizzandosi come nazione. Essi sono come la trama di un popolo.

È degno di nota che in questi ultimi tempi un nuovo esempio storico si è offerto ai nostri occhi. Mussolini e Hitler furono i primi a rendersi conto che coloro che mirano alla conquista sicura devono preparare gli individui fin dalla loro prima infanzia. Essi addestrarono bimbi e giovani per anni e anni, imponendo loro dal di fuori un ideale che li unisse. Questo era un nuovo procedimento logico e scientifico, qualunque possa essere stato il suo valore morale. Questi capi sentivano il bisogno di avere una «società coesiva» come base dei loro piani e la preparavano dalle radici.

La società coesiva, però, è un fatto naturale e deve costruirsi spontaneamente sotto gli stimoli creativi della natura. Nessuno può prendere il posto di Dio, e chi tenta di farlo diventa un demonio, come quando un adulto opprime col suo orgoglio le energie creative della personalità infantile. Anche la forza di coesione negli adulti è qualche cosa che si riallaccia alle direttrici ideali, superiori al meccanismo dell'organizzazione. Vi dovrebbero essere due società intrecciate fra di loro: una, per così dire, avrebbe le radici nell'inconscia zona creativa della mente, l'altra dipenderebbe dagli uomini che agiscono coscientemente. In altre parole: una incomincia nell'infanzia e l'altra le si sovrappone da parte dell'adulto, perché, come abbiamo visto al principio di questo volume, è la *mente assorbente* del bimbo che *assorbe* le caratteristiche della razza. Le caratteristiche che il bimbo presenta quando vive come «*embrione spirituale*» non sono scoperte dell'intelletto, né del lavoro umano, ma sono quei caratteri che si trovano nella parte coesiva della società. Il bimbo le raccoglie e le incarna, e per mezzo di esse costruisce la propria personalità; così egli diventa un uomo con un particolare linguaggio, una particolare religione e un particolare tipo di costumi. Ciò che è stabile e fondamentale, ciò che è «basilare» (per usare un termine di moda) nella società sempre in rivoluzione, è la sua parte coesiva. Quando lasciamo che il bimbo si sviluppi e costruisca dalle invisibili radici della creazione ciò che sarà l'adulto, allora possiamo imparare i segreti dai quali dipende la nostra forza individuale e sociale.

Invece – e non abbiamo che da guardarci intorno per accorgercene – gli uomini giudicano e agiscono e si regolano soltanto in base alla parte organizzativa e cosciente della società; vogliono rafforzare e assicurare l'organizzazione come se essi soli ne fossero i creatori; non hanno considerazione alcuna per le basi indispensabili a questa organizzazione, ma si preoccupano soltanto della direttiva umana, e la loro aspirazione tende verso la scoperta di un capo.

Quanti mai sperano in un nuovo Messia, in un genio che abbia la forza di conquistare e di organizzare! Dopo la prima guerra mondiale fu proposto di fondare scuole per la preparazione di *capi*, perché si era visto che quelli esistenti erano insufficientemente preparati e non erano atti a dominare gli eventi. Furono fatti veramente dei tentativi per scoprire, attraverso «tests» mentali, persone superiori, giovani che durante gli anni di scuola si fossero dimostrati particolarmente adatti, per indirizzarli verso posti di comando. Ma chi poteva istruirli, se non si avevano insegnanti superiori, atti alla bisogna?

Non sono i capi che mancano: o, almeno, la questione non è limitata a questo particolare. La questione è molto più vasta: sono purtroppo le masse stesse che sono totalmente impreparate alla vita sociale della nostra civiltà.

Il problema perciò è di educare le masse, di ricostruire il carattere degli individui, di raccogliere i tesori nascosti in ognuno di essi e svilupparne i valori. Nessun capo può far questo, per quanto grande sia il suo genio. Da moltitudini di impreparati non potrà mai risolversi questo vasto problema.

Questo è il più urgente e assillante problema dei nostri tempi; le masse umane sono inferiori a ciò che potrebbero essere. Vedemmo già il diagramma delle due forze di attrazione, l'una che partiva dal centro, l'altra dalla periferia. Il grande compito dell'educazione deve consistere nel cercar di salvare la normalità che, con la sua forza, tende verso il centro di perfezione. Ora invece non si fa che preparare artificialmente uomini anormali e deboli, predisposti a malattie mentali, bisognosi di incessanti cure per non scivolare verso la periferia, dove, una volta caduti, diventerebbero esseri extra-sociali. Quello che accade oggi è davvero un delitto di lesa umanità, e si ripercuote su tutti noi e potrebbe distruggerci. La massa degli illetterati, che copre per metà la superficie della terra, non pesa veramente sulla società; ciò che pesa è il fatto che noi senza avvedercene ignoriamo la creazione dell'uomo e calpestiamo i tesori depositati da Dio stesso in ogni bambino, perché là si trova la sorgente dei valori morali e intellettuali che possono portare il mondo intero su di un piano più alto. Noi piangiamo davanti alla morte e aspiriamo a salvare l'umanità dalla distruzione, ma non è la salvezza dai pericoli, sibbene l'elevazione nostra individuale e il nostro destino stesso di uomini che dobbiamo avere in mente. Non è la morte, ma il paradiso perduto che dovrebbe affliggerci.

Il più grande pericolo sta nella nostra ignoranza: noi sappiamo cercare perle nelle valve delle ostriche, oro nella roccia, carbone nelle viscere della terra, ma ignoriamo il germe spirituale, la nebula della creazione che il bambino nasconde in sé quando viene nel nostro mondo a rinnovare l'umanità.

Se fosse ammessa nelle scuole ordinarie l'organizzazione spontanea già descritta, essa porterebbe a un notevole miglioramento. Gli insegnanti invece credono che i bambini non siano attivi nell'imparare, e li spingono e incoraggiano o li puniscono e premiano per stimolarli, incoraggiano la competizione per aggiungere animazione allo sforzo. Si direbbe che tutti siano spinti alla ricerca del male per il gusto di combatterlo: ed è propria dell'adulto quella attitudine di scoprire il vizio per sopprimerlo. Ma la correzione dell'errore è spesso umiliante e scoraggiante, e poiché essa sta ora alla base dell'educazione, ne risulta in genere un abbassamento del livello della vita. Nelle scuole non è permesso copiare; e si considera colpa aiutare uno scolaro più debole; lo scolaro il quale aiuta il compagno che non sa fare il suo compito è ritenuto colpevole quanto quello che accetta l'aiuto, e così non si forma l'unione e si impone un principio di moralità che abbassa il livello normale. A ogni occasione si ripete: «*Non* ti trastullare», «*Non* ti eccitare», «*Non* aiutare», «*Non* rispondere quando non sei interrogato». Tutto rientra in un indirizzo negativo. Che cosa dobbiamo fare davanti a questa situazione? Anche quando l'insegnante tenterà di elevare la sua classe, lo farà sempre in modo diverso da come lo farebbero i bambini. Probabilmente, nella migliore delle ipotesi, dirà: «Non essere invidioso se uno è migliore di te» o «Non ti vendicare se qualcuno ti ha offeso». Giacchè l'educazione corrente è piena di negazioni, l'idea generale è che tutti abbiano torto e che sia nostro compito migliorarli per quanto è possibile. Ma i bambini spesso fanno cose che l'insegnante non immagina neppure: *ammirano* chi è migliore di loro, e non si limitano dunque a «non essere invidiosi». Certi atteggiamenti dello spirito non possono essere suscitati se non esistono; ma se esistono e sono istintivi (come veramente sono), è quanto mai importante incoraggiarli e coltivarli! Lo stesso può dirsi a proposito del «non vendicarti»: e spesso avviene che un bimbo si faccia amico di quello che l'ha offeso; ma nessuno può *obbligarvelo*. Si può provare simpatia e amore anche per chi fa il male, ma altri non può *imporre* questa simpatia. È bello aiutare il compagno di mente più debole, ma non per *obbligo*. Questi sentimenti naturali dovrebbero, come ho detto, essere incoraggiati. Disgraziatamente invece spesso vengono inariditi, e tutto il lavoro delle scuole si svolge nella zona bianca inferiore (vedi figura 11) che tende verso la periferia dell'anti-sociale e dell'extra-sociale. L'insegnante dapprima pensa che il bambino sia incapace e debba venir istruito, poi crede di far bene dicendo: «Non far questo o quell'altro», o, in altre parole: «Non sdrucciolare verso la periferia». Invece i bimbi normalizzati presentano una netta inclinazione al bene, e non sentono il bisogno di «evitare» il male. Altro atto negativo è l'interruzione del lavoro a ore fisse secondo un orario. Si dice al bimbo: «Non applicarti troppo a lungo sopra un dato soggetto o ti stancherai», mentre egli mostra evidentemente di voler fare il massimo sforzo. Le scuole che abbiamo oggi non possono aiutare l'istinto creativo dei bambini, che hanno in sé quasi una esaltazione di attività: esaltazione nel lavoro intenso, nel trovar bello il lavoro, nel consolare gli afflitti e aiutare i deboli. Vorrei paragonare il rapporto fra scuole ordinarie e scuole normalizzate a quello fra il Vecchio e il Nuovo Testamento. I Dieci Comandamenti del Vecchio Testamento: «Non uccidere», «Non rubare», e tutte le altre formule negative di una legge necessaria solo a uomini dalla mente ancora oscura e confusa; ma nel Nuovo Testamento Cristo, simile ai bambini, ci dà Comandamenti positivi, come: «Ama il tuo nemico». A coloro che sembravano superiori agli altri, che seguivano la

legge e volevano per questo essere ammirati, Cristo dice: «Io sono venuto
per i peccatori». Non basta però insegnare agli uomini questi principi; è
inutile ripetere «Ama il tuo nemico», giacché lo si dice in chiesa, e non in
battaglia, dove avviene il contrario. Quando si dice: «Non uccidere», si richiama solo l'attenzione sul male per proteggere sé stessi, come se il bene
ci fosse impraticabile. Amare un nemico sembra impossibile, tanto che rimane in genere un vano ideale.

E perché? Perché la radice della bontà non esiste nel cuore dell'uomo;
può darsi che un tempo vi sia stata, ma è ormai morta e sepolta. Se durante
l'intero periodo dell'educazione la rivalità, l'emulazione, l'ambizione sono
state incoraggiate, come aspettare che la gente cresciuta in tale atmosfera
sia buona a venti o trent'anni, solo perché qualcuno predica la bontà? Io
dico che è impossibile, poiché nessuna preparazione è stata fatta alla vita
dello spirito.

Non le prediche, ma gli istinti creativi sono importanti, perché sono una
realtà: i bambini operano secondo natura e non perché l'insegnante li esorta.
Il bene dovrebbe venire dall'aiuto reciproco, dall'unione derivante dalla
coesione spirituale: questa società creatasi per coesione, quale ci è stata ri-
velata dai bambini, è la base di tutte le organizzazioni; per questo io sostengo che noi non possiamo insegnare ai bambini dai tre ai sei anni. Possiamo osservarli con intelligenza e seguirne lo sviluppo, in ogni ora e in
ogni giorno dei loro incessanti esercizi. Ciò che la natura dona, si sviluppa
con il costante lavoro: la natura offre una guida, ma mostra pure che, per
sviluppare qualunque cosa in qualunque campo, è necessario un continuo
sforzo ed esperienza. Se ne manca la possibilità, non ci saranno prediche
che possano valere. La *crescenza* viene dall'attività, non dalla comprensione intellettuale: quindi l'educazione dei piccoli è importante specialmente fra i tre e i sei anni perché questo è il periodo embrionale per la formazione del carattere e della società (proprio come il periodo dalla nascita
ai tre anni è quello della formazione della psiche, e il periodo prenatale
quello della formazione della vita fisica). Ciò che il bambino compie fra i
tre e i sei anni non dipende da dottrina, ma da una divina direttiva che guida
lo spirito alla costruzione. Sono i germi del «comportamento umano» e possono solo svilupparsi nel giusto ambiente di libertà e di ordine.

XXIV – L'ERRORE E IL SUO CONTROLLO

I bambini nelle nostre scuole sono liberi, ma l'organizzazione è necessaria: un'organizzazione più accurata che nelle altre scuole, affinché i bambini siano liberi di *lavorare*. Il bambino che compie le sue esperienze in un ambiente preparato si perfeziona, ma gli è indispensabile un materiale di lavoro speciale. Una volta raggiunta la concentrazione, egli potrà mantenerla attraverso ogni specie di attività, e più sarà attivo il bambino, meno lo sarà l'insegnante, finché questi verrà a porsi quasi in disparte.

Abbiamo qui accennato al fatto che, per il tramite di esercizi ripetuti in libertà, i bambini si uniscono in una speciale società tanto più perfetta della nostra da renderci persuasi che essi dovrebbero esser lasciati sempre liberi da ogni nostra interferenza. È un fenomeno di vita, delicato quanto quello della vita dell'embrione, e non dovrebbe essere neppure sfiorato: create le condizioni necessarie, ogni oggetto, corrispondente al bisogno di sviluppo, basterà per suscitarlo.

In questo nostro ambiente vi è una precisa relazione fra l'insegnante e il bambino. Il compito dell'insegnante sarà illustrato in un altro capitolo, ma una delle cose che, in ogni modo, l'insegnante non deve fare, è di interferire per lodare, per punire o correggere errori. Sembra a molti educatori un principio sbagliato ed essi sono contrari al nostro metodo sempre su questo punto. Dicono: «Come potete far progredire il bambino se non ne correggete gli errori?». Nella educazione comune il compito fondamentale dell'insegnante è quello di correggere, tanto nel campo morale che in quello intellettuale; l'educazione cammina secondo due direttive: dare premi o dare punizioni; ma se un bimbo riceve premi e punizioni, significa che non ha l'energia di guidarsi e che egli si rimette alla continua direzione dell'insegnante. I premi e le punizioni, in quanto estranei al travaglio spontaneo dello sviluppo del bambino, sopprimono e offendono la spontaneità dello spirito. Non possono perciò aver luogo nelle scuole, come le nostre, dove si vuol rendere possibile e difendere la spontaneità. I bambini lasciati liberi sono assolutamente indifferenti a premi e castighi.

L'abolizione dei premi non avrebbe suscitato proteste: in fondo, costituiva un'economia; e in ogni caso i premi toccano a pochi e generalmente, a fine d'anno. Ma le punizioni! Questa era un'altra faccenda: esse capitano ogni giorno. Che cosa significano le correzioni sul quaderno dei compiti? Significa segnare dieci o zero! Come può rappresentare una «correzione» lo zero? Allora l'insegnante dice: «Fate sempre gli stessi errori; non ascoltate quando io parlo; sarete bocciati agli esami». Tutte le note nei quaderni, e le osservazioni delle maestre, producono una riduzione dell'energia e dell'interesse. Dire: «Sei cattivo» o «sei stupido», è umiliante: è insulto e offesa, ma non correzione, perché il bambino per correggersi deve migliorare, e come può migliorare se già è sotto la media, e oltre a ciò viene umiliato? In tempi antichi gli insegnanti usavano mettere le orecchie d'asino ai bimbi quando sembravano stupidi e picchiar loro le dita quando scrivevano male. Se anche avessero sciupato tutta la carta del mondo per fare orecchie d'asino e ridotto in poltiglia i poveri ditini, non avrebbero corretto nulla: solo l'esperienza e l'esercizio correggono gli errori, e l'acquisto delle diverse capacità richiede lungo esercizio. Se un bimbo manca di disciplina, diventa disciplinato lavorando in società con gli altri bimbi, e non col sentirsi dire che è indisciplinato. Se dite a uno scolaro che non sa fare una cosa, vi potrà facilmente rispondere: «Perché me lo dici, lo so già!». Questa non è correzione, ma presentazione di fatti. Correzione e perfezionamento vengono soltanto quando il bimbo può esercitarsi a volontà per lungo tempo.

Possono anche essere commessi errori e il bambino può non accorgersi di farli: ma anche l'insegnante può sbagliare senza sapere di commettere errori. Sfortunatamente, l'insegnante di solito parte dal concetto di non sbagliare mai e di essere un esempio, così, se cade in errore, non lo dirà certo al bambino: la sua dignità è basata sull'aver sempre ragione. L'insegnante deve essere infallibile. E questo non è colpa degli insegnanti che vengono forzati dalle circostanze al comportamento descritto, ma dell'educazione scolastica che poggia sopra una base falsa.

Consideriamo l'errore per sé stesso. È necessario ammettere che tutti possiamo sbagliare; è una realtà della vita, cosicché l'ammetterlo è un gran passo verso il progresso. Se dobbiamo percorrere il sentiero della verità e della realtà, dobbiamo ammettere che possiamo tutti sbagliare, altrimenti saremmo tutti perfetti. Così meglio sarà avere verso l'errore un atteggiamento amichevole e considerarlo come un compagno che vive con noi e ha un suo scopo, perché veramente ne ha uno. Molti errori si correggono spontaneamente nel corso della vita. Il piccolo di un anno comincia a camminare incerto, vacilla, cade, ma alla fine cammina bene. Corregge il suo errore *crescendo e facendo la sua esperienza*. Noi ci illudiamo di camminare lungo il sentiero della vita verso la perfezione: in realtà facciamo errori sopra errori e non li correggiamo, non li riconosciamo e viviamo nell'illusione, fuori della realtà. L'insegnante che parte dal principio di essere perfetto e non riconosce i propri errori, non è un buon insegnante. Da qualunque parte si guardi, troviamo sempre il Signor Errore! Se vogliamo andare verso la perfezione, conviene stare attenti agli sbagli perché la perfezione verrà solo correggendoli e bisogna guardarli alla luce del sole, bisogna ricordarsi che essi esistono come esiste la vita stessa.

Le scienze esatte (matematica, fisica, chimica, ecc.) richiamano l'attenzione sull'errore, perché sono scienze che hanno il compito di metterli in evidenza. Lo studio scientifico dell'errore è incominciato con le scienze positive, le quali sono considerate immuni dall'errore perché misurano esattamente e possono valutare l'errore. Due cose importano: 1) raggiungere una certa esattezza, 2) valutare l'errore con esattezza. Qualunque cosa ci dia la scienza, ce la dà con una approssimazione, non come assoluta, e di questa approssimazione si tien conto *nel* risultato. Per esempio, un'iniezione anti-microbica dà un risultato sicuro nel 95% dei casi, ma è importante sapere che esiste un 5% di incertezza. Anche una misura è considerata corretta fino a un certo numero di millesimi. Nella scienza nulla è dato o accettato senza l'indicazione del probabile errore, e ciò che dà importanza agli elementi è il calcolo degli errori. Nessun dato è considerato serio se il risultato non è corredato dall'errore probabile, importante quanto il risultato stesso. Se questo calcolo dell'errore è tanto importante per la scienza esatta, lo sarà ancor più per il nostro lavoro, dove l'errore presenta uno speciale interesse e la sua conoscenza è necessaria per correggere o controllare.

Noi raggiungiamo dunque un principio scientifico che è anche un principio di verità, il «controllo dell'errore». Qualunque cosa sia fatta nella scuola da insegnanti, da bambini o da altri, ci sono sempre errori. Nella vita della scuola deve entrare il principio che non è *importante la correzione, ma il controllo individuale* dell'errore, che ci dice se abbiamo ragione o no. Io devo sapere se ho lavorato bene o male, e, se prima avevo considerato l'errore con leggerezza, ora esso mi diventa interessante. Nelle comuni scuole un alunno sbaglia senza saperlo, inconsciamente e con indifferenza, perché non è lui che deve correggere i propri errori, ma è l'insegnante che se ne incarica. Quanto è lontano quel procedimento dal campo della libertà! Se io non ho l'abilità di controllare i miei sbagli, devo rivolgermi a qualcuno che può non sapere meglio di me. Quanto è più importante invece capire gli sbagli che si fanno e sapersi controllare. Una delle più grandi conquiste della libertà psichica è il rendersi contro che noi possiamo fare un errore e possiamo riconoscere e controllare l'errore senza aiuto. Se vi è cosa che rende il carattere indeciso, è il non saper controllare qualcosa senza dover ricorrere all'aiuto di altri. Nasce un senso di inferiorità scoraggiante e una mancanza di confidenza in noi stessi. Il controllo dell'errore diventa una guida che dice se siamo sulla giusta via.

Poniamo il caso che io desideri andare in un dato posto, ma non conosca la strada, questo nella vita accade spesso. Per essere sicuro prenderò una carta topografica, vedrò anche dei segnali lungo la strada che mi diranno dove mi trovo, posso aver visto un cartello con questa indicazione: «Ahmedabad a due miglia»... se invece vedo improvvisamente un cartello che dice «50 miglia a Bombay», mi accorgo di aver sbagliato. La carta e i segnali mi hanno aiutato: se non avessi avuto la carta avrei dovuto chiedere e avrei avuto indicazioni contraddittorie. Se non vi è una guida o controllo è impossibile avanzare.

Ciò che è dunque necessario nella scienza positiva e nella vita pratica, deve essere ammesso fin da principio come necessario all'educazione: la possibilità di controllare l'errore. Così, *insieme* con l'insegnamento e il materiale, è essenziale il controllo dell'errore. La possibilità di procedere consiste in gran parte nell'avere libertà e una via sicura, e i mezzi di dire a noi stessi se e quando sbagliamo. Quando riusciamo a seguire questo principio nella scuola e nella vita pratica, non importa che l'insegnante o la madre siano o no perfette. Gli errori commessi dagli adulti hanno un che d'interessante, e i bimbi simpatizzano con essi, in maniera però completamente staccata. Diventa per loro un aspetto della natura, e il fatto che tutti possiamo sbagliare provoca nel loro cuore un grande affetto; è una nuova ragione di unione fra madre e bambino. Gli errori ci avvicinano e ci fanno più amici: la fratellanza nasce meglio sul sentiero degli errori che su quello della perfezione. Se uno è perfetto non può più cambiare: due persone perfette messe insieme per solito combattono fra loro perché non vi è possibilità di mutare e di capirsi.

Consideriamo, per es., uno dei primi esercizi pratici che fanno i bambini con il materiale. Ci sono dei cilindri tutti della stessa altezza, ma di diametro diverso, che s'incastrano in piccoli zoccoli con fori corrispondenti. Il primo esercizio consiste nel riconoscere che essi differiscono uno dall'altro, il secondo nel tenerli con tre dita. Il bimbo incomincia a metterli nel loro zoccolo, ma quando ha finito si accorge che ha fatto uno sbaglio, perché un cilindro è rimasto troppo grande per la piccola cavità che resta da riempire, mentre altri cilindri ballano nell'incastro: così li riguarda e li osserva con maggior attenzione. Si trova davanti al problema di quel cilindro rimasto come evidenza di un errore. Ebbene, è proprio questo che gli accresce l'interesse nell'esercizio e glielo fa ripetere molte volte. Così il materiale citato risponde a due scopi: 1) acuire i sensi del bambino, 2) dargli la possibilità di un controllo degli errori.

Il nostro materiale ha la particolarità di offrire un controllo dell'errore molto visibile e tangibile; un piccolo di due anni può usarlo e acquistare la nozione del controllo dell'errore e avviarsi al perfezionamento. Con una pratica giornaliera di tali esercizi egli acquista la possibilità di correggere gli errori e di diventare sicuro di sé stesso. Ciò non significa perfezione, ma conoscenza delle proprie possibilità, e quindi divenire capaci di fare qualcosa. Egli potrebbe dire: «Non sono perfetto, non sono onnipotente, ma so fare questa cosa e conosco la mia forza, e so pure che posso sbagliare e correggermi... così conosco la mia strada». Vi è in ciò prudenza, certezza ed esperienza: viatico sicuro verso la perfezione. Arrivare a questa certezza non è semplice come si potrebbe credere, né è così semplice mettersi sul sentiero della perfezione. Dire a uno che è sciocco, stupido, coraggioso, buono o cattivo, è una forma di tradimento: il bambino deve rendersi conto da sé di quello che fa, e occorre dargli insieme con la possibilità di svilupparsi quella di controllare i propri errori.

Osserviamo un po' più tardi un bambino che sia stato educato in questo modo. Egli farà esercizi di aritmetica, ma gli sarà sempre offerta la possibilità di fare la prova delle operazioni e il ragazzino si abituerà a controllare da sé il proprio lavoro. Questo controllo è più attraente dell'esercizio stesso. Altrettanto si dica per la lettura. Il bambino deve fare un esercizio consistente nel porre dei cartellini scritti in corrispondenza di oggetti corrispondenti: vi sono a parte altri cartoni su cui sono raffigurati gli stessi oggetti con i nomi corrispondenti, per il controllo. Il gran piacere del bambino consiste nel verificare se ha sbagliato o no.

Se nella pratica della vita scolastica renderemo sempre possibile questo controllo degli errori, saremo sulla via della perfezione. L'interesse per il miglioramento e le continue prove e controlli sono così importanti per il bambino, che ne assicurano il progresso. Per natura egli tende all'esattezza e il modo di esercitarla lo attira. In una delle nostre scuole una bimba vide un ordine scritto così concepito: «Vai fuori, chiudi la porta e ritorna». Lo studiò attentamente e poi si mosse per ubbidire, ma a metà strada tornò indietro e andò dall'insegnante: «Come faccio a tornare indietro se chiudo la porta?». «Hai ragione», disse l'insegnante, «ho sbagliato», e corresse la scritta; e la bambina, con un sorriso: «Sì, ora posso farlo».

Da questo controllo degli errori sorge una forma di fraternità: gli errori dividono gli uomini, ma il controllo di essi è un modo di unirli. Correggere l'errore, in qualunque campo, può diventare interesse generale. L'errore stesso diventa interessante: diventa un legame, e certamente un mezzo di coesione fra gli esseri umani, ma specialmente fra bambini e adulti. Trovare un piccolo errore nell'adulto non provoca mancanza di rispetto nel bambino o diminuzione di dignità nell'adulto: l'errore diventa una cosa a sé, che può essere sottoposta a controllo.

Così i piccoli passi portano a cose grandi.

Le principali preoccupazioni nell'educazione abituale del carattere riguardano la volontà e l'ubbidienza e generalmente esse costituiscono due concetti antagonisti nella mente degli uomini. Uno degli scopi principali dell'educazione è tuttora quello di piegare la volontà del bambino e di sostituirvi quella dell'adulto che pretende ubbidienza.

Vorrei chiarire queste idee, basandomi non su un'opinione, ma sulla mia esperienza. Prima di tutto dobbiamo ammettere che in questa materia vi è una grande confusione. Gli studi biologici ci suggeriscono che la volontà dell'uomo fa parte di un potere universale (horme), e che questa forza universale non è fisica, ma è la forza della vita in corso di evoluzione. Ogni forma di vita è spinta irresistibilmente verso l'evoluzione e ciò che dà l'impulso è l'horme. L'evoluzione è governata da leggi fisse e non dalla fortuna o dal caso: queste leggi di vita ci dicono che la volontà dell'uomo è un'espressione di quella forza e ne plasma il comportamento. Nell'infanzia questa forza diventa in parte cosciente non appena il bimbo compie un'azione da lui stesso deliberata, e si sviluppa poi in lui, ma solo attraverso l'esperienza. Così incominciamo a dire che la volontà è qualche cosa che deve svilupparsi e che, essendo naturale, ubbidisce a leggi naturali.

La confusione, in questo campo, viene anche dall'idea che le azioni volontarie dei bambini sono per natura disordinate e qualche volta violente, il che in genere è dovuto al fatto che la gente vede questo genere di azioni del bambino e crede siano espressioni della sua volontà; ma non è così: queste azioni non appartengono al campo della forza universale (horme). Se considerando il comportamento degli adulti, si prendessero le convulsioni di un uomo per manifestazioni volontarie o gli atti compiuti in un accesso di ira come diretti dalla sua volontà, sarebbe evidentemente assurdo. Infatti noi parliamo di volontà come di qualcosa che implichi uno scopo da raggiungere e difficoltà da vincere. Se invece si considerasse che le azioni volontarie sono dei movimenti quasi sempre disordinati, allora si sentirebbe la necessità di domare la volontà, come si diceva anticamente, di «spezzare la volontà» e, trovato ciò necessario, il risultato logico sarebbe di sostituire la nostra volontà a quella del bambino obbligandolo a «ubbidirci».

La realtà dei fatti è che la volontà non porta al disordine e alla violenza; questi sono segni di deviazione e di sofferenza. La volontà nel suo campo naturale è una forza che spinge ad azioni benefiche alla vita. Il compito che la natura impone al bambino è quello di crescere, e la volontà del bambino è appunto una forza che spinge alla crescenza e allo sviluppo.

Una volontà che vuole ciò che l'individuo fa, imbocca la strada dello sviluppo cosciente. I nostri bambini scelgono spontaneamente il loro lavoro e, ripetendo l'esercizio scelto, sviluppano la coscienza delle loro azioni. Ciò che sul principio era soltanto un impulso vitale (horme) diventa azione della volontà; prima il bambino agiva istintivamente, ora agisce coscientemente e volontariamente: e questo è un risveglio dello spirito.

Il bambino stesso ha capito questa differenza e la esprime in un modo che sarà sempre un prezioso ricordo della nostra esperienza. Una signora della buona società visitava un giorno la nostra scuola e, con la sua forma di mentalità antiquata, disse a un bambino: «Così, questo è un posto dove fate quello che volete, non è vero?». E il bambino: «No, signora, noi non facciamo quel che vogliamo, vogliamo quel che facciamo». Il bambino sentiva la sottile differenza tra fare ciò che a uno piace e amare ciò che uno fa.

Una cosa dev'essere ben chiara: la volontà cosciente è un potere che si sviluppa con l'esercizio e il lavoro. Il nostro scopo è quello di coltivare la volontà, non di spezzarla. La volontà può essere spezzata quasi in un momento; il suo sviluppo è un processo lento, che si svolge attraverso una continua attività in relazione all'ambiente. È facile distruggere: la devastazione di un fabbricato può avvenire in pochi secondi con un bombardamento o un terremoto; ma quanto difficile è invece la costruzione! Essa richiede conoscenza delle leggi dell'equilibrio, della resistenza dei materiali, e anche dell'arte, perché la costruzione sia armoniosa.

Se tutto ciò è necessario al compimento di una costruzione materiale inanimata, quanto più richiederà la costruzione dello spirito umano! Essa avviene nell'intimo. Il costruttore non può dunque essere né la madre, né l'insegnante: essi non sono gli architetti, ma possono solo aiutare l'opera di creazione che procede dal bambino stesso. Aiutare, questo dovrebbe essere il loro compito e il loro scopo, ma esse hanno anche il potere di distruggere e di spezzare con la repressione. Questo punto, reso oscuro da tanti pregiudizi, merita d'essere chiarito.

Il pregiudizio più comune nell'educazione ordinaria implica che tutto si possa ottenere con l'insegnamento (ossia rivolgendosi all'udito del bimbo), o col portare sé stessi ad esempio per essere imitati (una specie di educazione visuale); mentre la personalità può essere sviluppata solo con l'esercizio proprio. Il bambino è comunemente considerato come un essere ricettivo invece che come un individuo attivo; e questo avviene in ogni campo: perfino lo sviluppo della immaginazione viene trattato da questo punto di vista; al bambino vengono raccontate novelle di fate, storie incantevoli di principi e principesse, e si crede in tal modo di sviluppare l'immaginazione; ma ascoltando queste o altre storie, egli non fa che *ricevere* delle impressioni, non sviluppa affatto le proprie possibilità di immaginazione, una fra le più alte qualità dell'intelligenza. Nel caso della volontà questo errore è ancora più serio, perché l'educazione abituale non solo preclude alla volontà l'occasione di svilupparsi, ma ostacola questo sviluppo e direttamente ne inibisce l'espressione. Ogni tentativo di resistenza da parte del bambino è represso come una forma di ribellione: si direbbe che l'educatore faccia tutto il possibile per distruggere la volontà dell'allievo. D'altra parte il principio educativo dell'insegnamento attraverso l'esempio porta l'insegnante, mettendo in disparte il mondo della fantasia, a presentarsi ai suoi allievi come modello. E così immaginazione e volontà rimangono inerti, e l'attività dei bambini è ridotta a seguire il maestro sia che egli racconti storie o che agisca.

Dobbiamo finalmente liberarci da questi pregiudizi e affrontare coraggiosamente la realtà.

Nell'educazione tradizionale il maestro ragiona in modo che può sembrare abbastanza logico. Egli pensa: «Per poter educare, io devo essere buono e perfetto. So che cosa si deve fare o non fare: perciò basterà che i bambini mi imitino e mi ubbidiscano». L'ubbidienza è la base segreta dell'insegnamento. Non ricordo quale famoso educatore pronunziò questa massima: «Tutte le virtù del bambino si riassumono in una: ubbidienza».

In tal modo il compito del maestro diventa facile ed esaltante. Egli dice: «Davanti a me sta un essere vuoto, o pieno di errori: io lo trasformerò ricreandolo a mia immagine e somiglianza». Egli si attribuisce così i poteri espressi nelle parole della Bibbia: «E Dio creò l'uomo a sua immagine e somiglianza».

L'adulto, naturalmente, non si rende conto di mettersi al posto di Dio: egli dimentica soprattutto l'altra parte della storia biblica, dove si dice come il diavolo divenne tale proprio per l'orgoglio che lo spinse a prendere il posto del Creatore.

Il bambino porta in sé l'opera di un creatore ben più grande dell'insegnante, del padre, della madre, e ciononondimeno egli deve sottomettersi. In altri tempi i maestri adoperavano il bastone per raggiungere il loro scopo, e anche recentemente, in una nazione, per altri rispetti altamente civilizzata, gli insegnanti hanno dichiarato: «Se dobbiamo rinunziare al frustino, rinunziamo a educare». Troviamo anche nella Bibbia, fra i proverbi di Salomone, quello famoso in cui si dice che sono cattivi genitori quelli che non usano il bastone, giacché condannano i loro figli all'inferno. La disciplina poggia su minacce e paura. E si giunge così a concludere che il bimbo disubbidiente è cattivo e quello ubbidiente è buono.

Nella nostra epoca di teorie democratiche e di libertà, se si riflette su questo atteggiamento, si è forzati di concludere che l'educazione ancora vigente condanna l'insegnante a essere un tiranno. Solo che i tiranni, già di per sé molto più intelligenti, associano alla forza di volontà anche un po' di originalità e una certa dose d'immaginazione, mentre gli insegnanti del vecchio tipo hanno sovente solo illusioni e pregiudizi e danno il loro appoggio a regole irragionevoli. Vi è questa differenza fra il tiranno e il maestro: che mentre il primo usa mezzi duri per costruire, il secondo usa gli stessi mezzi per arrivare al fallimento del suo scopo. È un errore fondamentale il credere che la volontà dell'individuo debba essere distrutta affinché egli possa ubbidire, cioè accettare, ed eseguire ciò che un altro decide. Se noi applicassimo questo ragionamento all'educazione intellettuale, dovremmo dire che è necessario distruggere l'intelligenza del bambino per fargli apprendere la nostra cultura.

Ottenere ubbidienza da individui che hanno già sviluppato la loro volontà, ma che hanno liberamente deciso di seguire la nostra, è molto differente. Questo tipo di ubbidienza è un atto di omaggio, un riconoscimento di superiorità dell'insegnante, che dovrebbe essergli di grande soddisfazione.

Volontà e ubbidienza sono connesse tra loro, in quanto la volontà è il fondamento e l'ubbidienza segna una seconda fase nel processo dello sviluppo. Allora solo l'ubbidienza prende un significato superiore a quello che generalmente l'educatore si immagini: essa può considerarsi una *sublimazione* della volontà individuale.

L'ubbidienza può anche essere interpretata come un fenomeno della vita, e considerata una caratteristica della natura. Abbiamo veduto infatti lo sviluppo dell'ubbidienza nei nostri bambini come una specie di evoluzione; si rivela spontanea e di sorpresa, e rappresenta il punto d'arrivo di un lungo processo di perfezionamento.

Se nell'anima umana non ci fosse questa qualità, se gli uomini non acquistassero, attraverso un processo di evoluzione, la capacità di ubbidire, la società non potrebbe esistere. Basta uno sguardo superficiale a ciò che succede nel mondo per rendersi conto in quale misura la gente ubbidisca. Questo genere di ubbidienza è proprio la ragione per cui enormi gruppi di uomini cadono in un abisso di distruzione: un'ubbidienza senza controllo, un'ubbidienza che porta intere nazioni al disastro. Non manca l'ubbidienza nel mondo, tutt'altro! L'ubbidienza, come conseguenza naturale nello sviluppo dell'anima umana, è davvero molto evidente, ciò che manca, disgraziatamente, è il controllo dell'ubbidienza.

Quello che abbiamo potuto osservare nei bambini in un ambiente inteso ad aiutare il loro naturale sviluppo, ci ha mostrato chiaramente il progredire dell'ubbidienza come uno dei coefficienti più salienti del carattere. Questa osservazione getta molta luce sull'argomento.

Nel corso della nostra esperienza abbiamo visto molto bene come l'ubbidienza si sviluppa nel bambino in maniera analoga alle altre qualità del carattere: sul principio essa è comandata dall'horme, poi sale al livello della coscienza; lì si sviluppa ulteriormente ascendendo di gradino in gradino fino a poter essere controllata dalla volontà cosciente.

Proviamo a definire ciò che per qualcuno significa realmente ubbidienza: in fondo è ciò che sempre ha significato: insegnante e genitori ordinano ai bambini ciò che essi devono fare, e i bambini rispondono al comando eseguendo l'ordine.

Lo sviluppo naturale dell'ubbidienza può dividersi in tre gradi. Nel *primo grado* il bambino ubbidisce solo occasionalmente, non sempre. Questo fatto, che si potrebbe attribuire a comportamento capriccioso, deve essere analizzato.

L'ubbidienza non è connessa soltanto con ciò che noi di solito chiamiamo «buona volontà». Durante il primo periodo della vita, anzi, le azioni del bambino ubbidiscono all'horme. Questo è chiaro a tutti, fino alla fine del primo anno; fra un anno e i sei, il fenomeno diventa meno apparente a mano a mano che nel bambino si sviluppano la coscienza e il controllo di sé stesso. Durante questo periodo l'ubbidienza dipende da fatti di formazione. Una certa abilità e una certa misura di maturità sono necessarie per poter attuare l'azione comandata. L'ubbidienza perciò dovrebbe essere giudicata in relazione allo sviluppo e alle condizioni vitali. È assurdo ordinare che uno cammini col naso, perché è fisiologicamente impossibile: né è possibile dire «scrivi una lettera» a uno che non sa scrivere. È necessario perciò stabilire prima la possibilità materiale dell'ubbidienza in relazione allo sviluppo raggiunto. Ed è per questo che un bambino prima dei tre anni non può essere ubbidiente, se il comando ricevuto non corrisponde all'impulso vitale. Egli non lo può perché non ha ancora costruito sé stesso: è ancora coinvolto nell'inconscia elaborazione dei meccanismi della propria personalità e non ha ancora raggiunto il punto nel quale li ha stabiliti così che possano servire i suoi intenti ed egli li possa dominare coscientemente. Il dominio rappresenta un progresso nello sviluppo. Infatti gli usi e il modo con cui bimbi e adulti vivono insieme, sottintendono che l'adulto non aspetta ubbidienza da un bimbo di due anni. A questa età l'adulto per intuizione e logica, o forse a causa di una convivenza più che millenaria, potrà solo impedire, più o meno violentemente, le azioni del piccolo che egli riprova.

L'ubbidienza però non è soltanto inibizione; essa consiste specialmente nell'agire conformemente alla volontà di un'altra persona. Per quanto la vita di un bambino più grandicello non sia nella fase di preparazione primitiva del bambino da zero a tre anni, che come abbiamo detto avviene nel mistero della vita, pure anche in questo periodo successivo ci troviamo di fronte a fatti analoghi. Anche il piccolo dopo i tre anni deve aver potuto sviluppare certe qualità per essere atto a ubbidire: non può tutto a un tratto agire secondo la volontà di un altro individuo, né comprendere da un giorno all'altro la ragione e la logica di fare quello che si vuole da lui. Certi progressi sono il risultato di una *formazione interiore* che passa attraverso vari stadi. Finché questo periodo di formazione perdura, può avvenire che il bimbo ogni tanto riesca a compiere un'azione comandata, ma questa corrisponderà a un'acquisizione di maturità interiore appena fatta; solo quando l'acquisizione è diventata salda e permanente, la volontà ne può disporre. Qualcosa di simile avviene pure quando il bimbo si sforza di acquisire i primi elementi meccanici delle funzioni motrici. A un anno circa si arrischia a fare i primi passi, ma spesso cade e per un pezzo non ripeterà l'esperimento: quando invece il meccanismo del camminare sarà completamente stabile, egli potrà esercitarlo in qualunque momento. Ecco un altro punto molto importante. L'ubbidienza del bimbo, in questo secondo stadio, dipenderà soprattutto dallo sviluppo delle sue capacità. Può accadere, per es., ch'egli riesca a ubbidire una volta, ma non una seconda: questa incapacità di ripetere l'atto d'ubbidienza viene attribuita a «cattiva volontà». Se è così, l'insegnante, con la sua insistenza e le sue critiche, può ostacolare lo sviluppo interno che è in atto. Nella storia di Pestalozzi, il famoso educatore svizzero, che ha ancora tanta influenza sulle scuole di tutto il mondo, troviamo un elemento molto importante. Pestalozzi fu il primo a introdurre una nota paterna nel trattamento degli scolari: egli era sempre animato di simpatia per essi, e pronto al perdono. Una cosa però era esclusa dal perdono, il comportamento capriccioso: il bambino che una volta ubbidiva e altra volta no. Se egli aveva seguito un ordine una volta, voleva dire che ne aveva la possibilità, e se rifiutava di farlo una seconda, Pestalozzi non accettava scuse: era questo l'unico caso nel quale mancava di indulgenza. Se così giudicava Pestalozzi, quanto più sovente incorreranno nello stesso errore gli altri insegnanti!

D'altra parte nulla è più dannoso che provocare scoraggiamenti proprio quando un particolare sviluppo è in corso: se il bimbo non è ancora padrone delle sue azioni, se non riesce a ubbidire alla sua propria volontà, tanto meno riuscirà a ubbidire a un'altra persona. Ecco perché può accadere che riesca una volta a ubbidire e non un'altra. E non solo nell'infanzia questo può accadere: quante volte un principiante che suona un qualunque strumento, eseguirà bene un pezzo la prima volta e se il giorno dopo gli chiederanno di sonarlo ancora non saprà farlo altrettanto bene; non gli manca la volontà, bensì l'abilità consumata e sicura.

Ciò che dunque noi chiamiamo primo grado di ubbidienza, è il periodo in cui il bambino può ubbidire, ma non sempre riesce a farlo: è il momento nel quale ubbidienza e disubbidienza vanno di pari passo.

Il *secondo grado* è raggiunto quando il bimbo può ubbidire sempre – ossia quando non vi sono più ostacoli dipendenti dal grado del suo sviluppo. Le sue abilità ben consolidate possono ora venir dirette, non solo dalla sua volontà, ma anche dalla volontà di un'altra persona. Questo, nel campo dell'ubbidienza, è un gran passo: lo si potrebbe paragonare alla capacità di tradurre da una lingua in un'altra. Il bimbo può assorbire la volontà di un'altra persona e agire in conseguenza: è questo il più alto livello a cui miri l'educazione. L'insegnante ordinario non aspira a nessuno stadio di ubbidienza che vada al di là dell'essere sempre ubbidito. Il bambino invece, quando gli si dà la possibilità di seguire le leggi della natura, va molto al di là della nostra aspettativa.

Il bambino non si ferma qui, ma procede verso il *terzo grado dell'ubbidienza*. Qui l'ubbidienza sorpassa il rapporto con l'abilità acquisita, che la mette alla portata del bambino; essa è diretta verso una personalità della quale egli sente la superiorità. È come se il bimbo si rendesse conto del fatto che l'insegnante è capace di fare cose superiori a quelle che può fare lui: è come se dicesse a sé stesso: «Questa persona, che sta tanto al di sopra di me, può penetrare nella mia intelligenza con un suo speciale potere e farmi grande quanto lei. Agisce dentro di me!». Questo sentimento sembra dare al bimbo una grande e profonda gioia. Poter ricevere direttive da questa vita superiore è una improvvisa scoperta che porta con sé una nuova forma di entusiasmo: e il bambino diventa impaziente e ansioso di ubbidire. A che cosa potremmo confrontare questo naturale e meraviglioso fenomeno? Forse, su un altro piano, all'istinto del cane che ama il suo padrone e con la sua ubbidienza mette in atto la volontà di questo. Quando il padrone gli mostra una palla, esso la guarda intensamente, e quando il padrone la lancia lontano, corre e la riporta trionfalmente e aspetta un altro comando. Il cane è ansioso di ricevere ordini e agitando la coda pieno di gioia corre a ubbidire. Il terzo grado dell'ubbidienza nel bimbo è, all'incirca, simile a questo. Certo però egli ubbidisce sempre con sorprendente prontezza e sembra impaziente di farlo.

Le esperienze di un'insegnante, dopo un decennio di pratica, ci offrono interessanti prove; aveva una classe di bimbi e la dirigeva molto bene, ma non sapeva astenersi dal dare spesso suggerimenti. Un giorno disse: «Mettete via ogni cosa prima di andare a casa stasera». I bimbi non aspettarono ch'ella terminasse le sue parole, ma appena udito: «Mettete via ogni cosa...» si affrettarono a eseguire con cura e rapidamente. Poi, udirono con sorpresa: «...quando andate a casa stasera». La loro ubbidienza era diventata così istantanea che l'insegnante doveva stare molto attenta al modo come si esprimeva; infatti questa volta avrebbe dovuto dire: «Prima di andare a casa stasera, mettete a posto ogni cosa». Casi simili, diceva, avvenivano tutte le volte che ella si esprimeva senza abbastanza riflettere e si sentiva responsabile data l'immediata reazione dei bambini. Era per lei una strana esperienza, perché gli ordini sembrano attributi naturali dell'autorità: invece di sentirne il peso, ella sentiva la responsabilità della sua posizione autorevole. Poteva ottenere il silenzio così facilmente che bastava scrivesse la parola «silenzio» sulla lavagna e tutti tacevano già prima che avesse finito di scrivere la lettera «S».

Anche la mia esperienza, che mi portò a introdurre la «lezione del silenzio», prova questa attitudine all'ubbidienza, che in quel caso era un fenomeno di ubbidienza collettiva: prova una meravigliosa e inaspettata corrispondenza di un intero gruppo di bambini che quasi si identificavano con me.

Per ottenere il silenzio assoluto bisogna essere tutti d'accordo: se uno non lo è, il silenzio è rotto; perciò occorre avere la coscienza di agire insieme per arrivare a un risultato. Da qui nasce un cosciente accordo sociale.

Da questo esercizio del silenzio si potrebbe misurare la forza di volontà di questi bambini; col ripetere l'esercizio, questa forza si faceva più grande e i periodi di silenzio si allungavano. A questo esercizio aggiungemmo una specie di appello, in cui il nome di ogni bambino veniva appena mormorato e colui che si sentiva chiamare si faceva avanti silenzioso, mentre gli altri continuavano a stare immobili; perché ogni bambino chiamato si staccava dal gruppo lentamente cercando di non fare alcun rumore; si può immaginare quanto l'ultimo chiamato dovesse attendere immobile il suo turno! Quei bimbi avevano incredibilmente sviluppato la loro volontà. L'inibizione degli impulsi è uno dei grandi risultati di questo esercizio, come pure il controllo delle proprie azioni. Di qui derivò una parte del nostro metodo: da un lato la volontà di scegliere e di essere liberamente operosi, e dall'altro lato l'inibizione. In questo ambiente essi potevano esercitare la propria volontà sia per agire che per trattenersi dall'agire e formavano un gruppo veramente mirabile. L'ubbidienza si era sviluppata nei bambini perché tutti gli elementi ne erano stati preparati.

Il potere di ubbidire è l'ultima fase dello sviluppo della volontà, la quale, a sua volta, rende possibile l'ubbidienza. Nei nostri bambini il grado di sviluppo raggiunto è tale che l'insegnante è subito ubbidita qualunque cosa comandi. Essa allora sente che deve andar cauta per non approfittare di tanta dedizione e si rende conto della qualità di carattere che un capo dovrebbe avere. Non è capo chi ha un senso di grande autorità, ma piuttosto chi ha un senso di grande responsabilità.

XXVI – L'INSEGNANTE MONTESSORIANA E LA DISCIPLINA

Una maestra inesperta, piena di entusiasmo e di fede nei risultati di questa interiore disciplina, che dovrebbe svilupparsi in una piccola comunità, si trova di fronte a non lievi problemi. Essa capisce e crede che i bambini dovrebbero essere liberi di scegliere le loro occupazioni, così come non dovrebbero mai essere interrotti nelle loro spontanee attività. Né istruzione, né minacce, né premi, né punizioni sono permessi. La maestra deve rimanere silenziosa e passiva in un'aspettativa paziente, quasi ritraendosi per annullare la propria personalità così che lo spirito del bambino possa avere campo di espandersi liberamente. Essa ha messo a disposizione dei bambini una quantità di materiale, quasi tutto il materiale, ed ecco invece il disordine non diminuisce e sta per raggiungere proporzioni allarmanti.

Sono forse errati i principi che ha imparati? No. Fra la teoria e i risultati qualcosa manca, ed è l'esperienza pratica. A questo punto l'inesperta principiante ha bisogno di guida e di chiarimenti. Qualcosa di simile a quello che accade al giovane medico o a ognuno che, essendosi addentrato con lo studio nel regno delle idee e dei principi, si trova poi lasciato solo dinanzi ai fatti della vita, i quali sono più misteriosi che l'incognita nei problemi insoluti della matematica.

Dobbiamo aver presente che il fenomeno della disciplina interiore è qualcosa che deve compiersi e non qualcosa di preesistente. Nostro compito è di guidare sulla via della disciplina. La disciplina nascerà quando il bambino avrà concentrato la sua attenzione sull'oggetto che lo attrae e che consente non soltanto un utile esercizio, ma il controllo dell'errore. Grazie a questi esercizi si crea una meravigliosa coordinazione della individualità infantile, per cui il bambino diviene calmo, radiosamente felice, occupato, dimentico di sé e di conseguenza indifferente ai premi o a ricompense materiali. Questi piccoli conquistatori di sé stessi e del mondo che li circonda sono di fatto dei super-uomini, i quali rivelano a noi la divina anima che è nell'uomo. Il felice compito dell'insegnante è di mostrare la via alla perfezione, provvedendo i mezzi e rimovendo gli ostacoli, a cominciare da quello che essa stessa può opporre: perché l'insegnante può essere un grandissimo ostacolo. Se la disciplina fosse preesistente, il nostro lavoro non sarebbe necessario; il bambino avrebbe un istinto sicuro che lo renderebbe capace di sorpassare ogni difficoltà.

Ma il bambino di tre anni arrivando a scuola è un combattente sul punto di essere sopraffatto dalle repressioni; egli ha già sviluppato una attitudine difensiva che maschera la sua più profonda natura. Le più alte energie che potrebbero guidarlo a una pace disciplinata e a una divina saggezza sono dormienti: tutto quello che rimane attivo è una personalità superficiale che esaurisce sé stessa in movimenti incoordinati, in idee vaghe, nel cercare di combattere contro la repressione degli adulti o di sfuggirvi.

Ma saggezza e disciplina sono in attesa di essere destate nel bambino. Le repressioni hanno lavorato contro di lui, ma egli non è ancor del tutto guasto e fissato nelle sue deviazioni, e i nostri sforzi non saranno vani. La scuola deve dare allo spirito del bambino spazio e privilegio di espandersi. Nello stesso tempo la maestra deve ricordare che le reazioni di difesa e in genere le caratteristiche inferiori che il bambino ha acquisito sono ostacoli preventivi allo schiudersi della vita spirituale e che il bambino deve liberarne sé stesso.

Questo è «il punto» di partenza dell'educazione. Se il maestro non sa distinguere il puro impulso dalla spontanea energia che nasce da uno spirito riposato, la sua azione non porterà frutti. Il fondamento vero dell'efficienza dell'insegnante consiste nel potere di distinguere fra due generi di attività, ognuna delle quali ha apparenza di spontaneità, perché in entrambi i casi il bambino agisce di sua propria volontà, ma che hanno un significato del tutto opposto. Soltanto quando l'insegnante ha acquisito un potere di discriminazione può divenire osservatore e guida. La necessaria preparazione non è dissimile da quella del medico: egli deve innanzi tutto imparare a distinguere i fatti fisiologici dai patologici. Se non è capace di distinguere la salute dalla malattia, se ciò che può fare è solo riconoscere l'uomo vivo dal morto, non sarà mai capace di arrivare alle sempre più sottili distinzioni fra i fenomeni patologici e sarà per lui impossibile di fare una diagnosi giusta della malattia. Questo potere di distinguere il bene dal male è la luce che ci scopre l'oscura via della disciplina la quale conduce alla perfezione. È possibile individuare sintomi o combinazioni di sintomi, sufficientemente, chiaramente, e implicitamente, per giungere anche in teoria a riconoscere i vari stadi attraverso i quali passa l'animo infantile nella sua ascesa verso la disciplina? È possibile, e una pietra angolare può essere posta come guida dell'insegnante.

Il bambino in stato di caos

Consideriamo il bambino di tre o quattro anni come ancora non toccato dagli elementi che operano su di lui per creare una disciplina interiore. Vi sono tre tipi e caratteristiche che possono essere facilmente riconosciuti con l'aiuto di una semplice descrizione:

1) i movimenti volontari sono disordinati. Non parlo dell'intenzione dei movimenti, ma dei movimenti stessi. Manca un fondamentale coordinamento; questo sintomo, che dovrebbe avere maggiore significato per uno specialista di malattie nervose che per un filosofo, è di grande importanza. Il medico osserva i più piccoli particolari che riguardano i movimenti volontari di un paziente seriamente malato; di un paralitico, per esempio, nei primi stadi di lenta paralisi. Il medico sa che questi particolari hanno una importanza fondamentale e che egli baserà su questi la sua diagnosi molto più che su aberrazioni mentali o sul comportamento disordinato che sono fra i sintomi di questa malattia. Il bambino maldestro nei suoi movimenti mostrerà altre caratteristiche evidenti come azioni scomposte, comportamento incontrollato, contorsioni e grida, ma queste manifestazioni hanno minor valore indicativo. Una educazione che coordini con delicatezza i primi movimenti diminuirà di per sé stessa ogni disordine dei movimenti volontari. Piuttosto che tentare di correggere le mille manifestazioni esterne di una deviazione dalla retta via dello sviluppo, basterà all'insegnante offrire un mezzo interessante di sviluppo intelligente dei più armonici movimenti.

2) Un'altra caratteristica che accompagna sempre il disordine che abbiamo detto, è la difficoltà o incapacità del bambino di fermare l'attenzione su oggetti reali. La sua mente preferisce vagare nel regno della fantasia. Giocando con pietre o foglie secche egli parla come preparasse deliziosi banchetti su magnifiche tavole e la sua immaginazione cadrà probabilmente nei più aspri eccessi quando egli diverrà adulto. La mente si esaurisce quanto più si scinde dalla sua normale funzione e diviene inutile strumento dello spirito il quale ha bisogno, per la sua finalità, di sviluppo della vita interiore. Disgraziatamente molti credono che questa forza disintegratrice della personalità sia la forza che sviluppa la vita spirituale. Essi sostengono che la vita interiore è per sé stessa creativa; invece per sé stessa non è nulla, o soltanto ombre, pietruzze o foglie morte.

La vita ulteriore si costruisce invece sulla base fondamentale di una personalità unificata, bene orientata nel mondo esteriore. La mente vagante che disgiunge sé stessa dalla realtà si stacca dalla sua normale funzione, si stacca, bisogna dirlo, dalla normale salute. In questo mondo fantastico verso il quale tende non vi è controllo dell'errore, nulla che coordini il pensiero. L'attenzione alle cose reali, con le future applicazioni che ne derivano, diviene impossibile. Questa vita della immaginazione – come vien detta falsamente –

è un'atrofia degli organi le cui funzioni sono essenziali alla vita spirituale. L'insegnante che cerca di fermare l'attenzione del bambino su qualcosa di reale – rendendo la realtà accessibile e attraente – e che riesce a interessare il bambino nell'apparecchiare una tavola vera, servendo un pasto vero, parla con una voce che richiama come il suono di una tromba la mente che vaga lontano dalla via del proprio bene. E il coordinamento di perfezionati movimenti, insieme con il richiamo dell'attenzione svagata alla realtà, è il solo rimedio necessario. Non dobbiamo pensare di correggere a uno a uno gli aspetti di una fondamentale deviazione: non appena viene acquisita la capacità di fissare la mente su cose reali, la mente ritornerà allo stato di salute e funzionerà normalmente.

3) Il terzo fenomeno, che si accompagna agli altri due, è la tendenza all'imitazione, che diviene sempre più pronta e rapida. È segno di profonda debolezza, è una esagerazione delle caratteristiche normali nei bambini di due anni. (L'imitazione nei bambini piccoli è di un'altra specie, non ne possiamo trattare ora.) Quella tendenza è indice di una volontà che non ha preparato i suoi strumenti, né trovato il suo corso, ma va sulle tracce degli altri. Il bambino non ha preso la via della perfezione, è in balia dei venti come un bastimento senza timone. Chiunque osservi un bambino di due anni, con un limitato ordine di idee suggerite dall'imitazione, come somma delle sue conoscenze, riconoscerà la forma degenere dell'imitazione, di cui vado parlando; la quale è connessa al disordine, all'instabilità mentale e tende a portare il bambino in basso, come chi discende i gradini di una scala.

Basta che un bambino in una classe faccia qualcosa di mal fatto e rumoroso, buttandosi, per esempio, sul pavimento, ridendo o gridando, che molti, o forse tutti i bambini ne seguono l'esempio o facciano anche peggio. L'atto insensato si moltiplica in un gruppo di bambini e quasi fuori della classe stessa. Questa specie di istinto gregario porta al disordine collettivo, antitesi della vita sociale, che è fondata sul lavoro e sull'ordine. Lo spirito d'imitazione propaga ed esalta nella folla i difetti dell'individuo: è il punto di minor resistenza dove comincia la degenerazione.

Quanto più questa specie di degenerazione prende piede, tanto più è difficile per i bambini obbedire a chi li chiama a cose migliori. Ma metteteli una volta sulla diritta via, e si porrà fine alle conseguenze varie di un errore.

Il richiamo

Potrà trovarsi in una situazione d'angoscia l'insegnante che essendo chiamata a dirigere una classe di simili bambini non ha altre armi che l'idea fondamentale di offrire ai bambini i mezzi di sviluppo e di lasciarli esprimere liberamente. Il piccolo inferno che è cominciato a scatenarsi in questi bimbi trascinerà a sé ogni cosa che ne sia alla portata, e l'insegnante, se passiva, sarà sopraffatta da una confusione e da un rumore quasi inconcepibili. La maestra, che per inesperienza o per troppa rigidità o eccessiva semplicità di principi e idee, si trova in simile situazione, deve ricordare le forze che giacciono sopite in queste piccole anime divinamente pure e generose. Deve aiutare a risalire queste creaturine, che stanno correndo a precipizio lungo una via discendente. Deve chiamarle, destando i dormienti con la voce e il pensiero. Un vigoroso e fermo richiamo è solo e vero atto di bontà verso queste piccole anime. Non temete di distruggere il male: soltanto il bene dobbiamo temere di distruggere. Come dobbiamo chiamare un bambino con il suo nome prima che egli possa rispondere, così è necessario chiamare con vigore per svegliare l'anima. La maestra deve prendere i suoi materiali dalla scuola e i suoi principi da ciò che ha imparato e poi essa deve affrontare praticamente, da sola, la questione del richiamo. Soltanto la sua intelligenza può risolvere il problema che sarà differente per ogni caso individuale. L'insegnante conosce i sintomi fondamentali e i chiari rimedi, la teoria del trattamento; tocca *a lei il resto*. Il buon medico, come l'insegnante, è un individuo, non una macchina per somministrare medicine o applicare metodi pedagogici. I particolari vanno lasciati al giudizio della maestra, che sta anch'essa muovendo i primi passi sulla nuova via: a lei di giudicare se vale meglio alzare la voce nel disordine generale o sussurrare a pochi bambini, così che sorga negli altri una curiosità che riconduca la quiete. Una corda del pianoforte colpita vigorosamente spegne il disordine come una sferzata.

Ordine apparente

Una insegnante esperta non avrà mai un grave disordine nella sua classe perché, prima di mettersi in disparte per lasciare libertà ai bambini, sarà per qualche tempo vigile, dirigendoli, così da «prepararli» in senso negativo, cioè nel senso di reprimere i movimenti incontrollati. Vi sono a questo fine una serie di esercizi preparatori che la maestra deve tenere a mente, e i bambini la cui mente divaga dalla realtà, sentiranno il forte aiuto che la maestra sarà capace di offrire loro. Calma, ferma e paziente la sua voce raggiungerà i bambini lodando o esortando. Taluni esercizi sono particolarmente utili, come riporre in ordine sedie e tavoli senza far rumore; disporre una fila di sedie e sedervisi; correre da un capo all'altro della classe in punta di piedi. Se la maestra è realmente sicura di sé, le basterà già questo per poter poi dire: «Ora stiamo tranquilli», e la calma si produrrà come per incanto. I più semplici esercizi della vita pratica ricondurranno sulla terra ferma del lavoro reale i piccoli spiriti erranti e li richiamerà. A poco a poco la maestra offrirà il materiale, non lasciando però mai ai bambini la libera scelta finché essi non ne abbiano compreso l'uso.

Ora noi vediamo una classe tranquilla. I bambini entrano in contatto con la realtà; la loro occupazione ha un particolare scopo, come spolverare un tavolo, togliere una macchia, andare all'armadio a prendervi un pezzo del materiale e usarlo correttamente, e così via.

Si vede che la capacità di libera scelta si rafforza con l'esercizio. In genere l'insegnante è soddisfatta, ma le sembra che il materiale, stabilito dal metodo Montessori, sia insufficiente, e si trova dinanzi alla necessità di aggiungerne. In una settimana un bambino ha adoperato e riadoperato tutto il materiale. La maggioranza delle scuole forse non va oltre questo punto.

Un fattore, uno solo, rivela la fragilità di questo apparente ordine e minaccia il collasso dell'intera opera: i bambini passano da una cosa all'altra, fanno ogni esercizio una volta, poi prendono qualcos'altro dall'armadio. Il va e vieni dall'armadio non ha fine. Nessuno di quei bambini ha trovato, sulla terra dove è disceso, un interesse capace di risvegliare in lui la divina e forte natura: la sua personalità non si esercita, non si sviluppa, non si fortifica. In questi fuggevoli contatti il mondo esteriore non può esercitare su lui quell'influenza che mette lo spirito in equilibrio con il mondo. Il bambino è come l'ape che vola di fiore in fiore ma non trova su quale posare, attingere il nettare e soddisfarsi: egli non si impegna nel lavoro fino a sentirsi svegliare dentro quella stupenda attività istintiva destinata a costruire il suo carattere e la sua mente.

L'insegnante sente che il suo compito è difficile quando l'attenzione, svagata, è giunta a questo punto: per di più, essa corre da un bambino all'altro comunicando la sua ansiosa e affaticante agitazione. Molti di quei bambini, non appena ella volge loro le spalle, giuocano con il materiale stanchi e annoiati e ne fanno l'uso più insensato. Mentre la maestra è occupata con un bimbo, gli altri fanno errori. Il progresso morale e intellettuale, così fiduciosamente atteso, non si produce.

Quest'apparente disciplina è veramente fragile cosa e l'insegnante che avverte il disordine nell'aria è sempre in stato di tensione. La grande maggioranza delle maestre non sufficientemente preparate ed esperte finisce per credere che il «nuovo bimbo» così ardentemente aspettato e di cui tanto si è detto, è soltanto una illusione, un ideale; che in realtà una classe tenuta insieme da uno sforzo di energia nervosa è faticosa per l'insegnante e non profittevole per i bambini.

È necessario che l'insegnante sia capace di capire la condizione dei bambini. Questi piccoli spiriti sono in un periodo di transizione, non trovano una porta aperta e stanno battendo e aspettando perché qualcuno l'apra loro. In fatto di progresso comunque vi è poco da osservare! Questo stato di cose si avvicina più al caos che alla disciplina. Il lavoro di bambini come questi sarà imperfetto, i movimenti elementari di coordinamento saranno senza forza e grazia e gli atti saranno capricciosi. In confronto al primo periodo nel quale erano fuori dal contatto con la realtà essi sono scarsamente progrediti. È una convalescenza dopo una malattia. È un periodo cruciale nello sviluppo, e l'insegnante deve esercitare due diverse funzioni: sorvegliare i bambini e impartire lezioni individuali; vale a dire presentare il materiale regolarmente mostrandone l'esatto uso. Sorveglianza generale e lezioni individuali, impartite con esattezza, sono due mezzi con cui l'insegnante può aiutare lo sviluppo del bambino. In questo periodo dovrà avere cura di non volgere mai le spalle alla classe mentre si occupa di ogni singolo bambino. La sua presenza deve farsi sentire da tutte quelle piccole anime vaganti in cerca di vita. Le lezioni esatte e avvincenti date nell'intimità a ogni bambino, separatamente, sono un'offerta che la maestra fa alla profondità dello spirito infantile. Un giorno poi un piccolo spirito si sveglierà, l'*io* di qualche bimbo si impadronirà di qualche oggetto, l'attenzione si fisserà sulla ripetizione di qualche esercizio, l'esecuzione perfezionerà la capacità e l'espressione raggiante del bambino, il suo contegno soddisfatto indicheranno che il suo spirito è rinato.

Disciplina

La libera scelta è la più alta attività: solo il bambino che conosce ciò di cui ha bisogno per esercitarsi e sviluppare la sua vita spirituale può in verità scegliere liberamente. Non si può parlare di libera scelta quando ogni oggetto esterno richiama ugualmente il bambino ed egli, mancando di potere volitivo, segue ogni richiamo e passa dall'una cosa all'altra senza posa. Questa è una delle più importanti distinzioni che la maestra deve saper fare. Il bambino che non sa ancora obbedire a una guida interiore, non è il bambino libero che si mette sulla strada lunga e stretta della perfezione. È ancora lo schiavo di sensazioni superficiali che lo lasciano in balia dell'ambiente; il suo spirito rimbalza da un oggetto all'altro come una palla. L'uomo *nasce* quando la sua anima sente sé stessa, si fissa, si orienta, sceglie.

Questo semplice e grande fenomeno si rivela in ogni essere creato. Tutti gli esseri viventi possiedono il potere di scegliere, in un ambiente complicato e di molti aspetti, ciò, e soltanto ciò, che è necessario a mantenere la vita.

Le radici di ogni pianta cercano fra i molti elementi del suolo quelli di cui hanno bisogno; un insetto sceglie determinatamente e si fissa sul fiore fatto per riceverlo. Nell'uomo lo stesso meraviglioso discernimento non è semplice istinto, ma qualcosa che deve essere conquistato. I bambini hanno, specialmente nei primi anni, una intima sensibilità come necessità spirituale, che educazione mal diretta o repressioni possono far svanire e sostituire con una specie di schiavitù dei sensi esterni verso ogni oggetto dell'ambiente. Noi stessi abbiamo perduto questa profonda e vitale sensibilità e dinanzi ai bimbi, in cui la vediamo risorgere, ci troviamo come dinanzi a un mistero rivelato. Si manifesta nell'atto delicato della libera scelta, che un'insegnante, impreparata all'osservazione, avrebbe calpestata prima che si fosse delineata, come un elefante può calpestare il bocciuolo di un fiore che si sta schiudendo in un prato.

Il bambino che ha fissato l'attenzione sull'oggetto scelto e che sta concentrandosi tutto nella ripetizione di un esercizio è un'anima salvata nel senso della salute spirituale di cui parliamo. Da questo momento non vi è più bisogno di occuparci del bimbo in altro modo che preparando l'ambiente che soddisfi ai suoi bisogni e rimovendo gli ostacoli che possono creare un impedimento sulla via della perfezione.

Prima che attenzione e concentrazione si realizzino, l'insegnante deve reprimere sé stessa, perché lo spirito del bambino sia libero di espandersi ed esprimersi: l'importanza del suo compito sta nel non interrompere il bambino nel suo sforzo. È il momento in cui la delicatezza morale dell'insegnante, acquistata durante la sua preparazione, si mostra. Essa deve imparare che non è facile assistere o forse soltanto stare a osservare. Anche nell'assistere e servire essa deve *osservare*, perché il nascere del fenomeno della concentrazione nel bimbo è delicato come quello di un germoglio che sta per sbocciare. Essa non osserverà con il fine di fare che la sua presenza sia sentita o di assistere i più deboli con la sua forza: osserverà per riconoscere il bambino che è giunto a concentrare la sua attenzione e per contemplare la gloriosa rinascita dello spirito.

Il bambino che si concentra è immensamente felice; ignora il vicino o chi gli si faccia intorno. Per un istante il suo spirito è come quello dell'eremita nel deserto; è nata in lui una nuova consapevolezza, quella della sua propria individualità. Quando esce dalla sua concentrazione sembra avvertire per la prima volta il mondo che lo circonda come un illimitato campo per nuove scoperte; si accorge anche dei compagni per i quali mostra un affettuoso interesse. Egli si sveglia all'amore per le persone e le cose, gentile e affettuoso verso tutti, pronto ad ammirare ogni cosa bella. Il processo spirituale è evidente: egli stacca sé stesso dal mondo per acquistare il potere di unirsi a esso. Noi usciamo dalla città per ammirare l'aprirsi vasto del panorama; volando in aeroplano la terra scopre meglio ai nostri occhi i suoi lineamenti. Così è dello spirito umano. Per esistere e per entrare in società con i compagni dobbiamo ritirarci in solitudine e fortificarci: soltanto dopo guarderemo con amore le creature che ci sono compagne. Il santo nella solitudine si prepara a considerare con saggezza e giustizia quelle sociali esigenze che rimangono ignorate alla massa degli uomini. La preparazione nel deserto prepara la grande missione d'amore e di pace.

Il bambino prende semplicemente un'attitudine di profondo isolamento e in lui pure risulta il formarsi di un carattere forte e calmo, irradiante amore intorno a sé. Da questo atteggiamento nasce il sacrificio di sé stessi, il lavoro regolare, l'obbedienza, e insieme una gioia di vivere, chiara come una sorgente che sgorga in mezzo a un terreno roccioso, gioia e aiuto per tutte le creature che vivono intorno.

Il risultato della concentrazione è il risveglio del senso sociale e l'insegnante dovrebbe essere preparata a seguirlo; essa sarà una creatura amata da quei cuori di bimbi appena svegliati. Essi la «scopriranno», nello stesso modo come essi scoprono allora l'azzurro del cielo e il più impercettibile profumo dei fiori che si nascondono nell'erba.

Le esigenze di questi bimbi, ricchi di entusiasmo ed esplosivi nel loro stupendo progresso, possono confondere un'inesperta maestra che, come nella prima fase non deve fermarsi a considerare i molti atti confusi del bambino, ma solo gli indici delle fondamentali esigenze, ora non deve lasciarsi sopraffare dagli innumerevoli segni di questa ricchezza e bellezza morali. Essa deve sempre mirare a qualche cosa di semplice e centrale che è come il cardine, su cui gira una porta, necessariamente nascosto ma indipendente e indifferente a ogni ricchezza ornamentale dell'oggetto di cui provvede e regola il funzionamento. La sua missione mira sempre a qualche cosa di costante e preciso. Comincia con il sentirsi lei stessa non necessaria perché il progresso del bambino è sproporzionato alla parte che ella ha avuto e a quello che ha fatto. Essa vede di continuo i bambini farsi sempre più indipendenti nella scelta delle loro occupazioni e nella loro ricca capacità di esprimersi; il loro progresso qualche volta le sembra miracoloso. Sente soltanto di servire con l'umile compito di preparare l'ambiente e di ritrarsi nell'ombra. Le sono presenti alla mente le parole di Giovanni Battista dopo che il Messia gli si fu rivelato: «Quegli deve crescere, e io essere abbassato».

È questo nondimeno il momento in cui la sua autorità è maggiormente richiesta dal bambino. Quando un bambino con la sua attività intelligente ha fatto qualcosa – un disegno, una parola scritta o qualsiasi altro piccolo lavoro – va dalla maestra e vuole che essa gli dica se è ben fatto. Il bambino non va a chiedere che cosa deve fare, né come dovrebbe farlo e si difende contro ogni aiuto: la scelta e l'esecuzione sono prerogative e conquiste dell'anima affrancata.

Ma quando il lavoro è fatto vuole la sanzione della sua insegnante.

Lo stesso istinto che porta i bambini a difendere energicamente la loro spirituale segretezza – la loro misteriosa obbedienza alla voce che li guida e che ognuno sembra udire dentro di sé – li porta poi a sottoporre i loro atti all'autorità esterna come per rendersi sicuri di essere sulla giusta via. Vien da pensare ai primi passi barcollanti del bambino, quando egli ha bisogno di vedere le braccia di una persona grande stese e pronte a prevenire una caduta, quantunque in lui sia già il potere di iniziare e portare a perfezione l'atto del camminare. L'insegnante deve allora rispondere con una parola di consenso, incoraggiare con un sorriso, come la mamma sorride ai primi passi del bambino. Perché perfezione e sicurezza debbono svilupparsi nel bambino da sorgenti interne con le quali il maestro non ha nulla a che fare.

Il bambino, infatti, una volta sicuro, non cercherà più a lungo l'approvazione dell'autorità a ogni passo. Continuerà ad accumulare lavoro finito di cui gli altri non sanno nulla, obbedendo semplicemente al bisogno di produrre e di perfezionare i frutti del suo lavoro. Ciò che gli interessa è di finire il suo lavoro, non di saperlo ammirato, né di tesorizzarlo come sua proprietà: il nobile istinto che lo muove è ben lontano da orgoglio o avarizia. Molti visitatori delle nostre scuole ricorderanno come le insegnanti abbiano mostrato i migliori lavori dei bambini senza indicare chi li avesse fatti. Questa apparente negligenza deriva dal sapere per abitudine che i bambini non se ne curano. In qualsiasi altro genere di scuola un maestro si sentirebbe colpevole se, mostrando il bel lavoro di un bambino, non si curasse poi di presentare il piccolo autore. Se dimenticasse di farlo potrebbe udire l'infantile protesta: «L'ho fatto io». Nelle nostre scuole, il bambino che ha fatto il lavoro ammirato è probabilmente impegnato in un angolo della classe in un nuovo e mirabile sforzo e desidera soltanto di non essere interrotto. È questo il periodo in cui la disciplina si stabilisce: una forma di pace attiva, di obbedienza e amore, in cui il lavoro si perfeziona e moltiplica, proprio come in primavera i fiori prendono colore e preparano già da lontano i dolci e rinfrescanti frutti.

XXVII – PREPARAZIONE DELL'INSEGNANTE MONTESSORIANA

Il primo passo per un'insegnante Montessoriana è l'autopreparazione. Essa deve tener viva la sua immaginazione, perché nelle scuole tradizionali l'insegnante conosce il comportamento immediato dei suoi scolaretti e sa che deve aver cura di essi e cosa deve fare per istruirli; mentre l'insegnante Montessoriana ha davanti a sé un bimbo che, per così dire, non esiste ancora. Questa è la differenza principale. Le insegnanti che vengono nelle nostre scuole devono avere una specie di fede *che il bambino si rivelerà* attraverso il lavoro. Esse devono staccarsi da ogni idea preconcetta che riguardi il livello a cui i bambini possono trovarsi. I diversi tipi più o meno deviati non devono disturbarla: essa nella sua immaginazione deve vedere quel tipo differente di bambino che vive in un campo spirituale. L'insegnante deve avere fede che il bimbo che le sta davanti mostrerà la sua vera natura quando troverà un lavoro che lo attragga. Che cosa cercare allora? Che uno o l'altro dei bambini cominci a concentrarsi. A provocare questo deve rivolgere le sue energie; e le sue attività cambieranno di stadio in stadio come in un'evoluzione spirituale. Tre sono usualmente gli aspetti del suo comportamento.

Primo stadio. L'insegnante diventa la guardiana e la custode dell'ambiente; essa perciò si concentra sull'ambiente invece di lasciarsi distrarre dall'irrequietezza dei bambini. Si concentra sull'ambiente perché è da esso che verrà la guarigione e l'attrazione che polarizzerà la volontà dei bambini. Nei nostri paesi, dove ogni donna ha la sua casa, essa la fa attraente il più possibile per sé e per il marito, e invece di preoccuparsi molto del marito essa si preoccupa prima della casa per creare un ambiente nel quale possa fiorire una normale o costruttiva convivenza; cerca di fare la casa tranquilla e comoda e ricca di interessi diversi. Attrattive essenziali di una casa sono pulizia e ordine: tutto al proprio posto, pulito, scintillante e allegro. Questa è la prima cura della donna. Anche nella scuola, la prima cura dell'insegnante dovrebbe essere la stessa: ordine e cura del materiale perché sia sempre bello, lucente e in stato perfetto, e nulla manchi, così che al bambino tutto sembri sempre nuovo e sia completo e pronto per l'uso. Questo vuol anche dire che l'insegnante stessa deve essere attraente: piacevole per accurata pulizia, serena e piena di dignità. Questo è ideale che ognuno può realizzare come vuole, ma ricordiamoci sempre, quando ci presentiamo ai bambini, che essi sono *creature elette*. L'apparenza dell'insegnante è il primo passo di comprensione per il bambino e di rispetto per esso. L'insegnante dovrebbe studiare le sue mosse e renderle gentili e graziose il più possibile. Il bimbo, a questa età, idealizza la sua mamma; non sappiamo che tipo di mamma possa essere, ma udiamo spesso il bimbo dire, quando vede una bella signora: «Com'è bella, proprio come la mia mamma!» Può darsi che la madre non sia affatto bella, ma lo è per il suo bimbo, e ogni persona che egli ammira è bella come la sua mamma. Così la cura della persona deve far parte dell'ambiente che circonda il bambino: l'insegnante costituisce quanto vi è di più vivo nell'ambiente.

Il primo compito dell'insegnante è dunque la cura dell'ambiente, che deve precedere ogni altra cura: è questo un lavoro indiretto e, se esso non è ben curato, non vi saranno risultati efficaci e persistenti in nessun campo: fisico, mentale o spirituale.

Secondo stadio. Considerato l'ambiente, veniamo al comportamento verso i bambini. Che cosa potremo fare con questi esseri disordinati, con queste menti confuse e incerte che desideriamo attirare e fissare nel lavoro? Io qualche volta uso una parola che non è sempre apprezzata: l'insegnante deve essere seducente, deve attrarre il bambino. Se l'ambiente fosse trascurato, i mobili polverosi, il materiale scorticato e in disordine e soprattutto se la maestra fosse trasandata nella sua apparenza e nei suoi modi – e fosse sgarbata verso i bambini – verrebbe a mancare la base essenziale del compito che si prefigge. L'insegnante, nel periodo iniziale, quando la prima concentrazione non è ancora apparsa, deve essere come la fiamma il cui calore attiva, vivifica e invita. Essa non deve temere di disturbare qualche processo psichico importante; perché questi non si sono ancora iniziati.

Prima che incominci la concentrazione, l'insegnante può fare più o meno quello che vuole: ove sia necessario può intervenire nell'attività del bambino.

Ho letto di un santo che cercò di raccogliere bambini abbandonati per le strade, in una città in cui i costumi non erano certo castigati. Che cosa fece? Cercò di farli divertire. Ecco ciò che l'insegnante deve fare a questo punto: valersi di poesie, rime, canzoni, racconti. L'insegnante che affascina i bambini, li interessa in esercizi vari, che anche se non sono molto importanti di per sé stessi, hanno il grande vantaggio di attirare il bambino. La pratica ha dimostrato che una insegnante vivace attrae più di un'altra che non lo è, e tutte possono essere vivaci se lo vogliono. Ognuno può dire per esempio con tono allegro: «Perché non si cambierebbe oggi di posto ai mobili?» e lavorare con i bimbi incoraggiando tutti e apprezzando tutti, comportandosi con piacevole allegria. Oppure: «E se si lustrasse quel bel vaso di ottone?». O, ancora: «Vogliamo andare in giardino a raccogliere un po' di fiori?». Ogni azione della maestra potrà divenire per i bambini un richiamo e un invito.

Questo è il secondo aspetto del comportamento dell'insegnante. Se durante questo periodo vi è qualche bambino che persiste nel molestare gli altri, la cosa più pratica sarà interromperlo. Mentre abbiamo detto e ripetuto che, quando un bimbo è concentrato nel suo lavoro, non si deve intervenire per non interrompere il suo ciclo di attività e impedirne la piena espansione, la giusta tecnica, in questo caso, è l'opposta: rompere il corso dell'attività disturbatrice. L'interruzione può consistere in un'esclamazione qualunque o nel mostrare un particolare e affettuoso interesse verso il bambino turbolento. Le dimostrazioni di affetto distraente, che si moltiplicano con il moltiplicarsi delle azioni disturbatrici del bambino, saranno per lui come una serie di elettroshocks, che col tempo avranno il loro effetto. Gli interventi della maestra possono tradursi in un: «Come va, Giovanni? Vieni da me: ho qualcosa da farti fare». Probabilmente egli non vorrà saperne e l'insegnante dirà: «Non ti piace? Bene, non importa, andiamo insieme in giardino», e l'insegnante andrà con lui o lo farà accompagnare dall'assistente, così il bambino, con le sue bizze, passerà direttamente alle cure dell'assistente e gli altri bambini non ne saranno disturbati.

Terzo stadio. Arriva finalmente il tempo in cui i bambini cominciano a interessarsi a qualche cosa: in generale a esercizi di vita pratica, perché l'esperienza dimostra che è inutile e dannoso dare ai bambini materiale di sviluppo sensoriale e culturale, prima che possano trarne i benefici che ne derivano.

Per introdurre questo materiale bisogna aspettare l'epoca in cui i bambini si sono concentrati su qualche cosa; come ho detto, questo avviene con gli esercizi di vita pratica. Quando il bambino comincia a interessarsi a qualcuno di essi, l'insegnante *non* deve interromperlo, perché questo interesse risponde a leggi naturali e apre un ciclo di attività. Ma l'inizio è così fragile, così delicato che basta un tocco per farlo sparire come una bolla di sapone, e di far sparire insieme tutta la bellezza di quel momento.

L'insegnante dovrà essere ora molto attenta: non interferire significa non interferire *sotto nessuna forma*. È allora che più spesso un'insegnante sbaglia. Il bambino, che fino a un certo momento ha dato molto disturbo, finalmente si è concentrato sopra un lavoro; se l'insegnante, passando, dirà soltanto: «Bene!», ciò basterà perché il malanno ricominci. Probabilmente per due settimane il bambino non si interesserà a nessun altro lavoro. Anche se un altro bimbo trova difficoltà e l'insegnante interviene ad aiutarlo, quello lascerà che lei faccia e si allontanerà. L'interesse dei bambini non si concentra solo sul lavoro, ma più spesso sul desiderio di superare le difficoltà. «Se l'insegnante le supera in vece mia, faccia lei, non mi interessa più.» Così se il bambino solleva oggetti pesanti e l'insegnante interviene per aiutarlo, avverrà spesso ch'egli lasci la maestra con l'oggetto e se ne vada via. Lode, aiuto o anche soltanto uno sguardo possono essere sufficienti a interromperlo o a distruggere l'attività. Strano a dirsi, ma ciò può avvenire anche se il bimbo si accorge di essere semplicemente guardato. Del resto accade anche a noi, di non poter proseguire nel nostro lavoro se qualcuno viene a guardare che cosa facciamo. Il grande principio che porta alla riuscita dell'insegnante è questo: appena la concentrazione ha inizio, fare come se il bambino non esistesse. Potrà naturalmente vedere ciò che egli fa, con una rapida occhiata, senza farsene accorgere. Dopo questo il bambino, non più preda della noia che lo faceva passare da una cosa all'altra senza fissarsi mai, guidato da un proposito, comincerà a scegliere il suo lavoro, il che potrà presentare dei problemi in una classe dove molti desiderano lo stesso materiale. Anche nella soluzione di questi problemi, non bisogna interferire se non si è richiesti: i bimbi li risolveranno da loro. Il dovere dell'insegnante è soltanto di presentare nuovi oggetti quando si accorge che il bambino ha esaurito ogni possibile attività con quelli che usava prima.

L'abilità dell'insegnante, nel non interferire, viene, con tutte le altre, con la pratica, ma non viene con la stessa facilità. Ella dovrà assurgere ad altezza spirituale. La vera spiritualità è realizzare che anche l'aiuto può essere superbia.

Il vero aiuto che un'insegnante può dare non sta nell'obbedire a un sentimento impulsivo, ma deriverà dal disciplinare la carità, dall'usarla con discernimento, perché la carità dà maggiori soddisfazioni a chi la fa che a chi la riceve. La carità vera serve i bisognosi senza scoprirsi o quando si scopre assume l'aspetto non di aiuto, ma di un atto naturale e spontaneo.

Benché la relazione fra bambino e insegnante sia nel campo dello spirito, la maestra può, per il suo comportamento, trovare un buon esempio nel bravo domestico. Egli tiene in ordine le spazzole del padrone, ma non gli dice quando deve usarne; prepara con cura il suo cibo, ma non gli ordina di mangiare: presenta bene il pranzo senza commenti e poi sparisce. Così ci si deve comportare con lo spirito in formazione del bambino. Il padrone che l'insegnante serve è lo spirito del bambino: quando esso mostra un desiderio, deve esser pronta a soddisfarlo. Il domestico non va a disturbare il padrone quando è solo; se però egli lo chiama, accorre per sentire che cosa desidera e risponderà: «Sì, signore». Ammira se gli chiedono di ammirare e dice: «Quanto è bello!», anche se non vede bellezza alcuna. Così, quando un bimbo fa un lavoro con grande concentrazione, non dobbiamo interporci, ma se mostra desiderare la nostra approvazione, diamola generosamente.

Nel campo psichico di relazione tra l'insegnante e il bambino, piano e tecnica sono paralleli a quelli del servitore: servire e servire bene, servire lo spirito. È una cosa nuova, specialmente nel campo dell'educazione. Non si tratta di lavare il bimbo se è sporco, di aggiustare o ripulire i suoi vestitini: noi non serviamo il corpo del bimbo: sappiamo che se il bambino deve svilupparsi egli deve fare da sé queste cose: la base del nostro insegnamento è che il bimbo *non* sia servito in questo senso. Il bimbo deve acquistare indipendenza fisica con l'essere sufficiente a sé stesso; indipendenza di volontà con la scelta propria e libera; indipendenza di pensiero col lavoro svolto da solo senza interruzione. La cognizione del fatto che lo sviluppo del bambino segue un cammino di successivi gradi di indipendenza deve essere la guida del nostro comportamento verso di lui; dobbiamo aiutare il bimbo ad agire, volere e pensare da sé. Questa è l'arte del servo dello spirito, un'arte che può esprimersi perfettamente nel campo della fanciullezza.

Se il comportamento dell'insegnante corrisponde alle esigenze del gruppo di bambini che le è affidato, l'insegnante vedrà nella sua classe le qualità sociali fiorire in modo sorprendente, e godrà di osservare queste manifestazioni dello spirito del bambino. È un grande privilegio poterle vedere; è il privilegio del pellegrino che arriva all'oasi e ode le acque che sgorgano dal seno sabbioso di quel deserto che sembrava aridamente infuocato, senza speranza; giacché generalmente le qualità superiori dell'anima umana sono, nel bambino deviato, altrettanto nascoste, e, quando appaiono, l'insegnante, che le aveva presentite, le accoglie con la gioia della fede compensata. E nelle qualità del bambino vede l'uomo quale dovrebbe essere: il lavoratore che non si stanca mai perché ciò che lo spinge è l'entusiasmo perenne; quello che cerca il massimo sforzo, perché la sua aspirazione incessante è rendersi superiore alle difficoltà; colui che cerca veramente di aiutare il più debole, perché ha nel cuore la carità vera che sa come rispettare gli altri; perché il rispetto dello sforzo spirituale di ogni individuo è l'acqua che innaffia le radici della sua anima. In queste caratteristiche essa riconoscerà il vero bambino, padre dell'uomo vero.

Ma questo verrà a poco a poco: l'insegnante comincerà a potersi dire: «Ho visto il bimbo come dovrebbe essere e l'ho trovato superiore a quanto potevo supporre». Questo vuol dire comprendere l'infanzia: non basta sapere che quel bimbo è Giovanni; che suo padre fa il falegname, o cose simili; l'insegnante deve conoscere e vivere *il segreto dell'infanzia*. Quando vi si penetra, si raggiunge, insieme a una conoscenza più profonda, un amore di natura nuova, che non s'attacca all'individuo in sé, ma a quanto è celato nella oscurità di questo segreto. Si comprende, forse per la prima volta, che cosa sia veramente l'amore, quando i bimbi manifestano il loro spirito. Questo spirito nella sua rivelazione trasforma l'insegnante.

Ci si sente commossi e a poco a poco trasformati. Non si può cessare di parlare e scrivere dei fatti veduti. Si dimentica il nome dei bambini, ma non si può cancellare l'impressione delle manifestazioni del loro spirito e l'amore che sanno suscitare.

Vi sono due livelli d'amore. Sovente, quando si dice di amare i bambini, ci si riferisce alle cure, alle carezze che si prodigano a quei bambini, che noi conosciamo e che suscitano in noi tenerezza, e se un rapporto spirituale ci unisce a loro, si esprime solo nell'insegnamento della preghiera.

Ma il livello di cui io parlo è un altro. Qui l'amore non è più né personale, né materiale: chi serve i bambini sente di servire lo spirito dell'uomo, lo spirito che deve liberarsi. La differenza di livello è veramente stata colmata, non dall'insegnante, ma dal bambino: è l'insegnante che si è sentita portare a un livello che non conosceva. Il bambino l'ha fatta crescere fino a portarla nella sua sfera.

Prima di allora essa sentiva che il suo compito era nobile, ma era contenta delle vacanze e aspirava, come tutti gli esseri umani che lavorano per gli altri, a meno ore di lavoro e a miglior retribuzione. Le sue soddisfazioni erano forse l'autorità e il sentimento di essere l'ideale a cui i bambini aspiravano e che seguivano, e la sua felicità, quella di diventare direttrice o forse ispettrice. Ma chi passa da questo livello all'altro, capisce che quella non è vera felicità. Chi ha bevuto alla fonte della felicità spirituale, lascia spontaneamente le soddisfazioni che dà il grado superiore nella gerarchia dell'insegnamento; lo dimostra il fatto di molte direttrici e ispettrici che hanno abbandonato la loro carriera per dedicarsi ai bambini piccoli e diventare ciò che gli altri chiamavano sprezzantemente «maestre d'asilo». So di due medici a Parigi che lasciarono la loro professione per darsi al nostro lavoro ed entrare nella verità di questi fenomeni, e sentivano di essere saliti da un livello più basso a uno superiore.

Quale è il maggior indizio di riuscita per un'insegnante così trasformata? Il poter dire: «ormai i bambini lavorano come se io non esistessi».

Prima della trasformazione sentiva l'opposto; sentiva di essere lei che insegnava, lei che portava i bambini da un livello inferiore a uno superiore;

ma ora, dinanzi alle manifestazioni dello spirito del bambino, il valore più grande che può dare al suo contributo è espresso nelle parole: «Ho aiutato questa vita a compiere la sua creazione», e questa è vera soddisfazione. L'insegnante di bimbi fino ai sei anni sa di avere aiutato l'umanità in un periodo essenziale della sua formazione. Può non saper nulla dei fatti materiali che concernono i bambini, per quanto ne conoscerà alcuni perché i bimbi stessi glieli diranno parlandole liberamente; può anche non interessarsi di ciò che a quei bimbi può avvenire più tardi, se frequenteranno scuole secondarie e università o se troncheranno più presto i loro studi; ma è contenta di sapere che nel periodo formativo essi hanno potuto compiere ciò che dovevano. Ella dirà: «Ho servito lo spirito di quei bambini ed essi hanno compiuto il loro sviluppo, e li ho accompagnati nelle loro esperienze». L'insegnante, al di fuori delle autorità a cui deve dar conto della sua opera, sente il suo lavoro e l'opera compiuta in una sua soddisfatta vita spirituale che è vita perpetua ed è in sé stessa preghiera da un mattino all'altro. È difficile capire ciò, per chi non è entrato in questa vita. Molti credono che è dovuto a una virtù di sacrificio e dicono: «Quanto sono umili queste insegnanti, non si interessano neppure alla loro autorità», e molti dicono: «Come può riuscire il vostro metodo, se pretendete che le insegnanti rinunzino agli atti più spontanei e usuali?». Ciò che quasi nessuno capisce è che non si tratta di sacrificio, ma di soddisfazione, che non è rinuncia ma una vita nuova nella quale i valori sono differenti, dove esistono veri valori della vita, prima sconosciuti. Tutti i principi d'altronde sono diversi: prendete per es. quello della giustizia: nelle scuole come nella società umana e anche nei paesi democratici la giustizia spesso vuol dire soltanto che vi è una sola legge per tutti: per l'uomo ricco e potente e per quello che muore di fame. La giustizia è generalmente connessa a processi, prigioni e sentenza. I tribunali sono chiamati Palazzi di Giustizia, e dire «io sono un uomo onesto», implica che non si ha nulla a che fare con la giustizia (polizia o tribunale). Anche nelle scuole l'insegnante si dovrebbe guardare bene dal carezzare un bambino, altrimenti dovrebbe carezzarli tutti: deve essere giusta. Questa è una giustizia che mette tutti al livello più basso, come se, in un senso spirituale, noi tagliassimo la testa dei più alti per mettere tutti alla stessa altezza.

Nel livello educativo superiore, la giustizia è veramente spirituale, cerca di far sì che ogni bambino raggiunga il massimo delle sue possibilità. Giustizia è dare a ogni essere umano l'aiuto che può portarlo a raggiungere la sua piena statura spirituale, e chi serve lo spirito in tutte le età deve aiutare quelle energie che portano a raggiungerla. Questa sarà forse l'organizzazione della società futura. Nulla dovrebbe essere perduto di questi tesori spirituali, in paragone dei quali i tesori economici perdono il loro valore. Che io sia ricca o povera non importa: se potrò raggiungere la mia piena personalità, il problema economico andrà a posto per conto suo. Quando l'umanità potrà perfezionare appieno il suo spirito, diventerà più produttiva e l'aspetto economico perderà il suo valore preponderante. Gli uomini non producono coi piedi e col corpo, ma con lo spirito e con l'intelligenza, e quando questi avranno lo sviluppo che dovrebbero avere, tutti i problemi insolubili saranno risolti.

I bambini costruiscono senza aiuto una società ordinata. A noi adulti occorrono polizia, prigioni, soldati, cannoni. I bambini risolvono i loro problemi in pace; ci hanno dimostrato che la libertà e la disciplina sono due facce della stessa medaglia, perché la libertà scientifica porta alla disciplina. Per il solito le monete hanno due facce, una più bella, finemente incisa con una testa o un'immagine allegorica, l'altra meno ornata, con solo una scritta o una cifra. La parte piatta può essere paragonata alla libertà e l'altra così finemente incisa alla disciplina. Questo è tanto vero che quando la sua classe diventa indisciplinata, la maestra vede, nel disordine, il controllo di qualche sbaglio che essa ha commesso, lo cerca e lo corregge. L'insegnante della scuola tradizionale considererebbe questo una umiliazione; ma non è così, è una delle tecniche della nuova educazione. Servendo i bambini si serve la vita, aiutando la natura, si ascende al prossimo gradino della supernatura, giacché legge della natura è il salire continuamente. E sono i bimbi che hanno fabbricato questa bella costruzione che si protende in alto. Legge della natura è l'ordine, e quando l'ordine viene spontaneamente, noi sappiamo di rientrare nell'ordine universale. Evidentemente la natura, tra le missioni che ha affidato ai bambini, ha incluso anche quella di spingere l'umanità adulta a un livello superiore. I bimbi ci portano verso un più alto livello spirituale e risolvono i problemi del livello materiale. Lasciate ch'io vi dica come saluto, alcune parole che ci hanno aiutato a tener in mente tutte le cose di cui ho parlato. Non è una preghiera, ma piuttosto un memorandum e, per le nostre insegnanti, una invocazione, una specie di programma, l'unico nostro sillabo: *«Aiutaci, o Dio, a penetrare nel segreto del bambino affinché noi possiamo conoscerlo, amarlo e servirlo secondo le Tue leggi di giustizia e seguendo la Tua divina volontà».*

XXVIII – LA SORGENTE DELL'AMORE – IL BAMBINO

Alle nostre riunioni abbiamo sempre un'accolta di lavoratori tipicamente montessoriani. Essi spesso portano con sé congiunti, o amici, o conoscenti, cosicché nei nostri gruppi si può dare il caso di vedere seduti, l'uno vicino all'altro, bambini, ragazzi, giovani, persone adulte, professionisti e non professionisti, gente colta e incolta, senza che da noi ci sia nessuno che diriga o disciplini questi gruppi. Le nostre riunioni sono apparentemente eterogenee, e diverse dai comuni corsi culturali. Gli studenti che le seguono devono avere un certo grado di cultura, ed è questa l'unica condizione: del resto possono trovarvisi affiancati matricole e professori, avvocati e dottori, e coloro che potrebbero essere i loro clienti. In Europa avevamo gente di ogni paese, in America, una volta, perfino un anarchico. Malgrado questo miscuglio, non vi furono mai conflitti fra gli studenti. Come mai? Perché tutti eravamo uniti in un comune ideale. In Belgio, un paese così piccolo che potrebbe entrare tutto in un angoletto dell'India, vi sono due lingue, il francese e il fiammingo; il popolo è politicamente diviso, e questa divisione è aumentata dalle differenze tra cattolici e socialisti e da quelle di altre correnti politiche. È perciò molto raro che persone così divise e al tempo stesso così strettamente unite ciascuna al proprio gruppo, prendano parte insieme a congressi: ma nei corsi «Montessori», ciò avveniva. Era un fatto così fuor del comune, che lo si commentò sui giornali: «Per anni abbiamo tentato di far intervenire alle stesse riunioni culturali persone di partiti diversi, ed ecco che ciò si verifica in questi corsi dove si studiano i bambini». Tale è il potere del bambino: tutti sono vicini a lui, qualunque sia il loro sentimento religioso o politico, e tutti lo amano. Da questo amore proviene la forza che ha il bambino di unire le genti. Gli adulti hanno forti e talvolta feroci convinzioni che li dividono in gruppi e quando accade che fra loro ne discutano, facilmente lottano. Ma su di un punto – il bambino – hanno tutti lo stesso sentimento. Pochi realizzano l'importanza sociale che ne deriva al bambino.

È evidente che occorre meditarvi e investigare se si vuole creare un'armonia nel mondo. È il solo punto in cui convergono, da tutti, sentimenti di delicatezza e di amore: quando si parla del bambino gli animi si raddolciscono; l'umanità intera condivide l'emozione profonda che viene dal bambino. Il bambino è una sorgente d'amore; quando lo si tocca, si tocca l'amore. È un amore difficile a definire; tutti lo sentono, ma nessuno sa descriverne le radici o valutare le conseguenze della sua vastità, o vagliare la sua potenzialità di unione fra gli uomini. Malgrado le nostre differenze di razza, di religione, e di posizione sociale, a mano a mano che abbiamo parlato di lui ci siamo sentiti e ci sentiamo uniti da sentimenti fraterni; che vincono diffidenze e difesa sempre deste fra uomo e uomo e fra gruppi di uomini nella pratica della vita.

Accanto al bambino la diffidenza si dilegua: diventiamo dolci e gentili perché, riuniti intorno a lui ci sentiamo riscaldare dalla fiamma di vita che sta là dove la vita ha le sue origini. Negli adulti coesistono il senso della difesa e l'impulso dell'amore. Dei due sentimenti quello fondamentale è l'amore; l'altro gli si è sovrapposto. L'amore, quale noi lo sentiamo per il bambino, doveva esistere potenzialmente anche fra uomo e uomo, perché un'unione umana si è formata e non vi è unione senza amore.

Cerchiamo di renderci conto della natura dell'amore. Consideriamo ciò che di esso hanno detto profeti e poeti, perché sono essi che hanno saputo dare forma ed espressione a questa grande energia che noi chiamiamo amore. Certo non vi è nulla di più bello ed elevante di quelle espressioni poetiche che, cantando l'amore – base di ogni esistenza – fanno vibrare il cuore anche dei barbari e dei violenti. Anch'essi, che portano morte e distruzione a popoli interi, si sentono toccati dalla bellezza di quelle parole; segno è che malgrado la pratica della loro vita, essi hanno conservato in sé questa energia che, risvegliata dalla parola, comunica una vibrazione ai loro spiriti. Se non fosse così, essi non percepirebbero la bellezza delle espressioni; le considererebbero vane o insensate.

Se ne sentono la bellezza è perché, quantunque l'amore non sembri fare parte della loro vita, essi ne subiscono l'influenza, e, senza rendersene conto, ne sono assetati.

È curioso osservare che in tempi come i nostri, nei quali la guerra è stata distruzione senza esempio, e ha raggiunto ogni terra più remota, quando si penserebbe che il parlar d'amore fosse mera ironia, la gente ancora ne parla con insistenza. Si fanno dei progetti per unirsi, il che significa non solo che c'è amore, ma che l'amore è una forza base. Così, oggi, quando sembrerebbe che tutto dovesse portare a far dire agli uomini: «Basta con questa fantasia che chiamano amore: poniamoci davanti alla realtà, che, come vediamo, è solo distruzione. Non hanno forse distrutto città, foreste, donne, bambini?»; oggi si parla ancora di ricostruzione e di amore: se ne parla anche mentre le distruzioni sono in atto. Ne parlano uomini politici eminenti, ne parlano la Chiesa e coloro che sono contro la Chiesa, la radio, i giornali, i discorsi di chi ci passa vicino, colti e illetterati, ricchi e poveri e seguaci di ogni credo e teologia, tutti, tutti dicono «amore». E se è così (né vi potrebbe essere maggior prova di questa forza dell'amore), perché l'umanità non dovrebbe studiare questo grande fenomeno? Perché se ne parla soltanto mentre l'odio fa strage? Perché esso non dovrebbe esser sempre studiato e analizzato, in modo che la sua forza possa divenire benefica? E perché non chiederci come mai non ci si è preoccupati di studiare questa energia prima d'ora e di unirla ad altre forze che già conosciamo? L'uomo ha messo tanta intelligenza nello studio di altri fatti naturali, li ha vagliati e sviscerati e ha fatto tante scoperte; perché non spenderebbe un po' di questa sua virtù nello studio di una forza che potrebbe unire l'umanità? Qualunque contributo atto a mettere in luce il valore dell'amore e l'amore in sé, dovrebbe essere accolto con avidità, e considerato di preminente interesse. Ho detto che poeti e profeti ne hanno parlato spesso come fosse un ideale, ma non è un ideale, è una realtà: che è sempre stata e sarà.

Dobbiamo renderci conto che, se noi oggi sentiamo questa realtà dell'amore, non è perché ce l'abbiano insegnata a scuola.

Anche se ci avessero fatto imparare a memoria le espressioni dei poeti e dei profeti, le loro parole sono poche, e le avremmo dimenticate negli eventi della vita. Se la gente chiede amore con veemenza, non lo fa perché ne ha udito parlare o ne ha letto: amore e aspirazione all'amore, non sono cose imparate, esse formano parte del retaggio della vita. È la Vita che parla, non i poeti e i profeti.

L'amore può infatti essere considerato da un altro lato che da quello della religione e della poesia. Dobbiamo considerarlo dal punto di vista della vita stessa: e allora esso non è solo immaginazione o aspirazione, ma la realtà di una energia eterna che niente può distruggere.

Vorrei dire qualche parola intorno a questa realtà e anche attorno alle cose che poeti e profeti hanno detto. Questa forza che noi chiamiamo amore è la più grande energia dell'universo. Ma questa espressione non è adeguata, perché esso è più che un'energia: è la creazione stessa. Meglio sarebbe dire: «Dio è amore».

Vorrei poter citare da tutti i poeti e da tutti i profeti e i santi, ma non li conosco tutti, né mi sarebbe possibile citarli nelle loro diverse lingue, che non mi sono tutte note. Lasciate che riporti le parole di uno che conosco e che, quando parlò dell'amore, si espresse con così grande forza che oggi, dopo duemila anni, risuonano ancora in tutti i cuori cristiani con veemenza queste sue parole: «Quand'anche io parlassi tutti i linguaggi degli uomini e degli angeli, se non ho carità, divengo un rame risonante e un tintinnante cembalo. E quand'anche io avessi profezia, e intendessi tutti i misteri, e tutta la scienza e quand'anche avessi tutta la fede, talchè trasportassi i monti, se non ho carità, io sono un nulla. E se anche distribuissi i miei beni per nutrire i poveri e dessi il mio corpo per essere arso; se non ho carità, quello niente mi giova» (San Paolo ai Corinti, I/13).

Si potrebbe dire all'apostolo: «Tu che hai un sentimento così profondo, sai certo che cosa è l'amore; deve essere qualcosa di formidabile: rivelalo a noi». Perché, quando tentiamo di spiegarci questo altissimo sentimento, ci accorgiamo che non è cosa così semplice. Le parole ch'egli ha usato potremmo trovarle realizzate nella nostra civiltà presente che può muovere le montagne e fare anche più grandi miracoli, poiché da un capo all'altro del mondo noi possiamo farci udire parlando sottovoce; ma tutto ciò è nulla se non c'è l'amore. Abbiamo creato grandi istituzioni per nutrire i poveri e vestirli, ma se non vi mettiamo amore è come se sonassimo un tamburo, che fa rumore perché è vuoto. Che cosa è dunque questo amore? San Paolo, che ci ha dato quella descrizione della sua grandezza, prosegue, ma non ci fornisce una teoria filosofica: egli scrive: «La carità è lenta all'ira, è benigna; la carità non invidia, non provoca, non si gonfia; non è ambiziosa, non cerca le cose per sé, non provoca la collera, non divisa il male; non si rallegra dell'ingiustizia, ma gioisce della verità; soffre ogni cosa, crede ogni cosa, spera ogni cosa, sopporta ogni cosa» (San Paolo ai Corinti, *idem*).

È una lunga enumerazione di fatti, una lunga descrizione di immagini, ma tutte queste immagini ci ricordano stranamente le qualità dei bambini: sembrano descrivere la potenza della *Mente Assorbente*. Questa mente che riceve tutto, che non giudica, non respinge, non reagisce. Assorbe tutto e tutto incarna nell'uomo. Il bambino compie l'incarnazione per diventare uguale agli altri uomini, per adattarsi alla vita con essi. Il bimbo sopporta tutto: entra nel mondo, in qualsiasi ambiente egli nasca, vi si forma e si adatta a vivere, e l'adulto che egli diverrà un giorno, sarà felice in quell'ambiente. Se gli accadrà di affacciarsi sul mondo in una regione torrida, si costruirà in maniera da non poter vivere ed essere felice in altro clima. Lo ricevano il deserto o le pianure frangiate dal mare, o i declivi delle alte montagne, o i terreni glaciali delle regioni artiche, di tutto egli godrà, e solo là dove è nato e cresciuto raggiungerà il massimo benessere.

La *Mente Assorbente* accoglie tutto, spera in tutto; accetta la povertà come la ricchezza, accetta ogni fede, e i pregiudizi e costumi del suo ambiente: tutto incarna in sé stesso.

Questo è il bambino!

E se non fosse così, l'umanità non raggiungerebbe stabilità in ognuna delle tante diverse parti della terra, né compirebbe il continuo progresso della civiltà se dovesse ricominciare sempre da capo.

La *Mente Assorbente* forma la base della società creata dall'uomo, e ci appare nelle sembianze del delicato e piccolo bambino che risolve le misteriose difficoltà del destino umano con le virtù dell'amore.

Se noi studiamo il bambino meglio di quanto non abbiamo fatto fino a oggi, scopriamo amore in ogni suo aspetto. L'amore non è analizzato dai poeti e dai profeti, ma dalla realtà che ogni bambino svela in sé.

Se consideriamo la descrizione di San Paolo e poi guardiamo il bambino, dobbiamo dire: «In lui si trova quanto egli ha descritto: qui è personificato il tesoro che racchiude tutte le forme della carità».

Originariamente questo tesoro si trova dunque non solo in quei pochi che si impersonarono nella poesia o nella religione, ma in ogni essere umano. È un miracolo offerto a tutti; ovunque troviamo la personificazione di questa immensa forza. L'uomo crea un deserto di discordia e di lotta, e Dio continua a mandare questa pioggia fecondatrice. Così è facile intendere come tutto ciò che l'adulto crea, anche se può essere detto progresso, non porta a nulla senza amore. Ma se questo amore presente in ogni piccolo bambino, portato in mezzo a noi, viene realizzato nella sua potenzialità o nei suoi valori allora sviluppati, le nostre conquiste, già grandi, saranno incommensurabili. L'adulto e il bambino devono unirsi; l'adulto deve farsi umile e imparare dal bambino a essere grande. È strano che, fra i miracoli compiuti dall'umanità, ve ne sia solo uno che essa non abbia considerato: il miracolo che Dio ha fatto sin dall'inizio: il Bambino.

Ma l'amore è ben più di quanto abbiamo finora considerato. Nell'umanità esso è esaltato dalla fantasia, ma in noi non è che un aspetto di un'energia molto complessa che, descritta con le parole «attrazione» e «affinità», regge l'universo, mantiene le stelle nel loro corso, fa unire gli atomi fra loro per formare nuove sostanze, trattiene le cose sulla superficie della terra. Essa è l'energia che regola e ordina l'animato e l'inanimato; e che viene incorporata nella essenza di tutto e di tutti, come guida che porta verso la salvezza e verso l'eternità nella evoluzione. Generalmente è inconscia; nella vita assume talvolta aspetti coscienti e, penetrata nella coscienza dell'uomo, ha da lui ricevuto un nome: «amore».

Tutti gli animali hanno a un certo momento l'istinto della riproduzione, che è una forma di amore. Questa forma di amore è un comando della natura, perché senza di essa non vi sarebbe continuità di vita. Così un piccolo atomo di questa energia universale è stata loro prestata per un momento affinché la specie non si estingua.

La sentono per un poco e poi sparisce dalla loro coscienza. Questo dimostra quanto economa e misurata sia la natura nel dispensare l'amore: quanto preziosa perciò è questa energia che essa elargisce a piccole dosi, quasi per un comando. Quando i piccoli vengono al mondo si rinnova il dono dell'amore per i genitori; un amore speciale che li porta a nutrire i loro nati, a scaldarli, a difenderli, fino ad affrontare pericoli e morte. L'attaccamento della madre per i piccoli la tiene costantemente vicina a loro giorno e notte. È questa la forma di amore che assicura la sopravvivenza, la salvezza e il benessere dei piccoli. Il compito dell'energia in questo suo aspetto speciale è preciso: «La specie deve essere protetta e tu ti dedicherai a questa protezione sino a che gli esseri a te affidati non avranno più bisogno di aiuto». Ed ecco che, appena i figli sono cresciuti, da un momento all'altro l'amore sparisce. Quelli che prima sembravano legati da un sentimento inestinguibile, si separano. Se si rivedono poi, agiscono come se non si fossero mai conosciuti; e se il figlio osa prendere un boccone del cibo della madre, questa, che prima gli cedeva tutto, lo attacca con ferocia.

Cosa vuole dire questo? Che il piccolo raggio dell'energia penetra attraverso le tenebre della coscienza che viene prestata a ogni essere, e ritirata non appena il suo scopo sia raggiunto.

Nell'uomo non è così: l'amore non sparisce quando i figli sono cresciuti, non solo, ma esso si estende al di là dei limiti della famiglia. Lo abbiamo sentito pronto ad apparire e a unirci quando un ideale ci ha toccato il cuore.

Nell'umanità l'amore permane e le sue conseguenze vanno al di là della vita individuale: perché cosa è la organizzazione sociale che va estendendosi ad abbracciare tutta l'umanità se non la conseguenza di amore che gli altri sentirono nei secoli passati?

Se la natura dispensa questa energia con scopi precisi; se essa la dà così misuratamente ad altre forme di vita; non deve essere senza scopo la generosità che dimostra verso l'uomo.

Se in ogni suo aspetto questa energia porta verso la salvezza, è fatale che, quando non la si consideri, si proceda verso la distruzione. Il valore di questa porzione di energia che ci è elargita è smisuratamente al disopra di tutte quelle conquiste materiali di civilizzazione a cui l'uomo è così attaccato. Queste non sono che espressioni temporanee della stessa energia e, dopo un poco, sorpassate da nuove conquiste, esse spariranno; ma l'energia stessa seguiterà a svolgere il suo compito di creazione, di protezione e di salvezza anche dopo che dell'uomo non resterà traccia nell'universo.

L'amore è concesso all'uomo come un dono volto a un dato scopo e per uno speciale disegno, come ogni cosa che viene prestata agli esseri viventi dalla coscienza cosmica. Esso dev'essere tesaurizzato, sviluppato e ingrandito al massimo delle possibilità. L'uomo, unico tra gli esseri, può sublimare questa forza che gli è stata data e svilupparla più e più, e farne tesoro è il suo compito: appunto perché questa è forza, tiene insieme l'universo.

Con essa, anche l'uomo potrà tenere unito tutto quanto egli crea con le sue mani e con la sua intelligenza: senza di essa tutto ciò che crea sarà rivolto (come quasi sempre lo è) a portare disordine e distruzione: senza di essa, con l'aumentare della propria potenza, nulla di suo potrà sussistere, tutto crollerà.

Ora possiamo capire la parola del Santo che: tutto è nulla se non vi è l'amore. Più dell'elettricità, che fa luce nelle tenebre, più delle onde eteree, che permettono alla nostra voce di attraversare lo spazio, più di qualunque energia che l'uomo abbia scoperto e sfruttato, conta l'amore: di tutte le cose esso è la più importante. Tutto ciò che l'uomo può fare con le sue scoperte dipende dalla coscienza di chi le usa. Questa energia dell'amore, invece, ci è data perché ognuno di noi l'abbia in sé. Essa, pur donata all'uomo in misura limitata e diffusa, è la più grande forza di cui l'uomo dispone. La parte di essa che possediamo coscientemente è rinnovata ogni qualvolta un bambino nasce, e anche se più tardi le circostanze la fanno assopire, noi sentiamo per essa un desiderio struggente; dobbiamo perciò studiarla e usarla più di ogni altra forza che ci circonda perché essa non è prestata all'ambiente come lo sono le altre forze, ma è prestata a noi. Lo studio dell'amore e la sua utilizzazione ci porteranno alla sorgente dalla quale esso zampilla: il Bambino.

Questa è la strada che l'uomo dovrà percorrere nel suo affanno e nei suoi travagli, se egli, come aspira, vuole raggiungere la salvezza e la unione dell'umanità.

SOMMARIO

www.ingramcontent.com/pod-product-compliance
Lightning Source LLC
Chambersburg PA
CBHW010427120726

47992CB00010B/3357